TOXIC JOBS

Rolf Schmiel
mit Dr. Oliver Domzalski

TOXIC JOBS

Warum die Arbeit
so viele in den Wahnsinn treibt
und wie wir das ändern können

Für

Carmen & Leonard

Inhaltsverzeichnis

Vorwort

Als ich Anfang dreißig war, erlitt mein Vater seinen dritten Herzinfarkt – und starb daran. Den ersten hatte er mit 54; da war ich 15. Schon damals dämmerte mir, dass der Infarkt mit seinen wochenlangen Folgen – Intensivstation, Krankenhaus, Reha und maximale Belastung unserer Familie – mit seinem Beruf zu tun hatte.

Mein Vater kam am Ende des Krieges als Flüchtlingskind aus der Region Danzig ins Ruhrgebiet. Obwohl er kriegsbedingt nur vier Schuljahre absolviert hatte, arbeitete er sich vom Handwerker zum Versicherungskaufmann hoch. Er bewegte sich immer am oberen Rand seiner Möglichkeiten und seiner Leistungsfähigkeit. Seine Vorgesetzten erkannten das allerdings nicht – und erst recht erkannten sie es nicht an. Sie sahen nur sein Potenzial, nicht aber die Grenzen seiner Kräfte. Sie schätzten seine rhetorischen Fähigkeiten, sein Geschick im Umgang mit Menschen, sein Verkaufstalent und gaben ihm immer mehr Aufgaben. Damit übten sie immer mehr Druck auf ihn aus.

Mein Vater konnte sich nicht gut dagegen abgrenzen. Er war aus seinem Autoritätsverständnis heraus bestrebt zu tun, was von oben erwartet wurde. Und er wollte auch alles geben – im Beruf, in der Familie, im Freundeskreis, im Ehrenamt. Er war einer von den „Guten". Und er war das, was die Psychologie heute einen *people pleaser* nennt: Er war immer für alle da. Außer für sich selbst. Und dafür haben er und unsere Familie einen hohen Preis bezahlt.

In meiner Arbeit als Psychologe und auf meiner Reise zum Studium der mentalen Gesundheit in der Arbeitswelt bin ich immer wieder auf dieses Muster gestoßen: Gerade die Guten, die Motivierten, die Engagierten reiben sich bis über die Grenzen ihrer psychischen und physischen

Kräfte hinaus auf. Sie werden zerrieben zwischen den phlegmatischen „Alles egal"-Typen und den Egomanen, die auf Kosten anderer ihr Ding durchziehen und dabei über Leichen gehen. Und von diesen Leichen gibt es leider immer mehr. Ich glaube und fürchte, dass wir erst am Anfang einer Lawine psychischer Erkrankungen und Zusammenbrüche stehen, die wir uns heute noch gar nicht vorstellen können. Und dasselbe gilt für die psychosomatischen Erkrankungen. Wir gehen heute mit den Seelen der Arbeitskräfte genauso rücksichtslos um wie zu Beginn der Industrialisierung mit ihren Körpern. Es ist erschütternd, dass wir hier noch nicht weiter sind. Aber wenn wir uns in der Welt umschauen, sehen wir: Es geht auch anders. Warum zum Beispiel sind die Finnen die glücklichsten Menschen der Welt? Was machen sie als Gesellschaft besser als wir? Was können wir lernen von anderen?

Ängste, Depressionen, Suchtkrankheiten oder totale Erschöpfung: Millionen von Menschen leiden unter psychischen Belastungen. Wir sehen, dass immer mehr von ihnen unter den Lasten und den Ängsten des Lebens und der Arbeitswelt zusammenbrechen. Die meisten haben das Gefühl, sie müssten das mit sich selbst ausmachen, weil die Gründe bei ihnen lägen. Der Gedanke, dass die Arbeit ein entscheidender Krankmacher sein kann, liegt vielen fern – oder sie lassen ihn nicht zu.

Eigentlich kennen wir die Wege, die uns wieder aus der kollektiven seelischen Erschöpfung herausführen können. Wir müssen nur hinschauen. Meine Antwort auf die Krise heißt: Renaissance des Humanismus. Wir müssen uns wieder mehr am Menschen orientieren statt an Kennziffern und Wohlstandszielen. Was kann der Mensch, dieses wunderbare, unvollkommene Geschöpf, tatsächlich dauerhaft leisten? Wenn wir das nicht im Blick haben, stolpern wir immer weiter in die programmierte Katastrophe.

Ich möchte ein Verständnis schaffen für die Gefahr, in der die „Guten“ stets schweben: zerrieben zu werden. Und ich will zeigen, wie oft Vorgesetzte überfordert sind von dieser Gefahr. Weil sie nur das Managen von Abläufen gelernt haben und nicht das begleitende Führen von Menschen. Mein Buch soll dabei helfen, uns selbst besser zu verstehen. Zu begreifen, dass wir die Totengräber unseres Glückes, unserer Gesundheit und damit übrigens auch unserer Produktivität sind, weil wir das Seelische nicht ernst nehmen. Wir Deutschen verlassen uns seit jeher zu sehr auf Kopf und Körper und lassen die Seele und ihre Leiden außen vor. Dieses Buch ist ein Plädoyer für gelingende Leistung ohne Kollateralschäden.

Das Thema der nächsten Jahre wird nicht heißen: Performance. Und auch nicht: Optimierung. Sondern: Regeneration. Wir können hier vom Spitzensport lernen. Dort hat man längst erkannt, dass der Muskel in der Entspannungsphase wächst. Dass also Regeneration die Voraussetzung für Spitzenleistungen ist. In einem Olympiastützpunkt sah ich über dem Trainingsbecken der Schwimmer einmal einen Spruch an der Wand hängen: „Regeneration ist ein Teil des Trainings – und nicht sein Gegenteil.“

Manche Unternehmen haben das bereits verstanden. Es gibt sie, die Beispiele vom Gelingen, und ich werde im letzten Teil dieses Buches davon berichten. Wo immer ich bei meiner Reise auf Unternehmen gestoßen bin, in denen Menschen dauerhaft und nachhaltig kreativ sind und Spitzenergebnisse erzielen, waren die Arbeitsatmosphäre und die Arbeitsorganisation am Menschen orientiert – und nicht am Output. Der kommt dann nämlich ganz von selbst. Mentale Gesundheit ist also kein „Nice to have“ – sie ist die Voraussetzung nachhaltiger Produktivität. Nur dort, wo Menschen so arbeiten können, dass ihre Seele nicht krank wird, blüht auch das Unternehmen. Das sollte Deutschland sich zu Herzen nehmen.

Für dieses Buch habe ich mich auf eine Reise durch unsere Arbeitswelt begeben, um das Thema „Mental Health" besser zu verstehen. In vielen persönlichen Begegnungen mit Betroffenen und Fachleuten habe ich erfahren, welche erschreckende Dimension das Problem hat, was es in Menschen und in unserer Wirtschaft anrichtet und wie Lösungen für die Arbeitnehmerinnen und Arbeitnehmer aussehen können. Das Anliegen dieses Buches und meiner Arbeit als Psychologe ganz generell lautet: Ich will die psychologische Intelligenz in Deutschland nach vorn bringen.

Dieses Buch ist weder ein Fachbuch noch eine Enzyklopädie mit Vollständigkeitsanspruch. Es ist ein Sachbuch, das sich dem Thema mentale Gesundheit am Arbeitsplatz in vielen Facetten widmet. Mir ist bewusst, dass ich das Thema nicht erschöpfend behandeln kann.

Mein Ziel ist es, die Gesellschaft für dieses Thema zu sensibilisieren. Denn die Frage, ob psychische Gesundheit am Arbeitsplatz in Unternehmen als relevantes Thema erkannt wird oder ob Menschen weiterhin bei der Arbeit zusammenbrechen oder sogar an der Arbeit zerbrechen, ist für unser aller Zukunft höchst relevant. Das lang praktizierte Ignorieren dieses Themas können wir uns heute, mit dem demografisch bedingten und sich künftig weiter verschärfenden Fachkräftemangel, schlicht nicht mehr leisten. Aber es geht mir nicht nur um die Gesellschaft, sondern um millionenfaches individuelles Leid. Darum zeige ich in Geschichten und Fallbeispielen, welchen Einfluss die Arbeitssituation, die persönliche Prägung durch Gene und Familie, die Gesellschaft und die Politik auf die mentale Gesundheit haben – damit wir die Zusammenhänge besser verstehen. Und ich zeige an Beispielen des Gelingens, wie Menschen und Unternehmen gelernt haben, besser und souveräner mit den vielfältigen Herausforderungen umzugehen.

Ein Hinweis zu den Quellen und der Literatur: Weil ich finde, dass Fußnotenziffern immer ein Element der Unruhe in die Lektüre bringen, habe ich die Nachweise im Anhang kapitelweise aufgeführt.

Rolf Schmiel,
Mai 2024

Einleitung

Eine Kollegin, die regelmäßig Unternehmen in schwierigen Phasen berät, erzählte mir neulich von einem interessanten Erlebnis. Der Vorstand einer größeren Regionalbank hatte sie damit beauftragt, die Stimmung und den „Stresspegel" in der Belegschaft zu messen. Als sie damit fertig war, zweifelte sie zunächst an ihren Resultaten, die sich aber bei einer Nachprüfung bestätigten: Sage und schreibe siebzig Prozent der Mitarbeiterinnen und Mitarbeiter waren im gelben oder roten Bereich, was ihre Zufriedenheit und ihre seelische Stabilität anging. Sie hatten bestimmte Stressthemen, fühlten sich dauerhaft schlecht, hatten innerlich schon gekündigt oder standen bereits mit mindestens einem Fuß im Burn-out. Nur jeder Dritte fand seine Arbeitssituation mehr oder weniger in Ordnung. Normal ist das umgekehrte Zahlenverhältnis: Siebzig Prozent der Leute kommen mit den Belastungen und Konflikten, die Arbeit nun mal mit sich bringt, in der Regel gut klar, und dreißig Prozent haben mehr Stress, als dauerhaft vertretbar ist. Dreißig Prozent – das ist immer noch sehr viel, und dieses Buch wird zeigen, wie sehr das den Einzelnen, den Unternehmen und der Gesellschaft zu schaffen macht. Aber sieben von zehn Leuten?! Es war ein Wunder, dass in der Bank überhaupt noch irgendetwas funktionierte, und das Unternehmen steuerte zielstrebig auf ein Desaster zu. Die schlechte Stimmung hatte sich aufgetürmt, weil die Bank aus der Fusion dreier kleinerer Institute entstanden war, sodass alle Mitarbeitenden ihr altes „Wir" verloren hatten und sich nun auf neue Abläufe, neue Kolleginnen und Kollegen und neue Arbeitsorte einstellen mussten. Diese anstrengende Transformation war offenbar nur unzureichend begleitet worden.

Alarmiert konfrontierte meine Kollegin den Vorstand mit ihren Ergebnissen und legte Ideen vor, wie man die eingetretene Situation verbessern könne. Und der Vorstand handelte schnell und konsequent:

Er kündigte den Vertrag mit dem Beratungsunternehmen. Offenbar konnten die Führungskräfte nicht ertragen, so massiv den Spiegel für ihr Versagen vorgehalten zu bekommen. Lieber steuerten sie weiter in Richtung eines kollektiven Burn-outs.

Die Reaktion des Bankvorstands ist leider durchaus repräsentativ für die deutsche Arbeitswelt. Nicht-wahrhaben-Wollen, Leugnen und Verdrängen sind noch immer typische Reaktionsmuster in Unternehmen. Der Gedanke, dass die vielen psychisch bedingten Krankschreibungen mehr erzählen als nur tragische Privatgeschichten, ist vielen Führungskräften und Personalverantwortlichen weiterhin fremd. Natürlich tragen viele Angestellte auch privat ein Päckchen mit sich herum – darauf müssen Unternehmen sich einstellen. Was sie noch viel zu selten tun. Aber der Druck, unter dem so viele Arbeitnehmer stehen, hat auch etwas mit der Arbeit selbst zu tun. Das ist noch immer nicht überall angekommen. Das Thema „Mentale Gesundheit am Arbeitsplatz" ist lange Zeit beinahe völlig ignoriert worden, und bis heute wird es massiv unterschätzt und bagatellisiert. Aber auch wo es erkannt wird, fehlen oft das Wissen und die Ressourcen, um sinnvoll gegenzusteuern. Unter dieser Ignoranz leiden sehr viele Menschen. Dabei wissen wir längst, dass selbst dann dringender Handlungsbedarf bestünde, wenn einem das persönliche Schicksal der Betroffenen gleichgültig wäre. Denn jeder Euro, der in mentale Gesundheit investiert wird, zahlt sich fünf- bis achtfach aus. Ganz nüchtern gesprochen: Die volks- und betriebswirtschaftlichen Kosten der vielen psychisch bedingten Krankschreibungen sind astronomisch. Sie sind in den letzten Jahren geradezu explodiert – und ein Ende dieses alarmierenden Trends ist nicht absehbar.

Wir leben in einer Zeit der mentalen Ausbeutung. Dazu ein paar Fakten zum Gruseln: Die Zahl der psychisch bedingten Krankheitstage hat sich von 2013 bis 2023 um mehr als fünfzig Prozent erhöht. Bei keiner anderen Ursache für Fehltage gab es eine auch nur annähernd vergleichbare Steigerung. Übrigens lautet die Krankheitsursache bei fast allen Krankschreibungen „Ängste und Anpassungsstörungen" (51,4 Prozent) oder „Depressionen" (40,6 Prozent).

Die repräsentative Onlineumfrage, die im September 2022 Daten für den *AXA Mental Health Report 2023* erhob, zeichnete ein erschreckendes Bild. Insbesondere junge Erwachsene sind offensichtlich stark belastet. Alarmierende 41 Prozent der Frauen zwischen 18 und 34 gaben an, aktuell unter einer handfesten psychischen Erkrankung wie Depression, Essstörung, Angst- oder Zwangsneurosen zu leiden. In der Gesamtbevölkerung lag der Wert bei 32 Prozent. Aber auch Ältere, denen man gern pauschal eine höhere Resilienz zuschreibt, verschont der Trend nicht. Mehr als 40 Prozent derer, die 2022 wegen eingeschränkter Erwerbsfähigkeit vorzeitig in den Ruhestand gingen, nannten psychische Belastungen als Grund.

Die Symptome, die auf gestresste und verletzte Seelen hindeuten, sind bedrückend weitverbreitet – und ihre Häufigkeit steigt dramatisch. So sagen 69 Prozent der Befragten, dass sie „nicht mehr richtig abschalten" können – ein Jahr zuvor waren es noch 59 Prozent. Und der Anteil derer, die sich „unruhig und aufgewühlt" fühlen, ist sogar von 56 auf 76 Prozent gestiegen. Auch weitere Erscheinungen wie Niedergeschlagenheit und Freudlosigkeit, Reizbarkeit und Angstzustände ohne unmittelbaren Anlass deuten auf massiven Stress hin. Die äußeren Gründe sind bekannt: Im Herbst 2022 waren die Auswirkungen der Coronapandemie und der Maßnahmen zu deren Eindämmung noch keineswegs verarbeitet – und der Ukrainekrieg hatte bereits begonnen. Die Preise für das tägliche Leben schossen in die Höhe. Und die Klimaveränderung, der Terrorismus und anderes sind zwar ein wenig aus den Schlagzeilen geraten, aber die Angst vor grundstürzenden Veränderungen unserer Lebensweise, vor dem Ende vieler Gewissheiten wirkt natürlich in vielen Menschen weiter. Ein ganzer Cocktail aus Bedrohungen bestimmt aktuell unsere Wahrnehmung der Welt – und viele davon erscheinen uns existenziell, weil der Kontrast zur Sicherheit und Stabilität der 1990er- bis 2010er-Jahre so groß ist. Vor allem jüngere Menschen sind außerdem massivem sozialen Stress ausgesetzt und ringen beispielsweise mit ihrem Körperbild. Und weil viele sich gar nicht mehr von ihrem Smartphone und den sozialen Netzwerken lösen können, wirken die dort erzeugten Erwartungen fast ununterbrochen auf sie ein.

Übrigens fällt es insbesondere Jüngeren leichter als früher, ihre psychischen Belastungen offen anzusprechen – sie nehmen eine abnehmende Stigmatisierung des Themas wahr. Kein Wunder – schließlich sind Depressionen in ihrem Umfeld beinahe schon zu einer „Volkskrankheit" geworden. Ich denke, den meisten Leserinnen und Lesern geht es wie mir: Im Freundeskreis und in der eigenen Verwandtschaft kennt man mehrere Jugendliche und junge Erwachsene, die dem Druck, der auf ihnen lastet, kaum oder gar nicht gewachsen sind. Ältere hingegen haben oft Hemmungen, sich und anderen psychische Überlastung einzugestehen, und verlängern so ihr Leiden.

Und es gibt ja nicht nur die Weltlage und die sozialen Netzwerke. Jeder Mensch hat eine genetische Grundausstattung, die ihn mehr oder weniger anfällig macht für psychische Erkrankungen. Und jeder Mensch wird in seinen ersten Lebensjahren durch die Familie geprägt – und manchmal auch traumatisiert durch Gewalterfahrungen, Suchterkrankungen, die Trennung der Eltern, Krankheiten, Unglücksfälle oder Ähnliches.

Das ist der psychische Zustand, in dem Menschen heute an ihren Arbeitsplatz kommen.

Millionen leiden unter psychischen Belastungen: Ängste, Depressionen, Suchtkrankheiten oder totale Erschöpfung. Und sehr viele haben das Gefühl, sie müssten das ja wohl mit sich selbst ausmachen, weil die Gründe eben in ihrer Persönlichkeit, in der Weltlage oder in ihrem Privatleben lägen. Der Gedanke, dass die Arbeit ein entscheidender Krankmacher ist, liegt auch vielen Betroffenen fern – oder sie lassen ihn nicht zu. Schließlich sichert die Arbeit ihren Lebensunterhalt. Wenn es gut läuft, ist sie außerdem eine Art zweites Zuhause, das ihrem Leben Halt und Sinn gibt. Aber viel zu oft läuft es eben nicht gut. Und dann leiden Menschen massiv. Wer die Hälfte seiner wachen Stunden an einem Ort verbringen muss, der ihm nicht guttut, der wird fast zwangsläufig krank. Und auch bei vielen Krankschreibungen, die scheinbar nichts mit der Psyche zu tun haben, liegt die tiefere Ursache in Spannungen und Belastungen am Arbeitsplatz: Kopf-, Bauch- und Rückenschmerzen sind typische „Hilferufe" einer leidenden, gestressten Seele, die sich ein körperliches Ventil sucht, um gehört zu werden.

Im ersten Teil des Buches schaue ich mir an, auf welche Arten der Arbeitsplatz die Seele krank machen und uns in den Wahnsinn treiben kann. Wie wirken sich ständiger Zeitdruck, dauernde „Change"-Prozesse und permanente Überforderung durch die Informationsflut aus? Was richten schlechte Vorgesetzte an mit ihrem fehlenden Einfühlungsvermögen und ihrer mangelhaften Anerkennungskultur? Wie erleben Menschen, die klare Vorgaben und vertraute Strukturen brauchen, die flexiblen Arbeitsmodelle der Gegenwart? In welchen Berufen sorgen Konflikte und bedrückende Erlebnisse besonders oft für seelischen Stress? Was richtet Mobbing in den Seelen von Menschen an? Diesen und vielen weiteren Fragen geht meine Reise durch das Arbeitsland Deutschland nach.

Häufig musste ich bei meinen Gesprächen erfahren, dass Arbeitnehmer sich wie lästige Bittsteller und Störenfriede fühlten, weil sie psychische Belastungsfaktoren am Arbeitsplatz angesprochen hatten. Denn noch immer tun viele Unternehmer das Thema „mentale Gesundheit am Arbeitsplatz“ als „Hype“ ab und schütteln den Kopf über „Sensibelchen“, die sich wegen jeder kleinen Verstimmung krankmeldeten. Solche Vorgesetzten haben eindeutig den Schuss nicht gehört. Psychischer Arbeitsschutz ist weder ein Hype noch ein „Nice to have“, also ein Luxus, den man sich aus Prestigegründen leistet, weil es gerade gut läuft. Er ist vielmehr eine strategische unternehmerische Entscheidung, um Mitarbeiter gesund und leistungsfähig zu erhalten, um sie im Unternehmen zu halten beziehungsweise erst zu gewinnen und um Wachstum zu ermöglichen. Vom Skandal der Ignoranz gegenüber dem Thema, aber auch von den tragischen (Fehl-)Versuchen der einzelnen Menschen, mit dem Druck fertigzuwerden, handelt der zweite Teil des Buches. Was mich während meiner Recherchen erschreckt hat, ist der gewaltige Rückstand, den Deutschland beim Thema „psychische Gesundheit am Arbeitsplatz“ hat. International ist vieles schon Standard, was in Deutschland noch nicht ausreichend im Bewusstsein ist. In der deutschen Arbeitswelt werden Seelen oft noch mit Füßen getreten. Deutschland ist hier Entwicklungsland, weil wir keine gute Kultur im Umgang mit psychischen Krankheiten haben. Letztlich ist das ein Erbe des Nationalsozialismus und des kulturellen und wissenschaftlichen Kahlschlags, den er in seinem ideologischen, deutschtümelnden und antisemitischen Wahn angerichtet hat. Natürlich wurden mentale Erkrankungen bis vor etwa hundert Jahren überall stigmatisiert – aber in der angloamerikanischen Welt konnten das von Sigmund Freud entwickelte Instrument der Psychoanalyse sowie die Hilfe durch Gesprächstherapie sich viel früher und nachhaltiger durchsetzen als in Deutschland.

Vor hundert Jahren fehlte es vielfach noch am physischen Arbeitsschutz – Arbeiter starben durch vermeidbare Unfälle. Heute fehlt es oft immer noch am mentalen Arbeitsschutz. In ein paar Jahren wird man den Kopf schütteln über die Kälte, mit der man noch in den 2020er-Jahren in Kauf nahm, dass Menschen bei der Arbeit massenhaft seelisch kaputtgehen. Aber das Beispiel des physischen Arbeitsschutzes zeigt auch: Wenn das Problem erkannt ist, wenn es verstanden und ernst genommen wird, dann kann man etwas tun. Und international konkurrenzfähig im Kampf um gute Leute werden Unternehmen künftig nur dann sein, wenn sie mentale Gesundheit besser berücksichtigen.

Damit also nicht alles in Depression endet, erzähle ich im dritten Teil Geschichten vom Gelingen. Wo wird Arbeit so gestaltet, dass sie guttut oder zumindest nicht schadet, und wo und warum gelingt das nicht? Wie sieht Eigenverantwortung für gute Arbeit aus? Was sabotiert sie? Wie sehen eine gute, gesunde Arbeitsplatzgestaltung und Arbeitsorganisation aus? Was können Vorgesetzte und Unternehmen besser machen, damit über ihr Unternehmen nicht irgendwann gesagt wird, da gebe es „Toxic Jobs"?

Die nächsten fünf bis zehn Jahre werden eine Revolution im Bereich mentale Gesundheit bringen – aus drei Gründen:

1) Verändertes Bewusstsein: Depression, Ängste und andere psychische Erkrankungen sind enttabuisiert, und Achtsamkeit und Work-Life-Balance als Zielsetzungen sind akzeptiert.
2) Veränderte Bedingungen: Die Belastungen am Arbeitsplatz wie Produktivitäts- und Innovationsdruck nehmen weiter zu, und der demografische Wandel (Fachkräftemangel) erzwingt einen sorgsameren Umgang mit den psychischen Ressourcen der Belegschaften.

3) Veränderte Möglichkeiten: Die Digitalisierung wird Therapien und Unterstützung ermöglichen, wo es heute keine gibt: Videosprechstunden oder auch KI-gestützte Therapieangebote werden die Versorgung massiv verbessern.

Aber einfach abzuwarten, wäre fahrlässig. Jedes Unternehmen muss für die mentale Gesundheit seiner Belegschaft Verantwortung übernehmen – jetzt. Und auch jeder und jede Einzelne kann etwas tun. Wie wir als Gesellschaft das hinbekommen können – davon handelt dieses Buch.

Teil 1: Was macht die Seele krank?

„Seelische Krankheit“ – den Begriff muss ich erklären. Denn die Statistiken über Krankschreibungen zeigen nur einen Teil des Bildes. Wer zum Arzt geht, weil er die seelische Belastung nicht mehr erträgt und sich nicht mehr arbeitsfähig fühlt, hat schon einiges hinter sich. Deshalb haben wir für den Untertitel dieses Buches keine Formulierung mit dem Wort „krank“ gewählt, sondern eine umgangssprachliche: „Warum die Arbeit so viele in den Wahnsinn treibt und wie wir das ändern können“. Schließlich ist der Weg in den tatsächlichen Burn-out oft gepflastert mit Momenten, in denen wir denken oder schreien: „Mein Chef macht mich irre!“ oder „Die machen mich noch alle wahnsinnig hier!“ Diese Übertreibung hilft eine Zeit lang sogar, den akuten Druck loszuwerden. Oft teilt man diesen Moment des Frustabbaus mit Kollegen oder der Partnerin – und fühlt sich danach ein wenig entlastet. Meist lachen wir und die anderen danach sogar. Arbeitnehmer, die ich auf so einen Ausruf anspreche, beteuern in der Regel, dass es ihnen gut gehe und das mit dem Wahnsinn doch ein Scherz sei. Aber der Buchtitel *Toxic Jobs* deutet es an: Die Dosis macht das Gift. Wir kennen es von unserem Körper: Den einen alkoholgeschwängerten Abend, die eine Zigarette, die eine Extraladung Zucker steckt der Organismus gut weg – aber wenn man ihm diese schädlichen Substanzen dauernd zumutet, meldet er irgendwann: „Es reicht. Ich muss passen.“ Genauso ist es mit stressigen Situationen und Strukturen bei der Arbeit: Einmal, zweimal, dreimal halten die meisten eine hektische Schicht mit Überstunden, Zeitdruck und einem herumschreienden Vorgesetzten aus. Aber wenn so etwas zum Dauerzustand wird, sagt die Seele irgendwann: „Es reicht. Ich muss passen.“

Macht dieselbe Menge an Stress alle in demselben Ausmaß krank? Natürlich nicht. Wie schon erwähnt, tragen wir alle unseren persönlichen Rucksack aus Genetik und Prägung mit uns herum, weshalb es ganz unterschiedliche Stresstypen gibt. Was den einen an den Rand des Nervenzusammenbruchs bringt, lässt die andere erst so richtig aufleben. Manche reagieren aufgrund schlechter Erfahrungen schon auf einen unangebrachten Scherz höchst sensibel, andere überhören selbst derbe Anwürfe mit erstaunlicher Gelassenheit.

Generell können wir im Vergleich zu früheren Generationen von einer höheren Sensibilität für unangemessenes und übergriffiges Verhalten ausgehen. Bis vor etwa achtzig Jahren wurden Frust und Stress viel häufiger durch Gewalt abgebaut – sowohl in Familien als auch politisch, etwa in Form von Straßenschlachten und Kriegen. Entsprechend dick musste die Haut sein. Die Generation Z hat eher gelernt, auf subtile Aggressionen oder gar „Mikroaggressionen" zu reagieren, und sie empfindet manches schon als übermäßigen Druck, was Ältere als „normal" ansehen.

Wichtig ist mir, nicht den Eindruck zu erwecken, als seien es immer und ausschließlich die Arbeit und die Arbeitsatmosphäre selbst, die Menschen krank machen. Das ist mit „Toxic Jobs" nicht zwingend gemeint. Natürlich gibt es das: Seelisch gesunde und stabile Menschen geraten in eine Arbeitssituation, die sie krank macht. Aber mindestens ebenso häufig dürfte der Fall sein, dass Menschen bereits vorbelastet sind durch Dinge außerhalb der Arbeit: ihre Prägung durch das Elternhaus, aber auch eine schwierige akute Familiensituation wie die Pflege eines Elternteils, eine schmerzhafte Trennung oder auch den ganz normalen Wahnsinn eines Lebens mit kleinen Kindern. Dann muss der Betrieb seine Verantwortung wahrnehmen. Er muss dafür Sorge tragen, dass die Arbeit solche Menschen nicht weiter krank macht. Das ist besonders herausfordernd, wenn man einen Mitarbeiter von einer anderen Seite kannte. Der dynamische und leistungsfähige Abteilungsleiter mit besten Karriereaussichten ist plötzlich fahrig und nervös, macht Fehler und schafft sein gewohntes Arbeitspensum nicht mehr in derselben Zeit? Kein Wunder, wenn er Vater von Zwillingen geworden ist, die die Eltern seit Wochen um den Nachtschlaf bringen. Oder wenn er – was viel mehr Väter wollen als früher – Anteil nehmen möchte am Aufwachsen seiner Kinder, was einen Teil seiner Zeit und Energie erfordert, die er früher in die Arbeit gesteckt hat.

Und woran erkennt man, dass die Psyche leidet und krank wird? Wie reagieren Menschen, wenn sie Stress nicht mehr auf gesunde Weise abwehren, abbauen oder ausgleichen können? In Teil 2 gehe ich auf die individuellen (Fehl-)Reaktionen wie zum Beispiel Suchtverhalten ein. Hier geht es erst einmal um unsere Grundbedürfnisse – und darum, was passiert, wenn diese Bedürfnisse dauerhaft verletzt werden.

Der Mensch ist ein soziales Wesen. Er braucht die **Bindung** zu anderen wie die Luft zum Atmen. Wenn es keine gute Verbindung zu Kollegen gibt, man sich also nicht wohlfühlt in der Gruppe, wird man zwangsläufig unglücklich. Mobbing ist die schwerste Form des Ausschlusses aus einer Gruppe.

Ein weiteres elementares Bedürfnis ist **Orientierung**. Wir wollen wissen, wo es langgeht und welchen Sinn und Zweck eine Tätigkeit hat. Und wir können unvorhersehbare, unerklärte und willkürliche Entscheidungen nicht ertragen.

Wir sind angewiesen auf die Überzeugung, dass wir einen **Selbstwert** besitzen. Wir brauchen Anerkennung dafür, wer wir sind und was wir leisten. Vorgesetzte, die das nicht berücksichtigen, machen ihren Job nicht gut.

Wir wollen möglichst viele Teile unseres Lebens selbst bestimmen, sie also unter **Kontrolle** haben. Wenn jeder Handgriff, jede Pause und die gesamte Organisation der Arbeit bis ins Kleinste fremdbestimmt sind, verstößt das gegen unser natürliches Bedürfnis nach Autonomie. (Nicht umsonst ist Gefängnis die härteste Strafe, die der Rechtsstaat verhängen kann – den Verlust der Bewegungs- und Entscheidungsfreiheit.)

Wie wirkt es sich nun auf unsere Arbeitsfähigkeit aus, wenn die genannten Grundbedürfnisse regelmäßig missachtet werden?

Am einfachsten sichtbar für uns und andere ist die **kognitive Reaktion**: Ich denke bewusst darüber nach, warum die Kollegen mich schon wieder nicht gefragt haben, ob ich mit in die Mittagspause gehen will. Haben sie etwas gegen mich? Habe ich sie mit irgendetwas vor den Kopf gestoßen? Oder ich frage mich, ob die Chefin eigentlich zufrieden ist mit meiner Arbeit – sie hat schon lange nichts mehr dazu gesagt. Oder ich grüble, welchen Sinn es eigentlich hat, dass ich auf Anweisung von oben an einem Report arbeite, dessen Ergebnisse schon jetzt veraltet und irrelevant sind und den niemand jemals lesen wird. Solche Gedanken lenken ganz direkt von der Arbeit ab. Sie beschäftigen zumindest einen Teil des Gehirns, sodass uns Flüchtigkeitsfehler unterlaufen, wir falsche Schlüsse ziehen oder wichtige Schritte vergessen. Oft sind wir auch angespannt und werden hektisch und ungeduldig, auch im Umgang mit anderen. Aber wir können uns bei diesen Gedankenschleifen immerhin selbst beobachten – und etwas dagegen unternehmen. Dazu mehr in Teil 3.

Die **emotionale Reaktion** ist schwieriger zu kontrollieren. Gefühle wie Wut auf den Vorgesetzten oder auf „anonyme" Gestalten („die da oben in der Zentrale"), Angst vor dem Gespräch mit dem Abteilungsleiter oder auch ein schlechtes Gewissen wegen eines vertuschten Fehlers lassen sich schwer beherrschen und steuern.

Wenn uns Probleme intensiv beschäftigen, bleibt das nicht ohne Auswirkungen auf unsere Seele – und auf unseren Körper. Wir alle kennen die schwitzigen Hände und das heftige Herzklopfen in einer unmittelbar angespannten Situation wie bei einem lautstarken Streit oder der Konfrontation mit einer unzureichenden Leistung. Und jeder kennt auch dieses mulmige Gefühl in der Magengegend, wenn wir einen Anruf erhalten und gebeten werden, umgehend beim Chef zu erscheinen. Solche Körperreaktionen dauern nur kurz. Gravierender sind die Auswirkungen, wenn wir über längere Zeit Stress, Grübeleien und Sorgen erleben. Wenn uns Wut, Nervosität und Angst längere Zeit beherrschen, ist unser Körper in ständiger Alarmbereitschaft – das bedeutet Stress für den Organismus, vor allem für das Herz-Kreislauf-System und den Magen-Darm-Trakt, aber auch für die Wirbelsäule. Irgendwann lassen uns die Gedanken auch nachts nicht mehr los, und wir leiden unter schlechtem Schlaf. Spätestens dann ist unsere Leistungsfähigkeit bei der Arbeit stark herabgesetzt. Müdigkeit, Rückenprobleme und Schmerzen im Kopf-Nacken-Schulter-Bereich wegen der dauernden Anspannung, eine größere Anfälligkeit für Infekte und ein erhöhter Blutdruck sind typische Folgen von dauerhaftem Stress. Leider bemerken wir sie oft erst verzögert oder bringen sie zu lange nicht in Verbindung mit unserer Arbeitssituation – zumal wir diese Möglichkeit oft auch verdrängen.

Wenn es ihr zu viel wird, sucht unsere Seele nach Auswegen. Eine typische Reaktion ist der **Rückzug**. Bei der Arbeit bedeutet das oft „Dienst nach Vorschrift“. Die Identifikation mit der Aufgabe und dem Betrieb lässt nach. Es ist uns eher mal egal, wenn eine Kundenanfrage unbeantwortet bleibt oder ein Projekt gegen die Wand fährt. Wir meiden gesellige Anlässe im Betrieb und gehen immer pünktlich nach Hause. Es fällt uns innerlich leichter, mal einen Tag blauzumachen. Auf dem Weg zur Arbeit denken wir nicht mehr an die anstehenden

Aufgaben. „Mal schauen, was der Tag so bringt", heißt das Motto. Das kann eine durchaus gesunde Reaktion auf Überlastung sein – aber nur, wenn sie bewusst gewählt ist.

Auch auf unser **Sozialverhalten** wirkt sich andauernder Stress aus. Wir fahren bei Meinungsunterschieden oder Nachfragen schneller aus der Haut, stürzen uns in Konflikte, sind weniger kompromissbereit und nehmen weniger Rücksicht auf die Gefühle anderer.

Und schließlich reagiert die Seele, indem sie krank wird. Ob wir es Burn-out nennen oder Depression: Wen es richtig erwischt, der findet sich in einem Verlies aus düsteren Gedanken, Niedergeschlagenheit, Ängsten, Zwängen, Selbstzweifeln und massiver Antriebslosigkeit wieder. Dieses Leiden wünscht man wirklich niemandem. Und dagegen hilft nur noch eine langwierige Therapie.

Doch genug vom Allgemeinen. Wir sind endlich am Ausgangspunkt meiner Reise durch die deutsche Arbeitswelt angekommen. Wir schauen uns gemeinsam ganz konkret an, was so viele in den Wahnsinn treibt. Ich fürchte, Sie werden so manches wiedererkennen ...

„Sie haben 133 neue Nachrichten"
Ein ganz normaler Montagmorgen und der tägliche Informationsoverkill

Jan hat mich eingeladen, ihn einmal beim Einstieg in eine typische Arbeitswoche zu begleiten. Jan ist 47, fast einen Meter neunzig groß und topfit. Er ist verheiratet und hat eine zwölfjährige Tochter. Er arbeitet als Lektor in einem Verlag in Süddeutschland, ist den Umgang mit Informationen also gewohnt. Trotzdem sagt er: „Wenn ich montags um neun ins Büro komme, fühle ich mich wie ein Sportler, der hoch motiviert das Spielfeld betritt – und dann vom Schiri gesagt bekommt: ‚Ihr liegt null zu fünf hinten. Seht zu, wie ihr das aufholt.'

Noch vor dem Anpfiff. Mein Dauergefühl ist das vergebliche Abwehren einer Flut."

Jan bezeichnet sich selbst gern als „protestantischen Preußen": gut organisiert, pflichtbewusst, pünktlich. Dass er leistungsfähig und -bereit ist, konnte ich selbst erleben, als wir bei einem früheren Projekt zusammengearbeitet haben. Umso schwerer kann ich mir vorstellen, dass ihn der ganz normale Alltag dauerhaft stresst. Aber er hat mir berichtet, dass er in der Nacht zu Montag seit Jahren schlecht schläft. „Meine Frau sagt, dass ich neuerdings mit den Zähnen knirsche – aber nur in diesen Nächten. Ich merke, dass ich sonntags schon angespannt ins Bett gehe und sich in mir eine Wut aufbaut, weil ich schon ahne, was mich am nächsten Morgen erwartet. Und weil ich den Preis dafür bezahle, dass ich mich an die Regeln halte."

Welche Regeln? Nun, wie viele Unternehmen hat Jans Verlag eine Mail-Policy: Es gibt keine Verpflichtung, zwischen 20 Uhr und 8 Uhr sowie am Wochenende in die Mails zu schauen. Und die Geschäftsführung darf zwischen 19 und 7 Uhr und am Wochenende keine Mails verschicken. Ohnehin hat Jan vor ein paar Jahren beschlossen, nach Feierabend und am Wochenende nicht in seinen dienstlichen Mailaccount zu schauen – nach einer ernsten Auseinandersetzung mit seiner Frau. „Ich war da mehr und mehr reingerutscht. Am Ende saß ich vor dem Schlafengehen regelmäßig noch eine Stunde am Rechner und habe Vorgänge weggearbeitet, damit sie mich am nächsten Morgen nicht nerven. Und zwischendurch, beim Fernsehen, beim Essen und so weiter hatte ich immer ein Auge auf dem Smartphone, um sofort reagieren zu können, wenn wieder was reinkommt. Am Ende sogar, wenn ich Lina was vorlas. Da reichte es meiner Frau dann. Seitdem ist das Zuhause tabu für dienstlichen Kram. Aber den Preis dafür zahle ich am nächsten Morgen. Und speziell am Montag."

In einem früheren Gespräch hat Jan seine Situation verglichen mit einem Ruderer, der während der anstrengenden Ruderei versucht, eindringendes Wasser sofort wieder aus dem Boot zu schöpfen. Das klappt nie vollständig, und das Leck, durch das Wasser eindringt, wird immer größer. Kein Wunder, dass er schlecht schläft.

Am heutigen Montag haben wir uns bereits für acht Uhr in seinem Büro verabredet. Er möchte mir unbedingt – „bevor der Wahnsinn losgeht" – zeigen, wie er seinen Arbeitsplatz am Freitag verlassen hat. In den Büros des Lektorats ist es um diese Zeit noch leer. „Die meisten kommen erst gegen halb zehn, zehn. Aber mach dir keine Illusionen: Die sitzen alle seit sieben über ihren Mails. Sogar zwischen Rasieren und Duschen verschicken die Nachrichten. Sind alle gestresst davon – aber alle machen mit."

Mit unverkennbarem Stolz zeigt Jan mir seinen penibel aufgeräumten Schreibtisch und erklärt mir dann sein Prinzip: „Freitagabends will ich maximal zehn Mails im Posteingang haben. Und einen To-do-Zettel mit den wichtigsten Dingen für die neue Woche. Wenn ich den schreibe, ist da immer eine Vorfreude. Trotz aller Erfahrungen denke ich immer noch: ja! Montagfrüh habe ich eine gemähte Wiese vor mir und kann mich endlich auf meine eigentliche Arbeit konzentrieren. Mal hintereinanderweg einen Text schreiben. Oder ein Kapitel lektorieren. Also das tun, was ich gut kann und was ich so mag an diesem Beruf. Aber dann …"

Jan zeigt mir seine Liste für diese Woche. Fein säuberlich und mit Spiegelstrichen stehen darauf etwa 15 Aufgaben. „Konzept Ampelbuch erstellen", „Werbetexte 6–10 schreiben", „Schmidt Kap. 3 redigieren" und so weiter. Jan zuckt mit den Achseln. „Nichts davon dauert mehr als zwei Stunden. Netto. Aber jetzt schau dir mal meine To-do-Liste von Freitag vor einer Woche an." Er zieht unter der Schreibunterlage ein Blatt hervor, das auf den ersten Blick wie eine

Kopie der neuen Liste wirkt. Es stehen exakt dieselben Dinge darauf. Lediglich ein Posten ist durchgestrichen: „Schmidt vertrösten." Und auf der neuen Liste sind zwei neue Aufgaben dazugekommen. Ich frage: „Aber wann machst du diese Sachen dann?" Jan zuckt wieder die Achseln. „Zu Hause. Nach Feierabend. Wie alle. Nur bei abgeschaltetem Mailprogramm. Du kennst ja den englischen Spruch: *You never get done any work at work.* Hier im Büro bin ich fast nur damit beschäftigt, Anfragen zu beantworten und den Apparat zu bedienen. So ein Unternehmen mit mehreren Hundert Leuten ist ja wie eine Behörde. Statt das zu tun, was ich am besten kann und am liebsten tue, sitze ich in Meetings, schreibe Umsatzprognosen, pflege die Datenbank, dokumentiere Vorgänge ... Aber das Frustrierendste ist, dass ich mehr abkriege als andere – weil ich so gewissenhaft bin."

Ich schaue fragend. Jan öffnet daraufhin seinen Outlook-Account, und die neuen Mails rattern nur so rein. Schön fett gedruckt, damit sie bloß nicht übersehen werden. Nach einer Weile steht unten: „Elemente: 61. Ungelesen: 54." Jan beginnt, durch die Mails zu scrollen. „Diese sechs hier sind allesamt Antworten auf eine Mail, die ich am Freitag um 17:55 Uhrverschickt habe. Ganz bewusst so spät. Hier, schau: ‚Schönes Wochenende!', hab ich druntergeschrieben. Dass ich nicht lache. Die haben alle am Wochenende gearbeitet." Er scrollt weiter und kommentiert ironisch: „Oh, schick! Zwölf Nachfragen und weiterführende Anforderungen zu einer anderen Mail von Freitagnachmittag. Und hier: sechs Mails von ganz oben. Automatische Versendung mit Timer, heute früh um 7:01 Uhr. Formal hat der Chef sich also an die Regel gehalten ... Na, jedenfalls bin ich jetzt bis mittags mit dem beschäftigt, was meine Arbeit von Freitag ausgelöst hat. Mindestens. Und hier: Die Mailbox war am Freitagabend leer. Jetzt habe ich sechs neue Anrufe. Alle vom Wochenende. Das ist doch krank!"

Vorsichtig frage ich: „Zeitmanagement-Fortbildungen habt ihr, oder?“ Ziemlich angefressen dreht er sich zu mir: „Danke! Ja, ich kann unterscheiden zwischen eilig und wichtig. Und ich weiß, welche Mails ich löschen kann, weil irgendjemand mich überflüssigerweise in cc gesetzt hat. Aber es ist einf...“ In diesem Moment klopft eine Kollegin an die offen stehende Tür. „Morgen, Jan. Du, ich hab hier diesen Fragebogen zum Arbeitsschutz.“ Jan seufzt: „Leg da drüben hin. Schau ich mir Mittwoch an.“ Die Kollegin zögert. „Mittwoch ist leider zu spät. Der Chef will es heute Vormittag haben.“ – „Echt heute?!“ – Sie nickt und grinst: „Weil ihm das Thema Stressabbau so wichtig ist. Ich hab da seit heute um sieben drangesessen. Die Seiten 14–17 sind besonders nervig. Hier, ich zeig dir mal mei...“ In diesem Moment klingelt das Telefon. Jan winkt die Kollegin mit einer Handbewegung raus und greift nach dem Hörer. „Ja, ich nehme teil am Freitag. Wie lange geht das denn? Was?!? Den ganzen Tag? Ich dachte, zwei Stunden. Ob ich was? Äh, nein, ruhig vegetarisch. Nicht vegan. Danke.“ Er legt auf und stöhnt. „Ein Workshop aller Abteilungsleitungen. Thema: Vereinfachung und Optimierung von Prozessen. Ist die vierte Runde dazu in drei Jahren. Endet meistens mit zusätzlicher Arbeitsverdichtung. Aber immerhin: Manche da oben merken schon, dass es einfach zu viel wird mit den Infos und den Aufgaben, und versuchen, an kleinen Rädchen zu dre... Moment! Da muss ich ran.“ Jan telefoniert. Danach bearbeitet er den Fragebogen, wobei er mehrfach unterbrochen wird. Als er sich zum ersten Mal wieder seinen Mails zuwenden kann, sind anderthalb Stunden vergangen. Und es sind weitere 13 Stück dazugekommen. Während er diese checkt, isst er hastig sein mitgebrachtes Frühstück. Er wirkt fahrig und hektisch.

„Jan, ich lass dich jetzt in Ruhe. Nur eine Frage noch: Du meintest, manche da oben hätten begriffen, wie enorm der Druck durch die Informationsflut ist. Das heißt: Nicht alle sehen das Problem?“

Jan zögert und entscheidet sich dann für eine diplomatisch-allgemeine Formulierung: „Es soll ja Vorgesetzte geben, vor allem ältere, die sich ihre Mails vorsortieren und ausdrucken lassen. Bei denen geht es natürlich gemütlicher zu, während der Frust und der Entscheidungsstau in den Etagen darunter noch schlimmer werden. Das ist ja das Dilemma: Ich weiß genau, dass andere nicht weitermachen können, wenn ich mir nicht ‚die paar Minuten' nehme, um ihre Frage zu beantworten. So ist das eben in einem arbeitsteiligen Laden. Es ist nur einfach zu viel. Viel zu viel."

Vieles von dem, was Jan mir erzählt hat, ist leider Standard. Ich habe auch schon von Topmanagern gehört, die ihr Diensthandy nur nutzen, um selbst Nachrichten zu verschicken, aber ankommende Messages nicht lesen. Sie haben ein privates Handy für die Familie, dessen Nummer niemand kennt. Und ein drittes für ihre speziellen Buddys. Für die, die sich dieses Privileg leisten, ist es sicher angenehm, sich ausklinken zu können aus dem Strom der Informationen. Aber sie haben dann eben einen blinden Fleck, was die Belastung ihrer Mitarbeiter angeht. Sie wissen gar nicht, wie sich der Informationsoverkill weiter unten anfühlt. Und wenn es mal jemand anzusprechen wagt, geben sie gern schlaue Tipps oder sogar Anweisungen zur „Mailhygiene". Das macht die Angestellten dann zusätzlich irre. Ein wenig ist das wie die (wohl erfundene) Geschichte von der französischen Königin, die hörte, dass die Armen rebellieren, weil sie kein Brot hatten, und daraufhin fragte, wieso sie dann nicht Kuchen äßen.

Die Digitalisierung der Informationstechnik hat zu einer Verarbeitungs- und Beantwortungserwartung geführt, die von der Menge und vom Tempo her nicht zu schaffen ist. Durchschnittlich hören und lesen Bewohner westlicher Länder inzwischen täglich etwa 100.000 Wörter. Menschen sind auf diesen Entwicklungssprung mental nicht vorbereitet. Wenn das Gehirn pausenlos mit Informationen befeuert wird, geht es ihm wie einer Tennisspielerin, der eine Ballmaschine gegenübersteht. Wenn deren Tempo sich plötzlich verzehnfacht, hat sie keine Chance mehr, die Bälle zu erreichen und zurückzuschlagen. Eine Weile wird sie es versuchen – und dann erschöpft zusammenbrechen.

Laut *Stressreport Deutschland*, für den die „Bundesanstalt für Arbeitsschutz und Arbeitsmedizin" rund 20.000 Beschäftigte befragen ließ, „mindern Unterbrechungen wie ein klingelndes Telefon, eine ankommende E-Mail oder eintretende Kolleg*innen die Leistungsfähigkeit bis zu vierzig Prozent und erhöhen die psychischen Belastungen, welche sich u. a. in Schlafstörungen und Nervosität zeigen".

Vor einigen Jahrzehnten, vor der Internetära, dauerte es regelmäßig etwa eine Woche, bis man eine Antwort auf eine schriftliche Anfrage bekam. Man setzte einen Brief auf, gab ihn zur Post – und wartete auf die Antwort. Erst wenn sie eintrudelte, musste man sich weiter mit dem Thema beschäftigen. Niemand will zurück in diese Zeit – aber Unternehmen dürfen nicht annehmen, dass das Gehirn sich so schnell verändert wie die Technik.

Viele Führungskräfte glauben, dass „Digitalisierung" automatisch eine Verbesserung und Entlastung für die Angestellten bedeute. Doch eine repräsentative Befragung von Beschäftigten, die der Deutsche Gewerkschaftsbund (DGB) 2016 in Auftrag gab, zeigte, dass seit der Digitalisierung die Arbeitsbelastung von nahezu der Hälfte der Befragten als größer empfunden wird. Nur neun Prozent bestätigen eine Entlastung. Diese Zahlen haben zum Beispiel damit zu tun, dass die Digitalisierung immer mehr Multitasking erzwingt – ein echter Stressfaktor. Wenn dauernd neue Informationen dazukommen, ist vertiefte Arbeit an einer herausfordernden Aufgabe nicht möglich. Und die Aufgaben nehmen meist mindestens in demselben Maß zu, wie digitale Helfer die Arbeit erleichtern. Stress verursachen auch die mangelnde Zuverlässigkeit der Technik und die Überforderung bei ihrer Beherrschung. Zudem bedeutet mehr Technik immer auch mehr Leistungs- und Verhaltenskontrolle sowie Entfremdung statt Selbstbestimmung.

Auch ist die Empfindung von Stress infolge der Digitalisierung umso stärker, je schlechter das Betriebsklima und die Führungskultur sind. Digitaler Stress steht also in engem Zusammenhang mit „normalem" Stress, etwa durch einen emotional belastenden Beruf, durch Arbeitsüberlastung und durch Konflikte mit Kollegen und Vorgesetzten.

Vor allem die Fleißigen und Gewissenhaften wie Jan machen die Erfahrung, dass ein schnelles Beantworten von Mails einen Pingpongeffekt mit einer schnellen Lawine von Rückantworten, Nachfragen, weiteren Aufträgen und so weiter nach sich zieht. Das stresst sie gleich doppelt. Zum einen wegen der schieren Arbeitsmenge, zum anderen, weil sie ihrem eigenen Anspruch nicht gerecht werden, immer alles pünktlich zu erledigen. Hier wird eine Kombination aus strukturellen Bedingungen und fehlender Selbstfürsorge des Einzelnen zur Falle. Es gibt einfach zu viele Mails – und Jan versucht, diese Mails bis Freitagabend vollständig abzuarbeiten, was ihm nicht nur Stress bereitet, sondern ihm auch am Montagmorgen in Form vieler am Wochenende geschriebener Antworten um die Ohren fliegt. Deshalb liegt die Zahl seiner täglichen Mails auch weit über dem Durchschnitt für seine Altersgruppe – der liegt „nur" bei circa 26. Diejenigen seiner Kollegen, die im Schnitt 300 ungelesene Mails im Posteingang haben und an jedem Monatsende alles aus dem Vormonat unbesehen löschen, haben vermutlich weniger Stress.

Übrigens bedeutet die Mailflut, dass Angestellte noch mehr Zeit am Bildschirm verbringen, was auch ihrer physischen Gesundheit nicht guttut. Man sitzt stundenlang, statt sich zu bewegen. Herz und Kreislauf leiden, das Risiko für „Altersdiabetes" (Typ 2) steigt. Vor allem aber sind Nacken- und Rückenschmerzen an der Tagesordnung. Und in einem verspannten oder kranken Körper macht auch die Seele schneller schlapp.

Ein zusätzlicher Belastungsfaktor ist die Verdichtung und Verkürzung von Korrespondenz. Es gibt keine wertschätzende Anrede mehr, allenfalls ein „Hallo" – dann folgt die Anweisung oder die Frage. Informationsverrohung statt Informationskultur. Ich kenne jemanden, der sich für diese Situationen extra einen Textbaustein gebastelt hat. Den schickt er gern als Antwort, wenn eine Mail an ihn mit einem stumpfen „Hallo!" beginnt statt mit einer Anrede und seinem Namen: „Sehr geehrter Absender. Offenbar wollten Sie eine Person namens ‚Hallo' erreichen. Leider ist diese Person hier nicht bekannt."

Wenn Angestellte täglich zwei Stunden mit dem Bearbeiten von Mails beschäftigt sind, obwohl sie etwa die Hälfte dieser Mails als unwichtig einstufen, wird der Raum erkennbar, den die Informationsflut inzwischen einnimmt. Und etwa zwei Drittel der Berufstätigen sind auch für dienstliche Dinge erreichbar, wenn sie eigentlich Feierabend oder frei haben – auch dies eine Begleiterscheinung der Digitalisierung. Sogar in den Urlaub verfolgt einen die Arbeit inzwischen regelmäßig. Auch früher war man bei der Arbeit telefonisch erreichbar und wurde abgelenkt – aber nicht nach Feierabend. Jetzt gibt es vielfach eine entgrenzte Erwartung der Erreichbarkeit. Oder Mitarbeiter glauben, diese werde erwartet beziehungsweise sei nötig für ihre Karriere. Diese ständige Erreichbarkeit ist eine Autobahn in Richtung Burnout – das ist inzwischen ausreichend belegt. Besonders absurd wird es, wenn Beschäftigte auch im Krankenbett damit rechnen müssen, mit dienstlichen Angelegenheiten behelligt zu werden. Der Krankenstand ist bei jenen, die regelmäßig erreichbar sind, doppelt so hoch wie bei Menschen, die sich gut abschotten können.

Typische Anzeichen von digitalem Stress sind Erschöpfung, weil man nicht abschalten kann, und Gereiztheit. Die Zufriedenheit, die Leistung und die Produktivität sind herabgesetzt. Am Ende steht häufig der Gedanke, den Betrieb zu wechseln oder sogar den Beruf aufzugeben. Erkrankungen des Bewegungsapparats („Rücken"), des Herz-Kreislauf-Systems, des Verdauungsapparats und vor allem neurologische und psychische Erkrankungen treten bei Menschen, die von starkem digitalem Stress berichten, signifikant häufiger auf als bei denen, die wenig unter der Digitalisierung leiden.

Aber auch analog läuft es vielfach nicht rund. Vorgesetzte sind aus Fleisch und Blut – aber sie haben trotzdem ihre Macken. Und auch die können einen krank machen. Oder irre.

„Ihre Befindlichkeiten interessieren mich nicht!"
Wenn ein schlechter Vorgesetzter die Motivation zerstört

Nach einem meiner Vorträge kommt einer der Zuhörer auf mich zu und lobt mich: „Was Sie gesagt haben, Herr Schmal, ist genau mein Ding: Probleme sofort ansprechen. Und niemals persönlich, sondern immer sachlich! Hat gerade neulich wieder funktioniert." Ich sehe den Mann – etwa 45 Jahre alt, kantiges Gesicht, akkurate Frisur – neugierig an. „Schmiel ist mein Name, nicht Schmal. Und Sie sind ...?" Er übersieht meine hingestreckte Hand, weil er gerade eine Visitenkarte aus der Brusttasche nestelt. Statt mir zu antworten, hält er sie mir stolz hin. Ich nehme sie, studiere sie kurz, bedanke mich und frage den „Head of Department" dann: „Was war denn da los bei Ihnen in der Abteilung, Herr Szymanek?" – „Ach, zwei Kolleginnen haben sich dauernd in die Haare gekriegt und sich angezickt. Und dann habe ich zu einer davon nur einen Satz gesagt, und dann lief's wieder." Halb neugierig, halb ängstlich frage ich: „Und welcher Satz war das?" – „Ach, ganz einfach: Wenn Sie nicht aufhören, vier Wochen im Monat Ihre Tage zu haben, haben Sie bald keinen Job mehr."

Während er seinen sexistischen Satz zum Besten gibt, sieht der Mann hochzufrieden aus. Ich entdecke keinerlei Anzeichen, dass er versucht hat, einen Scherz zu machen. Er ist wirklich davon überzeugt, dass der unmögliche Spruch zu seiner Angestellten nicht persönlich war, sondern sachlich. Es ist für ihn ein Beispiel gelungener Kommunikation, und er ist so zufrieden damit, dass er es nun stolz einem Psychologen erzählt. Ich habe mich selten so missverstanden gefühlt. Und ich bin mir sicher, dass die Frau, deren Konflikte mit einer Kollegin er so sensibel moderiert hat, längst selbst auf der Suche nach einer anderen Stelle ist.

Die beiden Jobexperten Jürgen Hesse und Hans-Christian Schrader haben 2022 ein Buch mit dem Titel *Mein Chef ist irre – deiner auch?* veröffentlicht. Das passt zum Titel dieses Buches. Und in der Tat kann man ganze Bibliotheken füllen mit Beispielen für schlechte Führung, schlechtes Benehmen und fehlende Sozialkompetenz von Vorgesetzten. Oft kommen solche „Chefsprüche"-Sammlungen im Gewand des Humors daher. Und wer Glück mit seiner Chefin hat oder innerlich stabil ist, kann sicherlich schmunzeln, wenn Chefsprüche zitiert werden wie: „Wer lacht, hat noch Reserven" oder „Ich brauche eine neue Sekretärin. Die alte ist kaputt". Aber wer darunter zu leiden hat oder am Wohlergehen eines Unternehmens interessiert ist, der weiß: Solche Chefs gibt es massenhaft. Und ihre emotionale, fachliche und strategische Inkompetenz ist der Totengräber von Arbeitszufriedenheit und Motivation. Dazu eine weitere Anekdote: Eine Leserin des Hamburg-Newsletters der *ZEIT* schilderte im März 2024, wie sie in einem Supermarkt mit Freude zwei auffällig fröhliche Mitarbeiter beobachtete, die unter viel Scherzen und Gelächter das Gemüse auffüllten. Auf ihre Frage, woher die gute Laune komme, antworteten beide gleichzeitig: „Der Chef ist heute nicht da, die Arbeit macht heute richtig Spaß!“ Ein vernichtenderes Zeugnis kann einem Vorgesetzten nicht ausgestellt werden: Ohne dich läuft es besser als mit dir.

2019 befragte die Staufen AG circa 1.500 Büroangestellte aus Unternehmen mit mindestens 100 Mitarbeitern. Etwa 15 Prozent der Befragten gaben an, nicht zufrieden zu sein mit ihrem Job. Als Grund hierfür nannte mehr als die Hälfte von ihnen „unfähige Chefs“. Während das Klima unter den Kollegen meist als gut beschrieben wird, ist schlechte Führung der wichtigste Einzelgrund für einen schlechten mentalen Zustand von Mitarbeitern, der sich oft in innerer Kündigung äußert.

Eine andere Umfrage kommt, bei etwas anderer Fragestellung, zu einem noch negativeren Befund: „Nur etwa jeder zweite Berufstätige in Deutschland geht jeden Tag gern zur Arbeit. Einer der wesentlichen Gründe: der direkte Vorgesetzte.“

Wir schauen uns die verschiedenen Typen von Chefs, die uns krank machen, gleich im Einzelnen an. Ganz generell lässt sich sagen: Es macht Mitarbeiter wahnsinnig, wenn Dinge verlangt werden, die die Führung nicht vorlebt, sondern durch ihr Verhalten dementiert oder für unwichtig erklärt. Oder wenn sie Dinge verlangt, aber die Mittel zu deren Erfüllung verweigert, also zum Beispiel neue Stellen. Und das Zukleistern solcher Widersprüche mit „Tschakka“-Sprüchen aus dem Managementseminar macht die Sache nur schlimmer. Vor allem Kreative treibt es in die innere Kündigung, wenn Vorgesetzte Verantwortung und Mehrarbeit scheuen und deshalb Innovationen lieber ausbremsen und Verbesserungsvorschläge aussitzen.

Aber kommen wir jetzt zur angekündigten Präsentation der toxischen Vorgesetzten. Ich habe sie alle schon kennengelernt – und mit ihren „Opfern“ gesprochen. Und ich fürchte, Sie kennen manche davon auch.

Die Parade der schlechten Chefs

1. Der Inkompetente

Häufig fragen Mitarbeiter sich, wie ihr Chef wohl auf seinen Posten gelangt sein mag. In der Regel hat hier das „Peter-Prinzip“ zugeschlagen, wonach jeder so lange befördert wird, bis er die Stufe seiner Unfähigkeit erreicht hat. Unter solchen Chefs leiden vor allem Mitarbeiter, die strukturiert sind und sich eigentlich gern mit ihrer Arbeit und ihrem Betrieb identifizieren möchten. Aber unsinnige und schlechte Anweisungen machen sie wahnsinnig. Der Chef ist überfordert und schlecht organisiert. Sein persönliches Chaos dehnt sich oft auf die gesamte Arbeitsorganisation aus.

Seine Inkompetenz bleibt nicht unbemerkt. Auch er selbst spürt sie, was ihn zu einem unsicheren Menschen macht. Er verzettelt sich gern in unwichtigen Nebenthemen, bei denen er sich wenigstens einigermaßen sicher fühlt. Und seine Unsicherheit äußert sich in Kontrollwut und Paranoia. Oft bremst er Ideen aus der Belegschaft aus, weil sie so gut sind, dass er um seinen Job fürchtet. Sein Konkurrenzdenken und seine Eifersüchteleien, die den persönlichen Vorteil oder eigene Ängste vor das Miteinander und das Wohl des Unternehmens stellen, treiben gute Leute zuverlässig in die Kündigung – erst in die innere, dann in die tatsächliche. Weil sie zermürbt sind von der Vergeblichkeit, mit der sie ihre Argumente vorgetragen haben. An unsicheren Bremsern und Bedenkenträgern kann eine motivierte Belegschaft irrewerden.

Eine Unterform des inkompetenten Chefs ist der **Fachidiot**. Ich kenne einen wirklich ausgezeichneten Ingenieur. Ein Tüftler vor dem Herrn. Ein Nerd wie die Typen aus der Serie *Big Bang Theory*. Er war glücklich, wenn er allein in seinem Labor stand und an der Lösung kniffliger Probleme werkeln konnte. Und dann kam der Tag, der sein Unglück einleitete. In völliger Fehleinschätzung seiner Persönlichkeit und seiner Stärken und Schwächen trug die Geschäftsführung ihm die Leitung einer Abteilung mit achtzig Mitarbeitern an. Und weil die Karrieredynamik es nun mal so verlangt und seine Frau ihn bestärkte („Da *musst* du zugreifen! Du kannst doch nicht ewig auf der Stelle treten!"), nahm er das Angebot an. Ich lernte ihn kennen, weil sein Vorgesetzter ihm ein Coaching aufgedrückt hatte. Er sollte lernen, Mitarbeitergesprächen nicht mehr aus dem Weg zu gehen, sondern sie als Teil seines neuen Jobs zu begreifen. Ich merkte schnell, dass der Mann tiefunglücklich war. Er hatte keinerlei soziale Kompetenz und hasste die Beschäftigung mit menschlichen Problemen. Nein, eigentlich hasste er die Beschäftigung mit Menschen – weil er sie so wenig verstand wie ich die Details einer komplexen Werkzeugmaschine. Er fühlte sich weiterhin nur auf der fachlichen Ebene wohl und sicher. Da lag aber nicht (mehr) seine Aufgabe. Er sollte sich jetzt für seine Angestellten interessieren. Er sollte sie begleiten, sollte hinschauen, wenn es zwischenmenschlich knirschte, und auch heikle Dinge ansprechen. Aber das konnte er nicht, weil es ihm völlig an emotionaler Intelligenz und an Führungsfähigkeiten fehlte. Für ihn waren Arbeitskräfte so etwas wie Roboter. Kein Wunder, dass die Zahl der psychisch bedingten Krankschreibungen in seiner Abteilung durch die Decke gegangen war. Seit dem Weggang seiner beliebten Vorgängerin fühlten die Leute sich nicht mehr gesehen, nicht mehr verstanden und alleingelassen mit allen Fragen jenseits von DIN-Normen. Und er bekam das nicht mal mit. Wenn man es ihm zu sagen versuchte, klang das für ihn wie Chinesisch. Es war eine Tragödie – für ihn und für sein Team.

2. Der Hektiker

„Kommando zurück! Kurswechsel um 180 Grad! Wir probieren jetzt etwas ganz Neues." Der Hektiker versucht, markig zu klingen – aber das nimmt ihm niemand mehr ab. Soeben hat er die Verkaufskampagne für das neue Spitzenprodukt zum zweiten Mal völlig über den Haufen geworfen. Obwohl daran seit Monaten gearbeitet wurde und sie in wenigen Tagen starten soll. Als die verzweifelte Leiterin der Marketingabteilung ihn darauf hinweist, wird er sofort unsicher und fahrig. „Was? Nächste Woche schon? Wieso sagt mir das keiner?!" – „Es stand in allen Protokollen ..." Er winkt genervt ab. Protokolle lesen erfordert viel zu viel Aufmerksamkeit – er betrachtet das als Zeitverschwendung. In derselben Zeit kann er im Laufschritt in drei Abteilungen vorbeischauen und sich nach dem „Stand der Lage" erkundigen, wie er zu sagen pflegt. Er nimmt dafür immer die Treppe – und immer zwei Stufen auf einmal. Auch wenn er vier Etagen hochmuss. Auf seine Fitness ist er stolz. Ach so, ich muss ja jetzt gleich los ins Fitnessstudio. Anders ist der Stress nicht auszuhalten. Aber vorher kläre ich noch das mit der Kampagne. Hat gerade jemand etwas gesagt? Ich war mit den Gedanken kurz woanders. Zu viele Termine, zu viele Themen. Was man als Manager so aushalten muss, davon machen sich die Leute ja keine Vorstellung. Lieber behaupten sie, ich sei immer so „hektisch". Also, die Kampagne. „Mein Schwager hat mal Werbegrafik studiert, und er meinte letzte Woche, das müsse ganz anders aussehen. Irgendwie peppiger. Können wir nicht was mit einem Baum ... und einem Raumgleiter ... so irgendwie spacig in Verbindung mit naturnah?" Die Leiterin der Marketingabteilung greift in ein Regal und zeigt ihm einen Anzeigenentwurf. „Meinen Sie so was?" – „Aber exakt! Na sehen Sie! Ist doch alles da! Wieso nicht gleich so?" Warum schweigen die jetzt alle so betreten? Hab ich was am Mund oder was? Am Ende traut sich die persönliche Assistentin: „Chef, das ist die Kampagne, die Sie vor drei Monaten verworfen haben. Ein Freund hatte Ihnen gesagt, so gehe es auf keinen Fall ..." – „Wirklich? Das ist ja lustig! Na, Kinder, ihr werdet das schon schaukeln. Ich bin jetzt bis Dienstag weg. Trainingslager für den Marathon. Was? Am Montag ist die Aufsichtsratssitzung? *Diesen* Montag? Da muss was mit meinem Kalender ... Aber was ist denn los? Ist was Schlimmes passiert?" Bestürzt schaut er auf die Leiterin der Marketingabteilung. Sie steht wie erstarrt, während ihr stumme Tränen über die Wangen laufen. „Ich kann nicht mehr. Ich ... gehe jetzt zur Ärztin. Es geht nicht mehr. Tut mir leid."

3. Der BWLer

Direkt von der Uni in die Führungsposition – scheinbar eine Traumkarriere. Mit 26 bereits in Personalverantwortung. Leider fehlt da oft Entscheidendes. Zum Beispiel ein Mindestmaß an Manieren. An Aufmerksamkeit. Zum Führen von Menschen und zur Eignung als Vorbild gehört ein gewisses Maß an Reife. Und wenn man junge Menschen in Verantwortung bringen will – was ja nicht falsch ist –, dann muss man ihnen auch das Richtige während der Ausbildung beibringen. Denn Führung geht nicht per Excel-Tabelle.

Was die jungen BWLer oft mitbringen, sind Konzepte und Buzzwords. Wie zum Beispiel die „Zielerreichung". Der Kult um Zielvorgaben macht viele irre. Entweder sind sie ein Mittel, um Boni zu drücken, oder niemand nimmt sie ernst. Mein Freund Jochen nannte sie mal „Planwirtschaft mitten im Kapitalismus". Leider tat er das in einer Betriebsversammlung und in Gegenwart des kaufmännischen Geschäftsführers, was seiner Karriere als Vertriebsmann nicht sehr förderlich war. Später erklärte er mir, was er damit meinte: „Unser Außendienst soll bei den Tagungen immer Umsatzschätzungen abgeben – nach dem Motto: So und so viele Maschinen werde ich in meinem Reisegebiet verkaufen. Man setzt also auf die Marktkenntnis der Verkäufer. So weit, so gut. Aber dann kommt's: Das Controlling hat sich vorher auch schon Gedanken gemacht und plant das kommende Jahr, die Zielvorgaben der Abteilungsleiter und die Boni mit einem bestimmten Umsatz. Und wenn die Außendienstler darunterliegen, wird nachverhandelt. Sie sollen dann ihre Markteinschätzung nach oben korrigieren – obwohl sich am Markt ja nichts verändert hat. Da fühlt sich niemand ernst genommen. Und die Außendienstler müssen sogar fürchten, dass sie später mit ihrer neuen Schätzung konfrontiert werden – obwohl sie die ja nur auf Druck von oben korrigiert haben. Das ist dann wirklich wie die Planvorgaben in der DDR, die vom Zentralkomitee vorgegeben wurden, das sich um die reale Situation in den Betrieben nicht scherte. Da denken viele während der Präsentation vergangener Zahlen und künftiger Zielmarken: Lass ihn reden. Hauptsache, ich kriege mein Gehalt." Je größer und anonymer das Unternehmen und je entfremdeter die Arbeit ist, desto größer ist diese Gefahr des Desinteresses und der Gleichgültigkeit angesichts abstrakter Ziele. Wo Ziele nur benannt werden, haben sie oft negative Wirkung, weil man sich nicht persönlich damit identifizieren kann.

Noch frustrierender für viele Arbeitnehmer ist es, wenn ein vorgegebenes, ehrgeiziges Ziel erreicht wird. Bestimmte Führungskräfte werden dafür mit üppigen Boni belohnt, während diejenigen, die die Arbeit geleistet haben, eher „bestraft" werden, indem die Ziele für das folgende Jahr erneut hochgesetzt werden. Typischer Kommentar des BWL-Chefs: „Wir haben ja gesehen, dass es geht."

Ein beliebter Satz des BWLers ist auch: „Jeder soll Manager seines eigenen Bereichs sein." Möglichst viele sollen ihr Budget selbst verwalten und sich wie Controller verhalten. Das klappt in der Regel, bis es um Ressourcen geht. Wenn diese dann verweigert werden, weil man im beabsichtigten Konkurrenzkampf mit den Kollegen den Kürzeren gezogen hat, steht man ohne Mittel zum Erreichen der Zielvorgaben da. Der BWLer sagt dann gern: „Wir wollen den Umsatz um 15 Prozent steigern. Wenn es klappt, schaffen wir die nötigen Stellen."

Gefürchtet ist der BWLer oft auch, weil er „Change" zum Selbstzweck und zum Religionsersatz macht und weil er Probleme gern durch „Tschakka"-Sprüche übertüncht. Womit wir bei der nächsten Sorte von Chefs wären.

4. Der toxisch Positive

Was soll an einem ständig gut gelaunten Vorgesetzten schlecht sein, könnte man fragen. Und natürlich ist ein gewisser Grundoptimismus motivierend für alle und eine Voraussetzung, um etwas zu unternehmen. Aber Manager, die von der Motivationsszene beeinflusst sind und das positive Denken und den Optimismus lieben, wirken nicht auf alle wie gewünscht. Gute Laune hilft nicht immer – vor allem nicht die aufgesetzte Positivität von Chefs, die frisch aus Motivationsseminaren kommen.

Der toxisch Positive, der ununterbrochen positives Denken und Optimismus predigt, ist oft ein Meister des Verdrängens. Sein Lösungsweg für alle Situationen ist es, Dinge schönzureden, statt dem Problem auf den Grund zu gehen. Und seine Erfahrung bestätigt ihn meistens noch. Die Methode funktioniert eine ganze Zeit lang und wird positiv wahrgenommen. Der toxisch Positive wirkt strahlend und verlockend auf andere. Seine Kraft ist die Autosuggestion und die Suggestion, wobei er oft auf Motivationsgurus setzt. Typische Sätze: „Wir haben eine Vision!", „Wir haben ein *why*", „Wir können alles erreichen – wenn wir es wirklich wollen!" Das kann durchaus sektiererische Züge annehmen. Die Belegschaft wird dann zur verschworenen Gemeinschaft – wir hier drinnen gegen die da draußen. Es gibt nur noch Schwarz und Weiß. Regiert wird mit Kalendersprüchen: „Entferne negative Menschen aus deinem Leben – sie sind Energievampire." Dabei ist er selbst der Vampir, der übermäßig viel von der Belegschaft verlangt. Aber auch Hinweise auf die objektive Überlastung der Mitarbeiter versucht der toxisch Positive mit Motivationssprüchen und sektenhaften Psychotricks wegzuzaubern: „Hier entsteht etwas ganz Großes. Da wollt ihr doch dabei sein! Bremser können wir jetzt nicht gebrauchen!"

Spätestens dann kommt Skepsis auf: Warum wird Kritik oder auch nur eine Nachfrage so tabuisiert? Vielleicht, weil sie das wacklige Gebäude zum Einsturz bringen könnten? Wenn seine Scheinwelt zu zerbrechen droht, reagiert der toxisch Positive höchst empfindlich – oft mit dem Vorwurf, die Skeptiker verbreiteten schlechte Laune und redeten das Unternehmen runter. Warner aus dem Controlling werden oft abgespeist mit dem Satz: „Sie müssen lernen, größer zu denken." Oder: „Guckt nicht auf die Probleme, denkt in Lösungen!"

Der toxisch Positive steuert das Unternehmen häufig in Überschuldung. Seine Überzeugung ist stets: „Hinter dem nächsten Hügel wartet das ganz große Ding!" In der Regel endet es mit dem Noteinstieg von Investoren oder der Insolvenz. Eine selbstzerstörerische Neigung zur maximalen Katastrophe ist typisch für den toxisch Positiven. Manchmal ist die Tschakka!-Positivität allerdings auch nur Tarnung für einen groß angelegten Betrug. (Ob prominente Fälle wie Signa und Wirecard in diese Kategorie gehören, musst du selbst entscheiden.)

Vor allem für Mitarbeiter, die zu melancholischen Stimmungen neigen, ist ein solcher Tschakka!-Chef unfassbar anstrengend. Menschen, die eher zum Grübeln und Hinterfragen neigen, die eher introvertiert und gründlich sind und sich Zeit nehmen für Dinge, werden unter so einem Chef und seiner aufdringlichen Fröhlichkeit unglücklich. Sie empfinden sie als dauernden Vorwurf – wieso bin ich nicht so gut drauf? Sie fühlen sich unter Druck, auch zu verdrängen und in die Hände zu spucken, ohne zu klären, ob die eingeschlagene Richtung wirklich die richtige ist. Oft müssen sie sich mit dem Vorwurf des Chefs auseinandersetzen, sie würden die anderen demotivieren und ausbremsen. Dabei empfindet das oft nur der Chef selbst so. Und dann dürfen sie mit ansehen, wie der Chef und mit ihm das ganze Unternehmen mit wehenden Fahnen in den Untergang rennt, weil bestimmte Fakten und Kennzahlen bewusst oder unbewusst ignoriert und ausgebremst werden. Eine oft traumatische Erfahrung – nicht nur, weil der eigene Job trotz allen Engagements weg ist.

5. Der Brüller

Nicht nur inkompetente Chefs verstecken ihre Ahnungslosigkeit gern hinter Feldherrengehabe. Es gibt reihenweise Vorgesetzte, die unter „Führung" etwas verstehen, das auch bei der Bundeswehr bereits ausgemustert ist: Sie wollen Gehorsam erzwingen, indem sie Menschen kleinmachen und brechen. Sie sind Machtmenschen und regieren durch Angst. Hinter ihrer Ungeduld lauert immer etwas Gewaltsames. Häufig handelt es sich um Choleriker, die aus den geringsten Anlässen beginnen herumzubrüllen. Manchmal tun sie aber auch nur so, als hätten sie sich nicht unter Kontrolle, und setzen das Instrument der lautstarken Einschüchterung eiskalt kalkulierend ein. Der Brüller ist häufig Sozialdarwinist, glaubt also an das Überleben der Stärksten. Wer auf der Strecke bleibt und psychisch zusammenbricht unter seinem Führungsstil, hat es nicht anders verdient. Ihm gehört das Unternehmen, also glaubt er, er dürfe die Leute wie Leibeigene behandeln. Der Brüller lobt selten bis nie – dafür kritisiert er häufig und maßlos. „Sie haben wohl den Verstand verloren!", wäre eine typische Reaktion auf einen Fehler oder auf Widerspruch.

6. Der Egomane

Ich, ich, ich! Der Egomane hält seinen Machtbereich für sein Königreich und sich selbst für dessen Sonnenkönig. Informationen behält er gern für sich, wodurch er den Betrieb extrem aufhält. Fremde Leistungen gibt er häufig als eigene aus. Seine Karriere ist grundsätzlich wichtiger als alles andere, weshalb er seine persönlichen Interessen rücksichtslos durchsetzt. In der Regel kann er die Taschen nicht voll genug bekommen. Auch beim Verteilen von Gehaltszuwächsen gilt deshalb: Der Chef ist alles, das Team gilt nichts. Kritik prallt grundsätzlich an ihm ab, und Vorschläge blockt er aus Prinzip ab – sie sind ja nicht von ihm.

7. Der Tyrann

Ein besonders hartes Schicksal für Angestellte ist es, einen empathielosen Tyrann über sich zu haben. Er ist stolz auf sein Desinteresse an Menschen. Empathie, Rücksicht und ein Feingefühl für sein Gegenüber hält er für Charakterschwächen, die eine Führungskraft sich nicht erlauben sollte. Über Chefs, die sich anders verhalten, macht er sich gern lustig.

Er stößt Menschen aus reinem Vergnügen vor den Kopf. Sein Auftreten ist breitbeinig, seine Kommunikation eine einzige Folge rüpelhafter Unverschämtheiten oder – bei weiblichen Tyrannen – von subtilen Gemeinheiten. Mobbing beziehungsweise Bossing passieren ihm nicht – sie sind sein krankhaftes Hobby. Spielchen und Schikanen sind an der Tagesordnung, und seelisch zusammengebrochene Mitarbeiter pflastern seinen Karriereweg. Dabei ist sein Ruf ihm nicht etwa egal – er genießt vielmehr sein schlechtes Image und die Tränen seiner Untergebenen. Bei Widerspruch und Kritik hat er eine extrem kurze Zündschnur. Am schlimmsten haben Menschen unter ihm zu leiden, die physisch oder psychisch angeschlagen sind. Er liebt es, auf

Opfer einzutreten, die bereits am Boden liegen. Irgendeine Rücksicht auf Kranke oder Labile ist von ihm nicht zu erwarten. Er wird sie eher in eine lang andauernde psychische Erkrankung treiben und sie quälen, bis sie aufgeben.

Eine spezielle Variante des Tyranns ist der rückgrat- und charakterlose **Feigling**. Er hängt in jedem direkten Gespräch sein Fähnchen in den Wind, weil er direkte Konfrontationen hasst. Er nimmt seine Belegschaft nie in Schutz vor dem Druck von weiter oben, sondern gibt im Gegenteil diesen Druck ungefiltert nach unten weiter. So verhält er sich auch bei Fehlern, die er zu verantworten hat oder sogar selbst gemacht hat. Und an dem Tag, an dem Kündigungsgespräche anstehen, ist er merkwürdigerweise immer krank. Wer so einen Chef hat, fühlt sich permanent schutzlos.

8. Der Psychopath

Überdurchschnittlich häufig unter Führungskräften vertreten sind Menschen, die sich in ihrem Verhalten und ihrem Wesen so deutlich von der Normalbevölkerung unterscheiden, dass man sie als krank bezeichnen muss: Neurotiker, Zwangsgestörte, Psychopathen, Narzissten und so weiter. Das ist kein Zufall. Dieselben Eigenschaften, die einen Menschen zu einer charismatischen, gewinnenden, überzeugenden Führungspersönlichkeit machen, können auch in toxisches Verhalten umschlagen. Einen Vorgesetzten mit den entsprechenden Machtbefugnissen zu haben, der selbst psychisch krank ist, kann für Mitarbeiter beinahe so verheerend sein wie ein psychisch krankes Elternteil für ein Kind. Jede Abhängigkeit von einem solchen Menschen birgt ein enormes Risiko, selbst psychische Störungen zu entwickeln.

9. Der alte Patriarch

Ein besonderer Fall von belastenden Führungserfahrungen sind Unstimmigkeiten in der Führung. Besonders häufig treten sie in Familienunternehmen auf. Ich kenne einen Fall, der sicherlich typisch ist. Der Gründer eines *hidden champion*, eines Weltmarktführers auf dem Gebiet von Zulieferteilen für den Fahrzeugbau, ist achtzig Jahre alt. Das Wachstum und seine täglichen Aufgaben sind ihm längst über den Kopf gewachsen. Aber obwohl er für alle sichtbar am Ende seiner Kräfte ist, kann er nicht loslassen. Stattdessen kritisiert er ununterbrochen mit Motzen und Meckern den Sohn und Juniorchef – selbst in Anwesenheit von Kunden und Mitarbeitern. Und er gibt teilweise Anweisungen, die die seines Sohnes konterkarieren. Der „Junior" (auch schon fünfzig) ist fachlich kompetent und empathisch, konnte sich aber unter der Vorherrschaft des Vaters nie so entwickeln, um ihm jetzt entschlossen entgegenzutreten und ihn zum Ausscheiden aus dem Unternehmen zu bewegen. Der „Alte" ist beratungsresistent, ignoriert alle Hinweise und versteht überhaupt nicht, was gemeint ist.

Für die Angestellten ist diese Situation eine emotionale Hölle. Beide Chefs erwarten die in Familienunternehmen übliche stark personengebundene Loyalität, sodass ihre Streitigkeiten auf dem Rücken der Belegschaft ausgetragen werden.

Wie groß ist nun die Rolle, die inkompetentes Führungsverhalten beim Zustandekommen einer emotionalen Erschöpfung, also eines Burn-outs, spielt? Das genau zu sagen, scheint schwierig; je nach Studie variieren die Angaben zwischen acht und dreißig Prozent. Eindeutiger ist der Einfluss eines *guten* Führungsverhaltens auf die Arbeitszufriedenheit: Er liegt bei fünfzig Prozent. Und die Arbeitszufriedenheit ist ein entscheidender Baustein für das Aufrechterhalten der psychischen Gesundheit von Arbeitnehmern.

Übrigens: Weibliche Vorgesetzte werden von den Beschäftigten bei fast allen Themen etwas besser beurteilt als Männer.

Einige der genannten Cheftypen haben ohne jeden Zweifel auch das „Bossing“ im Repertoire. Darauf gehe ich im folgenden Kapitel über das Mobbing ein.

Mobbing und Bossing: Wer, wen, warum?

Ich bin zu einem Vorgespräch in einer mittelgroßen Finanzberatung eingeladen. Ich soll ein Fortbildungskonzept für die etwa 1.000 Angestellten zum Thema Kundenkontakt entwickeln. Trotz morgendlicher Rushhour bin ich auf der Autobahn gut durchgekommen und deshalb eine halbe Stunde zu früh. Die junge Assistentin der Personalchefin weiß nicht so recht, was sie mit mir anfangen soll, solange ihre Vorgesetzte noch nicht im Haus ist, und bittet mich etwas verlegen, auf einem Stuhl im Gang zu warten. Die gegenüberliegende Tür eines Großraumbüros steht offen. Einige Mitarbeiterinnen sind schon da und unterhalten sich angeregt; es wird viel gelacht und manchmal auch getuschelt. Dann öffnet sich die Fahrstuhltür. Eine Frau kommt heraus und geht in meine Richtung. Als Erstes fällt mir ihr Gang auf. Er hat etwas Widerstrebendes. So als wolle sie eigentlich gar nicht dort hingehen, wo ihre Füße sie hintragen. Sie ist vielleicht Ende zwanzig – aber ihre Körperhaltung erinnert eher an eine alte Frau: nach vorn gebeugt, mit hängenden Schultern. Ich lächle ihr aufmunternd zu, als sie sich nähert, aber sie scheint das kaum zu registrieren. Ihr Gesichtsausdruck hat etwas Graues. Und ihr Blick ist flackernd. Kein Zweifel: Dieser Frau geht es psychisch nicht gut, und sie hat Angst. Dann betritt sie das Büro – und schlagartig verstummen die Gespräche der anderen. Während sie zu ihrem Schreibtisch geht, murmelt sie ein „Guten Morgen“, das von niemandem erwidert wird. Stattdessen wenden ihr mehrere Kolleginnen demonstrativ den Rücken zu. Wenige Augenblicke danach kommt ein Mann im Anzug – Typ „BWLer" – dynamisch federnd den Gang entlang, betritt das Büro und fragt die eben Angekommene, ohne sich mit einem Gruß aufzuhalten: „Ist der Bericht fertig?" Mit einem fast schon panischen Gesichtsausdruck stammelt die Frau: „Welcher ... welcher Bericht?" Die Stimme des Vorgesetzten wird sofort scharf: „Frau Savic, ich habe Ihnen die Unterlagen gestern früh auf den Tisch gelegt, als sie mal wieder ‚beim Arzt' waren. Und der Termin stand dick und fett drauf. Deadline heute 9 Uhr!" Bei den Worten „beim Arzt" malt er mit den Fingern Anführungszeichen in die Luft, was die Kolleginnen mit einem Kichern belohnen. Den Tränen nahe stammelt die Frau: „Auf meinem Schreibtisch lag nichts. Ehrenwort!" Ich bemerke, wie zwei Kolleginnen grinsend einen vielsagenden Blick wechseln. Der Vorgesetzte schüttelt den Kopf: „Mal wieder auf dem Ausredentrip, oder? Hätte ich mir ja denken können. Aber dieses erneute Versäumnis wird ein Nachspiel haben. Diesmal kommen Sie damit nicht durch. Da können Sie zum Betriebsrat rennen, so viel Sie wollen." Die Frau versucht, etwas zu entgegnen, aber er schneidet ihr das Wort ab: „Ihr Geflenne interessiert mich nicht. Tun Sie einfach mal Ihre Arbeit. Ausnahmsweise." Beim letzten Wort dreht er sich bereits halb zu den feixenden Kolleginnen. Er wechselt mal hier, mal dort ein paar freundliche Sätze und verlässt dann das Büro, wobei er mir grüßend zunickt.

Dass ich Zeuge der Szene war und auch das Verhalten der Kolleginnen sehen konnte, scheint niemanden zu stören – ein Indiz dafür, dass sich hier seit Längerem etwas eingespielt hat. Wobei „spielen" eindeutig die falsche Assoziation ist. Ich bin gerade Zeuge eines fest etablierten Mobbings und Bossings gegen eine Kollegin und Untergebene geworden, das mehr oder weniger öffentlich praktiziert wird.

Nachdem ich mit der Personalchefin die Details der Fortbildung besprochen habe, frage ich: „Sind Sie eigentlich auch an Seminaren zum Thema Mobbing interessiert? Ich könnte Ihnen da eine ausgezeichnete Fachfrau empfehlen." Meine Gesprächspartnerin sieht mich erstaunt an. „Daran haben wir hier zum Glück keinen Bedarf. Ist bei uns kein Thema." Ich deute vorsichtig an, dass ich da meine Zweifel habe, und berichte von der Szene, deren Zeuge ich unfreiwillig geworden bin. „Ach so, die Frau Savic meinen Sie. Unseren Problemfall. Solche schwarzen Schafe gibt es ja in jedem Unternehmen." – „Sie meinen die Kolleginnen und den Abteilungsleiter? Aber müssten Sie da nicht einschreiten, als Personalverantwortliche?" Sie lacht: „Nein, ich meine Frau Savic. Wir reden ja vertraulich hier. Mich erreichen seit Monaten Beschwerden über sie. Von den Kolleginnen und vom direkten Vorgesetzten. Sie macht ihre Arbeit nicht, sie fehlt dauernd, sie ist unkollegial. Aber solange wir keine Beweise haben, können wir arbeitsrechtlich leider nichts machen." – „Beweise wofür?" – „Sie soll permanent krankfeiern. Immer auf Psyche. Und es gibt Gerüchte, wonach sie stattdessen ganze Tage im Freibad verbringt. Auf Kosten aller anderen." Ich atme tief durch. „Ich bin ja nur ein Außenstehender, aber darf ich Sie mal was fragen? Wann haben Sie Frau Savic zum letzten Mal gesehen und mit ihr gesprochen?" Die Personalchefin wirkt jetzt zum ersten Mal ein wenig verunsichert. „Vor einigen Monaten vielleicht. Als die ersten Beschwerden kamen. Sie hat natürlich alles abgestritten. Herr Schmiel, wir haben hier über 1.000 Leute, da kann ich nicht jeden täglich ..." Ich sehe sie eindringlich an: „Bitte schauen Sie sich Frau Savic einmal an. Und sagen Sie mir dann, ob so jemand aussieht, der sich im Freibad einen schönen Lenz macht. Diese Frau ist erkennbar psychisch belastet. Es geht ihr sehr schlecht. Und mein starker Verdacht ist, dass die Ursache in ihrer Arbeitssituation liegt. Ich glaube, dass Frau Savic massiv gemobbt wird."

Wie die Geschichte ausging, weiß ich nicht – das Unternehmen hat sich wegen der Fortbildung dann doch für jemand anderen entschieden. Die Episode enthält jedenfalls vieles von dem, was Bossing und Mobbing so toxisch macht. Und ich kann nur hoffen, dass die Frau, die ich hier „Savic“ genannt habe, mittlerweile aus der Mobbinghölle herausgefunden hat.

Eine rechtliche Definition von „Mobbing“ gibt es nicht, weil es in Deutschland leider – anders als in anderen europäischen Ländern wie etwa Frankreich und Schweden – kein Anti-Mobbing-Gesetz gibt. Das bedeutet nicht, dass alles, was im Zuge einer Mobbingkampagne geschehen kann, straffrei ist. Wenn es zu einer nachweisbaren Tätlichkeit, Beleidigung, Verleumdung oder sexuellen Nötigung kommt, kann man vor Gericht ziehen. Aber solche Fälle sind eher die Ausnahme. Und das Fehlen eines Gesetzes erschwert es den Opfern, sich gegen die Schikanen zu wehren, die unterhalb der strafrechtlichen Schwelle bleiben. Die Folgen sind erheblich: Während du das liest, erleben allein in Deutschland schätzungsweise 1,8 Millionen Arbeitnehmer Mobbing. Und die Täter verursachen jedes Jahr einen volks- und betriebswirtschaftlichen Schaden von 15 bis 25 Milliarden Euro.

Das Wort „Mobbing“ kommt von *mob*, dem englischen Ausdruck für eine aggressive Menschenmenge. Und das passt. Von Mobbing spricht man, wenn Mitglieder einer Gruppe gemeinsam und gezielt einen einzelnen Angehörigen der Gruppe ausgrenzen und schikanieren und dieses feindselige Verhalten über längere Zeit andauert. Wir erinnern uns an die Grundbedürfnisse. Dazu gehören unter anderem Bindung, Selbstwert und Kontrolle. Alle drei werden durch Mobbing massiv verletzt. Und wir wissen außerdem, wie wichtig gute Stimmung im Team und guter Kontakt zu den Kollegen für die Arbeitszufriedenheit sind: 66 Prozent derer, denen ihr Job gefällt, nennen „nette

Kollegen" als Grund dafür. Keine Antwort wurde häufiger angekreuzt. Umgekehrt belastet Mitarbeiter nichts so sehr wie schlechte Stimmung im Team.

Wir können also leicht ermessen, wie verheerend sich Mobbing auf die psychische Stabilität auswirkt. Dazu weiter unten Genaueres.

Bereits in den 1980ern erstellte der schwedische Psychologe Heinz Leymann eine nach Kategorien geordnete Liste mit 45 Formen des „Psychoterrors", wie er es damals nannte. Sie muss heute sicher in manchem ergänzt werden, aber die Kategorien sind weiterhin hilfreich. Hier einige Beispiele für Mobbing (das *Bossing* wird weiter unten behandelt):

In den Bereich der **Kommunikation** zählen etwa ständiges Unterbrechen, Anschreien, das Ignorieren von Wortmeldungen und permanente Kritik, der Ausschluss von betrieblichen Informationen wie das Entfernen aus Mailverteilern, aber auch verächtliche Gesten, Andeutungen, Drohungen und Telefonterror als Mobbing. Relativ neu, aber auch in der Arbeitswelt bereits massiv zu beobachten ist das Cybermobbing, bei dem die Bedrohungen, Bloßstellungen und Belästigungen erstens anonym geschehen, zweitens zu jeder Tages- und Nachtzeit und drittens mit viel größerer Reichweite als früher.

Auf die **sozialen Beziehungen**, also die lebensnotwendige Bindung zu anderen Menschen, zielt die Kommunikationsverweigerung („Hat jemand was gesagt?"), also das „Wie-Luft-Behandeln". Das im Beispiel geschilderte Wegdrehen und das demonstrative Verlassen des Raumes gehören ebenfalls in diese Kategorie der Kontaktverweigerung.

Angriffe auf das **soziale Ansehen** sind zum Beispiel das Streuen von Gerüchten und Verleumdungen, das Einfädeln von Intrigen, die Verhöhnung von Religion, sexueller Orientierung sowie Aussehen und Herkunft, das Zuschreiben einer psychischen Störung, das Herabwürdigen durch Nachahmen von Gesten und Sprechweise sowie verletzende „Witze" und sexualisierte Sprüche.

Die **Arbeitssituation** des Opfers erschweren zum Beispiel das Zurückhalten oder Verfälschen von Informationen und das Manipulieren oder Sabotieren von Arbeitsergebnissen.

Direkt auf die **physische und psychische Gesundheit** schließlich zielen die Androhung und Anwendung von Gewalt, sexuelle Übergriffe und wirtschaftliche Schäden am Eigentum des Opfers.

Eine DGB-Veröffentlichung nennt als Indiz dafür, dass es sich nicht mehr nur um aus dem Ruder gelaufene Streiche, sondern um gezieltes Mobbing handelt: „die Häufigkeit: Wenn die Täter über ein halbes Jahr hinweg mindestens einmal in der Woche zuschlagen, ist die Grenze zwischen Zufall und System erreicht."

Und übrigens: Die Vorstellung, dass bestimmte Menschen mit höherer Wahrscheinlichkeit zu Opfern werden, ist falsch. Es sind nicht überdurchschnittlich häufig die „Dicken", die „Kleinen" und die „Außenseiter" – es kann jeden treffen. Und zum Außenseiter wird man oft erst, *weil* man gemobbt wird. Letztlich greifen beim Mobbing leider dieselben brutalen Mechanismen wie einst auf dem Schulhof – und sie schlagen mit derselben Willkür zu.

Gesundheitliche Folgen

Ich weiß nicht, wie es Ihnen geht, aber mich macht allein das Durchlesen des vorangegangenen Abschnitts krank. Und zwar weil ich zornig werde. Und wegen der Erinnerung an Zeiten, als ich selbst gemobbt wurde, weil ich durch mein Elternhaus einer besonderen Religionsgemeinschaft mit sehr rigiden Regeln angehörte. Aber auch wenn Sie zu den Glücklichen gehören, die niemals Mobbing erlebt haben, können Sie sich vermutlich vorstellen, was die Quälereien anrichten, die Kollegen sich ausdenken. Denn man kann diesen Quälereien ja nicht ausweichen, sondern muss sich ihnen an jedem Werktag aufs Neue aussetzen. Und dabei ist es egal, ob es wirklich täglich zu Vorfällen kommt.

Es genügt die ständige Drohung, dass wieder irgendetwas passiert, um massiven emotionalen Stress auszulösen – zumal die Gedanken auch in der Freizeit um das Trauma des Mobbings kreisen und die Opfer vor allem nachts weiterverfolgen.

Je länger das Mobbing dauert, desto gravierender sind die gesundheitlichen Folgen. Eine Informationsseite des DGB schildert anschaulich, was passiert:

„Die Opfer erleben die Angriffe und Schikanen als tiefgehende, einschneidende Krise; vergleichbar einem Trauma, wie es sich nach einem schweren Unfall oder einem Raubüberfall einstellt: Mit jeder Attacke, mit jedem Angriff erleben sie ihre Ohnmacht und Demütigung aufs Neue. Herzrasen, Schlafstörungen, Nervosität, Konzentrationsschwäche sowie Kopf- und Magenschmerzen sind oft die ersten Krankheitssymptome. [Zu ergänzen wären Tinnitus/Hörstürze, Appetitlosigkeit und Erschöpfung.] Langfristig kann es zu Depressionen, anhaltenden Persönlichkeitsveränderungen und funktionellen Störungen sämtlicher Organe kommen. Die Sucht- und Suizidgefährdung steigt."

Und die Homepage einer Spezialklinik weist darauf hin, dass „systematisches Mobbing (...) die Autorität und Selbstachtung des Betroffenen untergräbt", und spricht von einer „teuflischen Abwärtsspirale: beginnend bei der kompletten Demotivation, der Arbeit nachzugehen, über die sinkende Leistungsfähigkeit und damit einhergehende Fehler, die wiederum erneuten Anlass und Zündstoff für weitere Mobbingattacken abgeben. Es kommt zu Verweigerung und Krankschreibung und letztlich meist zur Kündigung oder zur Versetzung an einen anderen Arbeitsplatz. Selbstzweifel, Ängste und Depressionen sind keine seltenen Folgeerscheinungen, die in der Folge einer therapeutischen Hilfe bedürfen."

Mobbing verläuft in der Regel in Stufen – und dasselbe gilt auch für den psychischen Belastungs- und Krankheitsprozess, den es auslöst.

Am Anfang steht häufig ein Konflikt, der sich nicht lösen lässt und in dessen Verlauf es zu persönlichen Angriffen kommt. Dann baut sich schleichend das Mobbingsystem auf, worauf das Opfer einerseits mit vermehrten Anstrengungen reagiert, „alles richtig zu machen", andererseits mit wachsenden Selbstzweifeln und dem Leiden unter zunehmender Isolation. Besonders tragisch ist, dass die körperlichen Symptome, die der emotionale Stress auslöst, oft selbst von Ärzten nicht als psychosomatisch und posttraumatisch erkannt werden. Schließlich ist der Patient „nur" zur Arbeit gegangen und hatte keinen Verkehrsunfall oder Ähnliches. Und der Arbeitgeber nimmt ihn oft als zunehmend „problematisch" wahr, nicht aber als Opfer der im Unternehmen herrschenden Atmosphäre.

In der Regel kann man sich nur durch Kündigung aus der Mobbingsituation befreien. Danach dauert es erfahrungsgemäß Jahre, bis die Folgen des Traumas einigermaßen bearbeitet sind und die Arbeitsfähigkeit wiederhergestellt ist – wenn das überhaupt gelingt.

Bossing

Beim Bossing, also dem gezielten und absichtlichen Terrorisieren einer oder eines Einzelnen durch eine Führungskraft, kommt nicht die Macht der Gruppe zum Tragen, sondern die hierarchische Macht einer übergeordneten Person. Wenn die Instanz, an die man sich eigentlich wenden müsste, um sich zu beschweren und Schutz zu finden, selbst zum Täter wird, fühlen die Betroffenen sich noch einmal auf andere Art macht- und hilflos. Ein Vorgehen gegen Bossing scheint besonders aussichtslos. Die gesundheitlichen Folgen entsprechen denen des Mobbings.

Die Dimension des Bossings ist erheblich: Nach Angaben von ver.di sind in etwa der Hälfte aller registrierten Mobbingfälle Vorgesetzte die Alleintäter (37 Prozent) oder Mittäter (12 Prozent).

Vorgesetzte, die Bossing praktizieren, tun dies oft nicht nur „zum Spaß", also aus einem abnormen Vergnügen am Leiden des Betroffenen und aus Antipathie, sondern sie verfolgen damit häufig ein strategisches Ziel, nämlich den Mitarbeiter zu vergraulen und loszuwerden. Wenn das Opfer durch das toxische Klima so zermürbt ist, dass es von selbst kündigt, spart der Betrieb langwierige arbeitsrechtliche Auseinandersetzungen und die eventuelle Abfindung. Dass bei dieser perfiden Methode eine schwer verwundete Seele auf der Strecke bleibt, kümmert solche Vorgesetzten nicht weiter.

Ebenfalls häufig ist Bossing, wenn ein unsicherer Vorgesetzter auf einen unsicheren Angestellten trifft und seine Macht ausspielt. Oder wenn der unsichere Chef den selbstbewussten Mitarbeiter als Konkurrenz empfindet und kleinhält.

In der bereits erwähnten „Leymann-Liste" und in weiteren Publikationen finden sich verschiedene Angriffe, die nur von Weisungsbefugten kommen können. Die Ausgrenzung eines Mitarbeiters wird perfektioniert durch das Abschieben in ein abgelegenes Einzelbüro, das Unterbinden von Gesprächen mit Kollegen, im schlimmsten Fall durch den Ausschluss von jeglicher Arbeit, von Meetings und so weiter. Wenn der Chef dem Team jemanden schutzlos ausliefert, sich also Bossing und Mobbing vereinen, wird die Situation für das Opfer endgültig unhaltbar. Bossing-Vorgesetzte ignorieren Wortmeldungen und Gesprächsanfragen, erwidern das Grüßen nicht und vermeiden Begegnungen demonstrativ. Sie enthalten Informationen vor und verweigern selbst auf Nachfrage verbindliche schriftliche Anweisungen und Antworten. Wenn es doch zu persönlichem Umgang kommt, sind demütigende und beleidigende Herabsetzungen die Regel. Ein breites Feld, auf dem sich bossende Vorgesetzte austoben können, sind Arbeitsanweisungen. Hier haben sie arbeitsrechtlich großen Spielraum. Da werden entwürdigende, sinnlose und häufig wechselnde Aufgaben zugeteilt oder solche, die den Mitarbeiter absichtlich über- oder auch unterfordern. Es werden unrealistische Fristen gesetzt und mit dieser Begründung Urlaubsanträge abgelehnt.

Eines der am häufigsten eingesetzten Mittel des Bossings ist die unfaire Beurteilung der Arbeitsleistung. Wenn andauernd und penibel kontrolliert und der kleinste Fehler lautstark aufgebauscht und in Gegenwart anderer zu „Standpauken“ und Kündigungsdrohungen missbraucht wird, wenn die fachliche Eignung in Abrede gestellt wird, wenn kränkende und überzogene Kritik und unwahre Vorwürfe an der Tagesordnung sind, wenn Fachliches und Persönliches permanent vermischt werden, wenn das Opfer willkürlich für Fehler verantwortlich gemacht wird, die andere gemacht haben – dann zerbröselt das Selbstvertrauen rasend schnell.

Die sicherlich schlimmste Form des Bossings sind gewalttätige und sexuelle Übergriffe – erst recht, wenn sie mit einer Täter-Opfer-Umkehr (*victim blaming*) einhergehen. Wenn die körperliche Unversehrtheit nicht mehr sicher ist und Scham sowie falsche Schuldgefühle hinzukommen, wird der Gang zur Arbeit zur Folter. Dasselbe gilt, wenn Arbeitnehmer gezwungen werden, gefährliche oder gesundheitsschädliche Arbeiten ohne ausreichenden Schutz auszuführen.

Ist denn jetzt alles Mobbing?

Wenn ich mit Führungskräften über das Thema Mobbing und Bossing spreche, kommt irgendwann fast immer diese Frage: „Ist denn jetzt alles Mobbing? Darf man überhaupt nichts mehr sagen?“ Teilweise wirkt hier eine gesellschaftliche Debatte über „Wokeness“, „politische Korrektheit“ und „Sprechverbote“ in die Arbeitswelt hinein. Nicht selten spüre ich bei dieser Frage einen trotzigen Unterton. Deshalb antworte ich zuerst immer so: „Nehmen Sie es bitte ernst. Die Wahrscheinlichkeit, dass an einem Mobbingvorwurf etwas dran ist, ist leider sehr hoch. Entscheidend ist, dass die Mitarbeiter sich ernst genommen fühlen und das Gefühl bekommen, dass dem Vorwurf ernsthaft und unparteiisch nachgegangen wird. Dann lässt sich vieles in einer frühen Phase klären. Aber drücken Sie sich bitte nicht vor Ihrer Verantwortung, indem Sie jemandem das Etikett ‚überempfindlich' verpassen, um sich so aus der Affäre zu ziehen."

Erst wenn das geklärt ist, kann man differenzieren. Natürlich ist nicht jedes Lautwerden im Laufe einer Auseinandersetzung gleich Mobbing. Solange es in einem Betrieb ein Klima gibt, in dem Konflikte auf faire Weise gelöst werden, muss man nicht gleich Alarm schlagen, wenn sich jemand im Ton vergreift, weil er angespannt ist. Und auch nicht jeder Scherz ist Mobbing, selbst wenn ihn jemand in den falschen Hals bekommt. Aber Mobbing beginnt schon dort, wo nicht mehr von einem „Scherz" gesprochen werden kann, weil die Schikanen regelmäßig und über längere Zeit geschehen, keinen Anlass haben und sich immer gegen dasselbe Opfer richten, also Methode haben. Viele Täter wollen nicht wahrhaben, dass der Übergang von Humor und Spaß zu Mobbing fließend ist. Faustregel: Wenn immer nur die Täter lachen, ist es kein Spaß mehr.

Natürlich gibt es auch haltlose Mobbingvorwürfe – man kann solche frei erfundenen Anschuldigungen ihrerseits als Mobbing einstufen. Und auch wenn es sich nicht um Bösartigkeit, sondern nur um Wehleidigkeit handelt, können solche selbst ernannten Mobbingopfer eine Belastung für das Team sein. Hier ist auch die Eigenverantwortung des Einzelnen gefragt: Wenn es jemandem auch außerhalb der Arbeit schlecht geht und er sich in sozialen Situationen oft als Außenseiter fühlt, dann sollte er nicht die Kollegen für all seine Probleme verantwortlich machen, indem er sie des Mobbings bezichtigt. Doch solche unbegründeten Anschuldigungen sind die Ausnahme. Und ihre Existenz kann keinesfalls als Argument dienen für das Verharmlosen und Leugnen des Problems Mobbing.

Prinzip Zitrone
Warum so viele Arbeitnehmer sich ausgequetscht fühlen

„Die pressen uns hier aus wie die Zitronen“ – dieses Gefühl ist weitverbreitet. Ich beobachte eine chronische Überforderung und Überlastung von Arbeitnehmern, und zwar quer durch alle Branchen. Die Gründe sind vielfältig. Aber was immer wieder auftaucht, sind zwei Themen: zum einen die Arbeitsverdichtung, also der immer intensivere Druck, zum anderen die unzureichende Anpassung der Arbeitswelt an die alternde Bevölkerung und Belegschaft.

Mehr, mehr, mehr! Das Problem der Arbeitsverdichtung

Adrian, Mitte fünfzig, ist Verkäufer für einen Hersteller von Sanitärbedarf. Seit fast dreißig Jahren besucht er die Kunden, also Handwerksbetriebe, Baumärkte und so weiter. Unterwegs hört er gern Podcasts – so sind wir in Kontakt gekommen. Er hat meinen Aufruf im Podcast *Psychohacks* gehört, mir Geschichten vom Wahnsinn der Arbeitswelt zu erzählen, und sich bei mir gemeldet. Die Intensivierung der Arbeit mache ihm zunehmend zu schaffen. Da er sein Geburtsjahr dazugeschrieben hat, erwischte ich mich bei dem Gedanken, dass ihm wohl eher sein Alter Probleme bereite, dasselbe Pensum wie früher zu leisten. Aber das Thema „Verdichtung“ interessiert mich, deshalb habe ich mich trotzdem mit ihm verabredet. Jetzt sitzen wir in seinem Dienstwagen und er erzählt. Mein Vorurteil habe ich längst stillschweigend wieder einkassiert. Als wir uns bei der Firma getroffen haben, mussten wir zu Fuß zu einem etwas entfernten Parkplatz gehen, wo sein Auto stand. Der Weg dorthin war leicht ansteigend, und ich hatte Mühe, mit Adrian Schritt zu halten. Der Mann ist topfit. Er spielt regelmäßig Tennis und schwimmt mindestens zweimal wöchentlich zwei Kilometer. Und auch mental ist er bestens in Form. Er hat eine positive Ausstrahlung und erzählt lebendig und witzig. Auf mich wirkt er fitter, als viele mit vierzig sind. Wenn jemand wie er sich überlastet fühlt, dann muss etwas dran sein.

Was also meint er mit Arbeitsverdichtung?

„Vor zehn Jahren hat unsere Vertriebsleitung die Hälfte der Verkäufer im Außendienst entlassen und jeweils zwei Reisegebiete zu einem zusammengelegt. Ich gehörte zu den Glücklichen, die bleiben durften – und habe seither schon mal ein doppelt so großes Gebiet wie vorher, was allein logistisch eine Herausforderung ist. Und es sind mindestens doppelt so viele Kunden wie vorher – es kommen im Schnitt mehr neue dazu, als alte wegfallen. Ich habe momentan ungefähr 140 Kunden. Jeder einzelne davon bedeutet Betreuungs- und Verwaltungsaufwand für mich.

Ein Jahr später hat die Firma dann entschieden, dass wir die Kunden nicht mehr einmal pro Quartal kontaktieren sollen, sondern mindestens zweimal, weil es immer mehr Sonder- und Rabattaktionen gibt. Außerdem werden die Kundenwünsche immer individueller. Ich muss nicht immer dahinfahren, manchmal genügt auch ein Telefonat – aber auch das bedeutet Arbeit, die es früher nicht gab. Die Vorbereitung, das Gespräch selbst, die Dokumentation … Und als wenn das noch nicht genügt, bringt unsere Firma immer mehr neue Produkte auf den Markt. Was auch bedeutet: mehr Fortbildungen und Seminare. Die Firma lässt sich da nicht lumpen. Schicke Hotels, gutes Essen und so weiter. Aber meist liegen diese Events an einem Wochenende, sodass weniger Zeit für die Familie bleibt. Und zur Regeneration. Der Kopf kann dann nicht mal sonntags abschalten."

Ich bin beeindruckt, aber ich provoziere ihn trotzdem ein wenig, um das Thema zu vertiefen: „Arbeitsverdichtung ist ja nun nichts Neues. Mir hat mal ein Lektor erzählt, dass sich das Arbeitspensum seines ersten Chefs, gemessen in Büchern, die er pro Halbjahr machen musste, von 1977 bis 1993 mindestens verzehnfacht hat. Was genau soll also heute anders sein?“ Adrians Antwort ist recht klar. „Ich weiß, dass das ein Prozess ist. Aber wenn ich mich so umschaue, dann denke ich: Die Grenze ist erreicht. Der Mensch hat bestimmte Leistungsreserven, die früher sicher nicht voll ausgeschöpft wurden. Aber jetzt fahren viele auf Verschleiß.“

So weit meine Begegnung mit Adrian. Der Begriff, den Experten mir immer wieder nennen, wenn es um die Arbeitsverdichtung geht, heißt: Produktivität. Er bedeutet in etwa: Damit die Reallöhne steigen können, müssen Unternehmen entsprechend mehr pro Kopf erwirtschaften. Das geschieht vielfach durch Automatisierung – aber eben auch durch einen immer höheren Output pro Kopf. Doch diese immer weiter steigende Leistungsanforderung kann nicht ewig gut gehen – egal, was dafür an Lohn geboten wird. Ich erinnere mich an eine Diskussion mit einem Freund, mit dem ich mal im Fußballstadion war. Erste Bundesliga. Unsere Heimmannschaft hatte eine schlechte Phase, und ein Teil der Fans beschimpfte die Spieler als „Scheißmillionäre“. Auch mein Freund stimmte mit ein. In der Halbzeitpause fragte ich ihn, was genau mit dem Ruf eigentlich gemeint sei. Er antwortete: „Ist doch klar. Die sollen gefälligst mehr rennen. Die verdienen schließlich Millionen.“ Daraufhin gerieten wir in eine Diskussion, die fast in einen Streit ausgeartet wäre. Ich argumentierte nämlich, dass man die Leistung des menschlichen Körpers auch durch hohe Anreize nicht beliebig steigern könne. Um mein Argument zu verdeutlichen, sagte ich: „Auf die Spitze getrieben hieße das: Böte jemand eine Milliarde Dollar dafür, dann müsste sich nach deiner Logik jemand finden, der die hundert Meter in fünf Sekunden rennt. Oder zwanzig Meter beim Weitsprung schafft. Aber das ist unmöglich. Was physikalisch nicht geht, lässt sich weder erzwingen noch kaufen.“ Mein Freund antwortete nur „Du immer mit deinen schrägen Beispielen!“, und dann begann schon die zweite Halbzeit. Und zum Glück gewannen unsere Scheißmillionäre sogar.

Aber ich bleibe bei meinem Punkt: Auch mit dem Argument der notwendigen Produktivitätssteigerung kann man nicht beliebig viel verlangen von Arbeitnehmern. So wie man auch mit maximalem Druck nicht beliebig viel Saft aus einer Zitrone pressen kann. Oder mit maximalem Sog beliebig viel Milch aus einer Kuh herausmelken. Sondern nur so viel, wie drin ist. Versucht man, ständig darüber hinauszugehen, wird die Kuh das auf Dauer nicht überleben.

Das Thema Arbeitsintensivierung hat mehrere Aspekte: Erstens wird mehr Leistung, also mehr Ergebnis pro Kopf und Stunde, verlangt als früher. Zweitens wird die Arbeit komplexer und verantwortungsvoller; es gibt mehr Abstimmungs- und Koordinationsbedarf, etwa wegen spezifischer Kundenbedürfnisse. Drittens wird sie schneller und ist enger getaktet – Phasen des „Leerlaufs", in denen das Gehirn sich entspannen kann, gibt es kaum noch. Häufig müssen in kurzer Zeit Entscheidungen von großer Tragweite getroffen werden. Die Aufmerksamkeit ist permanent gefordert. Häufig halten weder die Arbeitsorganisation noch die Personaldecke Schritt mit dieser Intensivierung der Arbeit.

Eine Umfrage im Auftrag der Betriebskrankenkasse Pronova ergab 2023, dass 61 Prozent der Befragten Angst haben, durch Arbeitsüberlastung krank zu werden. Das sind elf Prozent mehr als vor der Pandemie. Der Workload steigt also ständig. Termindruck, Erfolgsdruck, Vereinbarkeit von Familie und Beruf, ein ständiges schlechtes Gewissen auf der einen Seite – und die fatale Reaktion auf der anderen Seite, nämlich zu wenig Pausen, zu wenig Regeneration und Runterkommen, zu wenig frische Luft und Durchatmen: Diese Kombination schlägt auf den Magen, auf den Rücken, auf die Seele. Isabel Dienstbühl,

Präventionsexpertin einer Berufsgenossenschaft, formulierte es bereits 2016 so: „Ein großes Problem, das die Verdichtung der Arbeit mit sich bringt, ist, dass sich Beschäftigte bewusst gesundheitsschädigend verhalten, um ihr Arbeitsziel zu erreichen. Deshalb müssen alle Beteiligten – Führungskräfte wie Beschäftigte selbst – für das Thema ‚interessierte Selbstgefährdung' unbedingt sensibilisiert werden." Mit dem Fachbegriff „interessierte Selbstgefährdung" ist gemeint, dass Menschen bewusst und willentlich über ihre Belastungsgrenze gehen. Ganz konkret bedeutet das zum Beispiel: „Menschen, die 55 Stunden oder länger in der Woche arbeiten, erleiden zu 33 Prozent häufiger einen Schlaganfall."

Besonders ernst ist die Situation, wenn „Präsentismus" an der Tagesordnung ist. Das ist der Gegenbegriff zum „Absentismus", also dem Fernbleiben vom Arbeitsplatz unter falschen Vorwänden, im Volksmund „Krankfeiern". Beim Präsentismus dagegen erscheinen Mitarbeiter am Arbeitsplatz, obwohl sie krank sind. Sie tun damit niemandem einen Gefallen. Sich selbst nicht, weil sie ihren Organismus belasten, statt ihm Ruhe zur Genesung zu geben. Dem Betrieb nicht, weil die Leistung schlechter ist, die Gefahr von Fehlern, Pannen und Unfällen dafür höher. Und den Kollegen nicht, weil sie sie anstecken. Warum also gibt es Präsentismus? Ich nenne drei wesentliche Gründe. Erstens: Der Arbeits- und Termindruck oder das „Rattenrennen" um Aufstiegschancen ist so groß, dass Arbeitnehmer meinen, es gehe nicht anders. Das kann am Vorgesetzten oder an den eigenen „Treibern" liegen; mehr dazu in Teil 2. Zweitens: Menschen in prekären Jobs werden nur bezahlt, wenn sie arbeiten, haben also keine Absicherung durch Lohnfortzahlung und Krankengeld. Drittens: Die Angst vor Kündigung treibt Menschen krank an den Arbeitsplatz. Alle drei Gründe drücken auch auf die psychische Verfassung. Weder Druck und übertriebenes Pflichtgefühl noch materielle Not und Angst sind gut für die Seele.

Bisher reagieren leider weder die Betroffenen selbst noch Wirtschaft, Gesellschaft und Politik angemessen auf den drohenden kollektiven Burn-out. Sie werden ihrer Pflicht zur Fürsorge und Selbstfürsorge nicht gerecht. Auch hierzu mehr in Teil 2.

Kommen wir noch einmal zu Adrian. Mit sarkastischem Lachen erzählte er mir von einem Running Gag in seinem Unternehmen: „Seit Jahren hält unser kaufmännischer Geschäftsführer bei der Weihnachtsfeier eigentlich immer dieselbe Rede. Dank für die Leistung im abgelaufenen Jahr – und das Versprechen, dass das kommende Jahr mal ein ganz normales würde. Ohne Umstrukturierungen, ohne große Extraprojekte und so weiter. Hat noch nie geklappt. Ich weiß nicht, ob er uns nur beruhigen will oder ob er wirklich daran glaubt. Ich denke, die Allgegenwart ungeplanter Ereignisse wird in vielen Unternehmen unterschätzt und verdrängt. Das laugt die Leute zusätzlich aus. Mich jedenfalls. Reiner Wein wäre mir lieber."

„Ich kann nicht mehr so schnell"

Ich kenne Regina seit Längerem. Sie ist 58 Jahre alt und gehört seit vielen Jahren zum Assistenzstab einer Abteilungsleitung in einem Autokonzern. An ihr konnte ich den schmerzhaften Weg beobachten, den ältere Arbeitnehmerinnen und Arbeitnehmer häufig gehen. Als ich sie kennenlernte, war sie eine selbstbewusste, energische Frau, die ihren Arbeitsbereich und ihre regelmäßig wechselnden Chefs fest im Griff hatte. Heute erlebe ich sie häufig hilflos und voller Selbstzweifel. Die Tränen, die sie sensiblen Kolleginnen früher übel nahm, fließen inzwischen häufig bei ihr selbst.

Als wir uns am Eingang treffen, wirkt sie allerdings eher grimmig. „Ich würde dir ja gleich gern einen bequemen Sitzplatz anbieten, während wir reden, aber ich habe leider keine Ahnung, wo ich heute sitzen werde und ob es da einen zweiten Stuhl gibt. Seit zwei Jahren habe ich kein eigenes Büro mehr. Flexbüro heißt die neue Schnapsidee. Soll heißen: Ich muss jeden Morgen neu schauen, wo ein Tisch frei ist. Und wenn ich dann mal irgendwo sitze, kommt 'ne halbe Stunde später eine Kollegin, die gerade erst eingetrudelt ist, und verscheucht mich wieder. Weil sie sich den Tisch schon am Vorabend online gebucht hat. Das kann man wohl machen – aber ich vergesse das zu Hause immer. Und wenn ich mal dran denke, dann schreckt mich die Technik ab. Ich vergesse immer wieder, wie man sich da einwählt und was man machen muss. Also, mal schauen, wo wir heute sitzen. Und wenn du Pflanzen magst oder Fotos meiner Familie sehen willst, bist du hier leider falsch. Alles verboten." Jetzt muss sie doch zum ersten Mal schlucken.

„Früher haben wir zu dritt zusammengesessen. Drei Frauen. Wir kannten uns gut, jede konnte für die andere einspringen, wir hatten Spaß während der Arbeit, unser gelegentliches Gegiggel hat niemanden gestört, weil wir ein abgeschlossenes Büro hatten. Das ist jetzt alles weg. Ich kenne ja die Hälfte der Leute gar nicht mehr mit Namen, die hier im Bereich rumsitzen. Und sich bekannt machen, nur weil man zufällig an einem Tag mal nebeneinandersitzt, das bringt doch nichts. Was soll ich auch reden mit den jungen Leuten? Die sind sowieso die ganze Zeit an ihren Smartphones."

Das Konzept der „Clean Desk Policy" und des „Flexbüros" wird von den Change-Managern gern als Fortschritt verkauft. Kein Wunder: Sie sind in der Regel jung – und die meisten jungen Leute mögen Flexibilität, weil sie den Kick häufiger Veränderung brauchen. Das Zauberwort heißt „New Work", was schon verlockend nach New York und der großen weiten Welt klingt: flache Hierarchien, mehr Selbstverantwortung, freiere Zeiteinteilung und neue „Arbeitslandschaften". Denn traditionelle, starre Raumkonzepte passen oft wirklich nicht mehr zu veränderten Arbeitsweisen, bei denen Projektgruppen für begrenzte Zeit und mit hoher Flexibilität zusammenarbeiten. Was allerdings auffällt: Die Chefetagen, die diese Veränderungen anordnen und abnicken, sind meist weiterhin in Einzelbüros mit dick gedämmten Türen aufgeteilt. Wenn die, die so gern von „Change“ sprechen, sich selbst nicht verändern wollen, dann wird „Change“ zum Buzzword und bringt Mitarbeiter auf die Palme. Und für Ältere bedeutet Wandel an sich viel mehr Stress, als es Jüngeren oft bewusst ist. Das gilt auch dann, wenn die Notwendigkeit der Veränderung eingesehen wird.

Eine „Arbeitsplatzlandschaft“ bedeutet im Vergleich zu abgeschlossenen Büros mehr Störungen und Ablenkungen, was Ältere meist bewusster als Problem und Arbeitshindernis erkennen. Vor allem jedoch ist es für Ältere eine massive Umstellung, wenn der Arbeitsraum plötzlich kein Wohlfühlraum mehr mit einer gewissen Vertraulichkeit und Privatheit ist. Ältere, traditionell eingestellte Männer leiden zudem, weil das „eigene Büro“ auch Status bedeutete. Die Bedeutung der ritualisierten „Heimat“ wird völlig unterschätzt, wenn es um psychische Gesundheit geht. Räume haben einen enormen Einfluss auf die Lebens- und Arbeitszufriedenheit. Diese Feststellung bietet übrigens auch eine Erklärung dafür, dass viele Menschen das eigene Auto für den Arbeitsweg bevorzugen, selbst wenn es attraktive Alternativen des öffentlichen Nahverkehrs gibt und die Kosten sowie ökologische Überlegungen dagegensprächen: Wird der Arbeitsweg im eigenen Auto zurückgelegt, also dem privaten, abgeschlossenen „rollenden Wohnzimmer“, empfinden viele ihn emotional als Teil der Freizeit, während sich die Fahrt mit Bus und Bahn für sie wie Arbeitszeit anfühlt.

Wenn der Mensch sich an seinem Arbeitsplatz wohlfühlt, steigt die Arbeitsleistung. Sich täglich auf einen anderen Raum und einen neuen Arbeitsplatz einzustellen und ihn sich anzueignen, kostet hingegen mentale Kapazität, die dann bei der Arbeit beziehungsweise für die Resilienz fehlt. Welche Rolle das Raumthema für ältere Arbeitnehmer spielt, wird leicht vergessen. Um es sich zu verdeutlichen, muss man sich nur mal einen Augenblick vorstellen, es gäbe auch eine „Clean Flat Policy“: Man müsste allabendlich in ein anderes Hotelzimmer, oder man müsste monatlich die Wohnung wechseln und sich neu einrichten. Nicht umsonst empfinden viele Vertreter und Künstlerinnen eine große Belastung durch das Nomadenleben, das mit immer anderen Orten und Hotels verbunden ist.

Manchmal steckt hinter den Raumkonzepten auch das schlichte Einsparen von Raumkosten – oder es sind sogar noch perfidere Absichten. Ein großer deutscher Medienkonzern gestaltet seine Arbeitsumgebung aktuell so um, dass es möglichst unattraktiv ist, zur Arbeit zu kommen – weil Homeoffice so viel billiger für den Arbeitgeber ist. Teilweise kommt hier eine sozialdarwinistische Haltung zum Ausdruck: Wer es hier aushält, den können wir weiterhin gebrauchen.

Damit kehrt sich der Trend um, der noch vor wenigen Jahren im Silicon Valley zu beobachten war: Dort machte man es den überwiegend sehr jungen Leuten mit Sportmöglichkeiten und Chill-Möbeln so nett und wohnlich wie möglich, damit sie möglichst viel Zeit im Unternehmen, also mit Arbeit, verbrachten.

Kommen wir zurück zu Regina. Als sie einen Tisch gefunden und den Rechner gestartet hat, will sie sich einloggen wie jeden Morgen, was aber nicht gelingt. Sie versucht es mehrfach und zweifelt dann an ihrem Gedächtnis. „Hab ich das falsche Passwort im Kopf? Aufschreiben dürfen wir sie ja nirgends, und sie sollen so kompliziert sein, dass sie niemand erraten kann. Was für mich leider heißt: Ich kann sie mir auch nicht merken. Und überall dasselbe soll man ja nicht nehmen." Irgendwann ruft sie beim EDV-Service an. Fünf Minuten später erscheint ein junger Mann. Regina ist bereits aufgesprungen, und der nerdige Geselle setzt sich grußlos an ihren Rechner. Er gibt rasend schnell Befehle über die Tastatur ein, steht auf und murmelt „Geht wieder", während er sich zum Gehen wendet. Regina stoppt ihn energisch. „Halt, halt! Was war denn nun los? Hab ich was falsch gemacht? Worauf muss ich achten?" Der junge Mann schiebt den Kaugummi in die Backe und nuschelt. „Systemupdate. Wurde bei Slack mitgeteilt. Das neue Statement lag in Ihrem Postfach." Regina schaut verwirrt: „Statement? Was ist das?" Er grübelt kurz. „Zugangsdaten." – „Die sind jetzt neu oder was?" – „Ich hab das alte Passwort reaktiviert. Geht wieder wie vorher." Und dann ist er weg.

Mir wird wieder einmal klar: Nicht nur die Informationsmenge und das Tempo sind vor allem für „digitale Immigranten", also die Generationen bis circa 1980, stressig und überfordernd. Auch die Technik selbst überfordert Ältere oft, beziehungsweise sie benötigen mehr Zeit und bessere Erklärungen, als man ihnen zugesteht. Damit gibt man ihnen das Gefühl, zum alten Eisen zu gehören und nicht mehr mithalten zu können. Das drückt auf die Psyche.

Eine Dame erscheint mit einem Stapel von Aktenmappen im Arm. „Guten Morgen, Regina. Diese Prüfberichte müssen bis heute Mittag ins System eingepflegt sein." Regina stöhnt leise. „Wie viele sind das denn?" – „Zwanzig. Ihr seid heute zu dritt. Ich habe es gerecht aufgeteilt. Sabrina und Melina haben auch so viele." Regina nickt resigniert und nimmt den Stapel entgegen. Dann schaut sie mich leicht panisch an. „Die anderen beiden sind Mitte zwanzig! Klar schaffen die bis zum Mittag zwanzig Stück. Die würden auch dreißig schaffen. Aber ich bin einfach nicht mehr so schnell. Dafür aber gründlicher."
Am Beispiel von Regina lässt sich zeigen, vor welche Herausforderungen ältere Arbeitnehmer in der Arbeitswelt häufig stehen – und wie

wenig Unternehmen sich darauf einstellen. Dabei betrifft der demografische Wandel auch die Wirtschaft. 2030 wird über ein Viertel der deutschen Bevölkerung über 65 Jahre alt sein. Entweder fehlen sie als Arbeitskräfte, oder Unternehmen ändern ihren Blick auf „Alte". In den Augen vieler Personalverantwortlicher beschränkt sich die Gruppe der Leistungsfähigen noch immer auf die Angestellten unter fünfzig. Letztlich haben nur die Ursachen gewechselt: Früher gingen die Stahlarbeiter, Bergleute und so weiter mit fünfzig in Frührente, weil sie eine Staublunge hatten oder aus anderen Gründen körperlich kaputtgearbeitet waren. Oder sie starben. Das war damals normal. Und heute wird es für normal gehalten, dass ein beträchtlicher Teil der Belegschaft in diesem Alter mental kaputt ist. Aber das in Kauf zu nehmen, ist extrem kurzsichtig. Ältere als „Minderleister" zu betrachten und sie durch „Freiwilligenprogramme" mit einer Abfindung aus dem Unternehmen zu drängen, ist dumm. Immer mehr Unternehmen verstehen auch, dass sie die „alten" Fachkräfte eigentlich sogar über das Rentenalter hinaus halten müssten, statt sie auszusortieren. Aber nur wenige organisieren die Arbeit entsprechend um.

Praktisch alle Belastungsfaktoren wirken sich bei Älteren gravierender aus – Arbeitsintensivierung, zu wenig Bewegung, Überforderung, Digitalisierung, wechselnde Arbeitszeiten und -orte, ungünstige Einflüsse wie Lärm, schlechte Luft und mangelhaftes Licht. Darauf müssen Unternehmen sich einstellen, damit ihnen nicht die benötigten Mitarbeiter mit kostbaren Erfahrungen verloren gehen.

Um im konkreten Beispiel zu bleiben: Sinnvoll und angemessen wäre es gewesen, Regina nur 12 oder 15 Berichte zuzuteilen und die übrigen auf die beiden jüngeren Kolleginnen aufzuteilen.

Nur ein kleines Rädchen

Wann Beschäftigte sich heimatlos fühlen

„Also ich hab schon viele Jobs gehabt, aber in so einem kranken Laden hab ich noch nie gearbeitet." Sabrina, Anfang vierzig, dunkle kurze Haare, sportliche Figur, hat sich bei mir gemeldet und gefragt, ob ich etwas über „innere Kündigung" erfahren will. Das will ich – deshalb haben wir uns zu ihrer Mittagspause in einem Café in der Nähe ihrer Firma verabredet. Als sie etwas zu spät und ein wenig abgehetzt erscheint, schüttelt sie gleich den Kopf. „Sorry wegen der Verspätung. Ich musste noch abwarten, bis mein Chef fertig telefoniert hatte. Um mich dann pflichtgemäß bei ihm abzumelden. Und ich musste genau angeben, wann ich zurück bin. Aus der regulären Mittagspause! Dabei gibt es ja die Stechuhr. Er ist ein kranker Kontrollfreak. Er wird richtig unruhig, wenn nicht alle anwesend sind. Erinnert mich an den kleinen Hund, den wir neuerdings zu Hause haben. Der jault und heult auch immer, wenn jemand aus dem Haus geht." Sie kichert über ihren Vergleich und wirkt jetzt ziemlich entspannt. Als ich ihr das sage, lacht sie kurz auf und sagt sarkastisch: „Kunststück. Ich hab ja auch schon einen neuen Job. Der nächste Monat ist mein letzter hier. Ich habe also nicht nur innerlich gekündigt. Bevor ich die neue Stelle klargemacht hatte, war ich schlechter drauf, das können Sie mir glauben. Und außerdem will ich nicht nur von mir reden. Viele meiner Kolleginnen hängen da fest und werden bis zur Rente bleiben. Und unglücklich sein. Aber viele schaffen auch den Absprung. Ich war keine zwei Jahre hier und gehöre schon zu den Dienstältesten. Eine irre Fluktuation! Völlig unwirtschaftlich, so eine Atmosphäre zu schaffen."

Ich will mehr wissen über die Kontrollmechanismen. „Jeder Tastendruck am PC wird bei uns getrackt. Überall hängen Kameras. Damit die in den Toiletten wieder wegkamen, musste der Betriebsrat erst vor Gericht ziehen. Der Außendienst klagt, dass auch die Dienstwagen permanent getrackt werden. Sie müssen sich für jede Pinkelpause und jeden Halt beim Bäcker rechtfertigen, wenn der Alte sie mal auf dem Kieker hat."

Der technische Fortschritt hat Überwachungsmöglichkeiten geschaffen, die unkluge Unternehmen in fataler Weise ausnutzen. Damit erzeugen sie ein belastendes Gefühl des Kontrolliertwerdens. Denn hier steht hinter dem detaillierten Protokollieren und Überwachen kein wohlwollendes Interesse wie zum Beispiel bei einer 24-Stunden-Blutdruckmessung oder bei den Weight Watchers. Statt der Suche nach Heilungsmöglichkeiten und Erfolgen geht es hier um Misstrauen und die Suche nach Fehlverhalten.

„Und dann dieser völlig veraltete Glaube, dass man seine Herde immer beisammenhaben muss. Dieses Misstrauen in jeden, den er nicht vor der Nase hat. Von Homeoffice will er überhaupt nichts wissen. Kommt bei ihm nicht infrage. Er kann sich nicht vorstellen, dass Leute zu Hause etwas tun, und zwar effizienter als im Großraumbüro, weil sie motiviert sind und nicht dauernd gestört werden. Zum Beispiel dadurch, dass er ständig durch die Räume schleicht, weil er Angst hat, dass die Leute nicht arbeiten. Er kriegt gar nicht mit, dass er uns genau damit vom Arbeiten abhält. Von der Demotivation durch das permanente Misstrauen ganz zu schweigen. Bei vielen heißt der Chef nur ‚Kommissar Rex'. Die Jüngeren kennen diese Krimis mit dem Schäferhund gar nicht mehr, aber bei den Älteren hat der Spitzname voll eingeschlagen. Und alles sollen wir genau so machen, wie er das seit hundert Jahren kennt. Er schwört auf Disziplin wie beim Bund. Gruselig."

Natürlich ist Disziplin in der modernen Arbeitswelt unerlässlich. Aber sie kann nur als Selbstdisziplin funktionieren. Ein „militärischer" Führungsstil, der verlangt, dass Dinge genau nach einem bestimmten Schema abzuarbeiten sind, ist überholt und wird scheitern.

Denn wenn Gehorsam und eine bestimmte, vorgegebene Ordnung zum Selbstzweck werden, kommen Menschen nie ins selbstständige Tun. Militärische Disziplin ist nicht dasselbe wie Selbstdisziplin, sondern hemmt deren Entwicklung eher. Selbstorganisation braucht Freiraum, um zu entscheiden, wie man etwas angehen will.

„Sie bekommen doch schon Ihr Gehalt."
Der Dauerbrenner der fehlenden Anerkennung

Sabrina erzählt weiter: „Ich glaube, was die Leute am meisten frustriert, ist die fehlende Anerkennungskultur. Lob ist für den Chef ein absolutes Fremdwort. Er ist eben Schwabe durch und durch. Angestellte sind für ihn nur ein Kostenfaktor. Und nicht geschimpft ist genug gelobt. Schließlich bezahlt er die Leute, damit sie gute Leistungen bringen. Wieso noch loben für eine solche Selbstverständlichkeit? Und wenn doch mal ein Lob kommt, ist es garantiert vergiftet. Jeder weiß, dass ein ‚Aber' hinterherkommt. Da fühlt sich natürlich niemand wertgeschätzt.

Ich glaube, viele derer, die da ihre Tage absitzen, würden unter anderen Umständen einen tollen Job machen. Dadurch, dass man sich gegenseitig hilft, wenn es mal irgendwo hakt, merkt man ja, wer was auf dem Kasten hat."

Der Mensch ist ein soziales Wesen. Sich als akzeptierter Teil seiner Gruppe zu fühlen, ist ebenso ein Grundbedürfnis wie Essen, Trinken, Schlafen und Sex. Und weil Menschen einen wesentlichen Teil ihrer Lebenszeit bei der Arbeit verbringen, ist Lob durch Vorgesetzte, Kunden und Kollegen essenziell für das Selbstwertgefühl. Arbeit ist mehr als das konkrete Tun – sie ist Teil des sozialen Austauschs. Wir arbeiten nie ohne Bezug zu anderen. Wir wollen gesehen werden und brauchen Anerkennung für unseren Beitrag. Bleibt sie aus, nehmen wir das persönlich und fühlen uns herabgesetzt. Frau Prof. Dr. Friedericke

Hardering, Professorin für Zukunft der Arbeit und Digitalisierung an der FH Münster, nennt als einen wichtigen Faktor dafür, dass Mitarbeitende zufrieden sind, „das Gefühl, dass einem die Vorgesetzten langfristig vertrauen".

Über fünfzig Prozent der Befragten gaben in einer Umfrage an, sie fühlten sich von ihren Führungskräften nicht ausreichend gesehen. Selbst Führungskräfte aus der mittleren Ebene vermissten die Anerkennung von weiter oben. Gleichzeitig meinten kurioserweise vier von fünf Befragten mit Personalverantwortung, sie würden „sehr oft" loben. Wie wichtig Wertschätzung, Anerkennung und Respekt sind, wird in deutschen Führungsetagen also dramatisch unterschätzt. Und die Folgen sind gravierend.

Sabrina erzählt: „Ein Teil der Leute hat sich eine Zeit lang richtig reingehängt. Weit über das vernünftige Maß hinaus. Weil sie glaubten, sie könnten sich die ersehnte Anerkennung so verdienen. Aber als sich das als Trugschluss erwies, brach ihre Leistungsbereitschaft förmlich ein. Aus der ursprünglichen Motivation wurde zuerst Erschöpfung, und dann kam auch noch Frust dazu. Klassische Burn-out-Zutaten, oder? Andere machen gar nicht den Umweg über das Abstrampeln, sondern sind direkt in der inneren Kündigung. Wenig Antrieb und Engagement, häufigeres Krankfeiern, niedergeschlagene Verfassung. Zu diesen traurigen Gestalten wollte ich nicht gehören, deshalb hab ich mich wegbeworben. Obwohl ich mich hier gerade eingerichtet hatte. Jetzt muss ich schon wieder umziehen. Neue Freunde finden, neue Ärzte, ein neues Fitnessstudio ... Schön ist das nicht. Hab ich alles dem Chef zu verdanken, der Mitarbeiter nur als Rädchen im Getriebe sieht."

Die allermeisten Vorgesetzten verweigern ihren Mitarbeitern die verdiente Anerkennung nicht aus bösem Willen. Das tun nur Psychopathen (siehe Kapitel „Ihre Befindlichkeiten interessieren mich nicht!"). Aber viele haben hier einen blinden Fleck. Sie erkennen einfach nicht die Notwendigkeit und den positiven Effekt für das Betriebsklima und die psychische Gesundheit der Belegschaft. Die Redakteurin Mirjam Annina Merkhoffer formuliert es so: „Wer dauerhaft die negative Emotion der Frustration mit sich herumträgt, wird (...) früher oder später erste gesundheitliche Probleme bemerken. Dies können Magenschmerzen sein, eine Depression oder Schwindel." Die größte Frustrationsquelle ist dabei übrigens nicht das Fehlen positiven Feedbacks, und nicht einmal ein Übermaß negativer, schlimmstenfalls sogar auf die Person gerichteter Rückmeldung („Ich kann Sie einfach nicht ausstehen!"). Das Allerschlimmste für Menschen ist es, wie Luft behandelt zu werden.

Sabrina hat noch einen weiteren Punkt angesprochen, der das Thema „Anerkennung" betrifft: Lob, das nur als „Verpackung" dient. Ich erlaube mir, hierzu einen Rat aus meinem Buch *Psychohacks* zu zitieren: **Trenne Kritik und Lob**. Von der vielfach empfohlenen „Sandwichmethode" aus Lob – Kritik – Lob halte ich gar nichts. Sie hat dazu geführt, dass jeder gestresst auf ein Lob reagiert, weil er ahnt, dass gleich der eigentliche Kritikhammer kommt. Und oft kramt man irgendwelche läppischen Gründe für ein Lob zusammen, nur um den Hammer ein wenig in Watte zu packen. Hilft nichts. Also: Lobe, wenn du loben willst. Und kritisiere, wenn es etwas zu kritisieren gibt: Stulle statt Sandwich.

Müde vom Nichtstun: Bore-out und die Sinnfrage

Aber Sabrina ist noch nicht fertig. „Wenn wir wenigstens eine anspruchsvolle, mit Verantwortung verbundene Aufgabe hätten! Wenn wir ein Atomkraftwerk steuern oder ein Flugzeug fliegen würden – dann würde ich die engmaschige Kontrolliererei ja noch verstehen. Aber die meisten bei uns langweilen sich zu Tode. Es sind stupide Arbeiten, bei denen man sich nach dem Sinn fragt. Der ganze Laden kommt mir vor wie eine riesige Kontrollmaschine im Leerlauf. Und das macht soooo müde! ‚Ablage' und ‚Dokumentensicherung' heißen die Steckenpferde des Chefs, und zwar auf altmodischste Art, weil er Servern allein nicht traut: Viele stehen den halben Tag am Kopierer, damit andere die Ergebnisse lochen und in Aktenordner verstauen können, die dann wieder andere in den Keller schleppen. Wo sie nie wieder jemand anschaut. Weil darin Entwicklungsschritte dokumentiert sind, von denen längst klar ist, dass sie in die Sackgasse führen. Ich glaube, ich habe auch gekündigt, weil ich das dumpfe Knallen der Locher und dieses Quietschen der Bügel in den Aktenordnern nicht mehr ertragen kann. Wir sollen also stumpfsinnige Tätigkeiten ausführen, werden dabei ständig misstrauisch überwacht und bekommen nicht mal Anerkennung, wenn wir sie wie gewünscht umsetzen. Und wir sehen alle, dass vieles von dem, was wir tun, keinerlei Sinn hat. Das macht einen fertig. Und apropos Leerlauf: Es ist ja gar nicht immer was zu tun. Viele sind virtuos darin, in den Leerlaufzeiten so zu tun, als würden sie arbeiten – während sie in Wirklichkeit im Internet surfen oder mit dem Handy daddeln. Das klingt vielleicht nach einem gemütlichen Job – aber man fühlt sich abends dermaßen leer in der Birne! Ich habe mal ein paar Kolleginnen aus der Dokumentationsabteilung gefragt, ob sie wissen, was unsere Firma eigentlich produziert. Sie hatten keinen Schimmer. Dass ihr Gehalt davon abhängt, dass möglichst viele Haushalte ihre Heizung mit einem Steuergerät von uns betreiben, ist ihnen völlig egal. Mein Vater hat einen Teil seines Arbeitslebens in der DDR verbracht. Er erzählt dasselbe. Fast allen war egal, was ihr Werk eigentlich herstellt."

Was Sabrina so aufgebracht beschreibt, nennt man „Bore-out-Syndrom". Anders als der Burn-out ist die psychische Belastung durch Langeweile und fehlenden Sinn nicht als eigenständige Krankheit definiert. Aber die Psychologie hat keinen Zweifel, dass das Phänomen existiert. Menschen wollen etwas beitragen und sinnvoll beschäftigt sein. Haben sie nur öde Aufgaben beziehungsweise zu wenig zu tun, entwickeln sich ein Desinteresse und eine Antriebsschwäche, die bald auch Lebensbereiche jenseits der „Arbeit" erfassen. Und: Nichtstun macht müde. Klingt paradox, ist aber wahr. Manchmal brauchen wir diese Müdigkeit – etwa im Urlaub nach einer anstrengenden Arbeitsphase. Aber die Müdigkeit ohne Aktivität, die etwa Depressive erleben, ist ungesund. Und nicht zufällig ist es eine besonders destruktive Form des Bossings, dem Opfer jegliche Aufgaben vorzuenthalten. Den ganzen Tag allein an einem Platz sitzen zu müssen, ohne etwas tun zu können, ist eine Strafe, die man nicht einmal Gefängnisinsassen auferlegt. Spätestens dann kann Bore-out der Einstieg in eine ernsthafte psychische Erkrankung sein.

Und wie ist es mit dem Sinn? Schließlich will, wie erwähnt, jeder Mensch etwas Sinnhaftes zum Erfolg seiner sozialen Gemeinschaft beitragen. Wir arbeiten nicht nur für Geld, und auch ein hohes „Schmerzensgeld" kann nicht alles auffangen. Umgekehrt kann eine Arbeit, die sinnstiftend und erfüllend ist, andere Belastungen wie zum Beispiel anstrengende Vorgesetzte, ständigen Lärm und ein niedriges Gehalt ausgleichen helfen.

Allerdings kann man es mit der Erwartung an die Sinnstiftung durch Arbeit auch übertreiben. Die Redakteurin Katrin Wilkens hat im Februar 2024 in der *ZEIT* kritisiert, dass immer mehr Menschen erwarten, in ihrer Arbeit ihren gesamten Lebenssinn zu finden. Diese Erwartung wird fast zwangsläufig irgendwann enttäuscht. Hier liegt es auch in der Verantwortung der Einzelnen, sich nicht verrückt zu machen und auch einmal zu akzeptieren, dass Arbeit auch bedeuten kann, für den eigenen Lebensunterhalt zu sorgen – auch wenn man dabei nicht in jeder Minute zur Rettung der Welt beiträgt oder seine Selbstverwirklichung perfektioniert. Arbeit ist kein Religionsersatz – auch wenn inzwischen viele Unternehmen mit diesem Versprechen hantieren. Und täglich vergeblich einer Schimäre nachzujagen, macht krank, weil man die Kluft zwischen der Sinnsuche und der oft banalen Realität des eigenen Schreibtischs nicht erträgt.

„Du hast den Hut auf!"
Wenn zu viel Verantwortung und fehlende Transparenz überfordern

Weil Sabrina so lebhaft und reflektiert erzählt, frage ich sie auch nach ihrem letzten Job. Nach einem Blick auf die Uhr nickt sie und beginnt:

„Das Verrückte ist, dass ich aus dem vorherigen Betrieb wegen des Gegenteils wegwollte. Da herrschte kein Kontrollwahn, sondern eher kreatives Chaos und große Intransparenz. Und die Führung dort hatte ein maximal unglückliches Händchen, wenn es darum ging, wem man viel Verantwortung gibt und wem besser nicht. Ich hatte eine Reihe von Kollegen, die völlig überfordert waren vom Freiraum, der ihnen zugestanden wurde – und auf der anderen Seite einige fitte Leute, die gern mehr Verantwortung gehabt hätten, aber auf ihrer Sachbearbeiterstelle festgetackert waren. So wie ich. Niemand verstand, nach welchen Kriterien in diesem Laden befördert wurde. Ergebnis: unglückliche Bereichsleiter und unglückliche Sachbearbeiterinnen. Die Bereichsleiter hatten völlig unklare Vorgaben. Oder gar keine. Und das hat die so was von gestresst. Weil sie sich als ‚Erlediger' und mit klaren Ansagen von oben viel wohler gefühlt hatten. Ich glaube, es wäre sogar schon besser geworden, wenn man die Hierarchie einmal mechanisch durchgetauscht hätte. Noch besser wäre natürlich eine kompetente Personalpolitik gewesen … So, und jetzt muss ich leider zurück. Mein kompetenter Chef hat sicher schon Schnappatmung, weil ich eventuell zwei Minuten später zurück bin als angekündigt."

Mit einem ironischen Grinsen verabschiedet sich Sabrina.

Auch zu viel Verantwortung kann Stress verursachen. Wir haben bereits die „Fachidioten" erwähnt, die durch fehlerhafte Einschätzung von weiter oben eine Führungsrolle bekommen, die sie völlig überfordert. Manchmal kommen Fehlbesetzungen auch zustande, weil Menschen „dran" sind mit der Beförderung. Oder weil sie den Aufstieg ausdrücklich wollten. Wenn klar ist, dass sie das mental, sozial oder auch fachlich überfordern wird, wird damit niemand glücklich. Sie wollten eigentlich nur den „Orden" der Beförderung, nicht aber die Verantwortung und die Aufgabe. Oder es war ihr familiäres Umfeld, das sie drängte. Etwa weil auf Teufel komm raus einem materiellen Ziel nachgejagt wird, wie zum Beispiel einem Eigenheim. Das Streben nach Besitz ist oft der Einstieg in Überforderung und zerstörerischen Stress.

Und auch die Karrieredynamik unserer Arbeitswelt trägt dazu bei. Vielerorts herrscht die Ansicht: Wer bleiben will, was er ist, gilt schon als nicht normal. Das Ansehen für Menschen, die sich selbst als „gute Nummer zwei" oder als „perfekte Zuarbeiter" sehen, ist viel zu gering.

Besonders häufig rutschen sogenannte *people pleaser* in die Überforderungsfalle. Das sind Menschen, die es anderen gern recht machen und ihnen helfen wollen. Und die alles richtig machen wollen. Sie tun fast alles, um Anerkennung zu ernten. Häufig haben sie ein eher geringes Selbstbewusstsein und können schlecht Nein sagen. Nicht selten handelt es sich um zwanghafte und perfektionistische Persönlichkeiten. Ihre Erfahrung ist: „Ich bin nur dann etwas wert, wenn ich mich anstrenge." Wenn sie dann noch gut im Job sind, bekommen sie immer mehr aufgeladen – oder laden es sich selbst auf. Vorgesetzte übertragen neue Verantwortungslasten gern denen, die schon bisher alles gewuppt haben. Sie sind immer superengagiert und fleißig und freuen sich oft über das Zutrauen des Chefs (das in Wahrheit eine Zumutung ist). Deshalb merken sie viel zu lange nicht, wie sie immer tiefer in die Burn-out-Falle rutschen. Ihr Verantwortungsbewusstsein für sich selbst ist unterentwickelt – und das ihrer Vorgesetzten ebenso.

Beim Thema Überforderung gilt es, wie bei allem, die individuellen Unterschiede im Blick zu haben. Nicht alle Menschen kommen mit Belastungen gleich gut klar – und dasselbe gilt für die Freiheit der Selbstorganisation und Selbstverantwortung, also das Fehlen von „Stundenplan" und „Hausaufgaben". Selbstverantwortung lernt man in der Regel recht früh – oder eben nicht. Zum Beispiel weil man kritisiert wurde, wenn man Dinge selbst in die Hand nahm. Erst recht, wenn nicht beim ersten Mal alles perfekt war.

Ein typischer Moment, in dem sich zeigt, wie gut Menschen mit Eigenverantwortung umgehen können, ist der Übergang von der Schule ins Studium. Während in der Schule vorgegeben war, wann man wo zu erscheinen hatte und was man tun sollte, lässt die Universität zumindest in den Geisteswissenschaften viel Freiheit – wenn auch seit „Bologna" weniger als früher. Dennoch: Niemand ruft bei den Eltern an, wenn man „schwänzt". Und man wird von niemandem dazu gedrängt, die überfällige Seminararbeit endlich anzugehen. Es liegt auch bei einem selbst, was man aus dem Bildungsangebot der Universität macht. Ich erinnere mich aus der Zeit meines Studiums an eine bezeichnende Situation: Wir Studierende verließen gerade den Seminarraum, und hinter mir sagte ein Student zu seinem Kommilitonen: „Der Unterricht war heute ja wieder langweilig." Dass es sich nicht um frontalen Schulunterricht handelte und der Langeweilefaktor auch von ihnen selbst abhing, hatten sie offenbar noch nicht verinnerlicht.

Wer als Kind keine Selbstverantwortung gelernt hat, ist eher unglücklich, wenn bei der Arbeit von ihm erwartet wird, eigenständig zu arbeiten. Man ist von der selbstständigen Einteilung der Aufgaben und der Zeit überfordert. Viele Menschen brauchen Rituale und klare Anweisungen, um sich sicher zu fühlen, weil sie frühkindlich eher Unsicherheit kennengelernt haben und die Freiheit des Seiltänzers nur als Stress empfinden. In der Psychologie nennen wir diese Menschen „lageorientiert". Das Gegenteil sind die „Handlungsorientierten". Sie suchen stets Abenteuer, Risiko, Abwechslung und Veränderung. Sie nehmen die Dinge gern selbst in die Hand und lieben es, voller Energie den eigenen Zuständigkeitsbereich zu beackern, womit sie die Lageorientierten übrigens oft total stressen.

Überforderung durch Selbstverantwortung tritt zum Beispiel auf, wenn Hierarchieebenen eingespart werden. Für die „Handlungsorientierten" ist das eine Befreiung – die „Lageorientierten" belastet es eher. Auch die zunehmende Auflösung der Grenzen zwischen Arbeit und Freizeit birgt stets das Risiko der Überlastung – weil die Abgrenzung nicht gelingt und man in die Selbstausbeutung rutscht. Permanent damit fertigwerden müssen Selbstständige. Aber auch im Homeoffice, dessen Bedeutung seit der Pandemie stark gewachsen ist, wird dieses Problem sozusagen chronisch. Für allein Arbeitende ist es mühsamer, Prioritäten zu bestimmen, die Flut der Informationen zu filtern und komplexe Aufgaben zu organisieren. Stress bereitet es zum Beispiel, wenn man mit der Technik nicht klarkommt, aber keinen Support vor Ort hat, wenn Informationen unvollständig fließen und fachliche Hilfe und Feedback ausbleiben, wenn präzise Anweisungen ausbleiben und man nur ein „Du machst das schon" bekommt, wenn der tägliche Austausch mit den Kollegen fehlt, wenn man das Gefühl entwickelt, auch in Sachen Karriereperspektiven „draußen" zu sein. Und der Stress, unter dem Homeoffice-Mitarbeiter leiden, wird von Vorgesetzten und Kollegen weniger bemerkt als im Betrieb.

Eine Studie zum Thema Homeoffice hat ergeben, dass die Leistung um 13 Prozent steigt, wenn man in Ruhe zu Hause arbeitet. Teilweise wird diese verbesserte Effizienz allerdings durch Vernachlässigung der Selbstfürsorge erkauft, also etwa durch den Verzicht auf eindeutige Pausen, durch entgrenzte Arbeitszeiten bis in den späten Abend, zu wenig Ruhetage und Urlaub sowie das Ignorieren von Krankheitszuständen, bei denen man nicht ins Büro gehen würde, die aber das temporäre Arbeiten zu Hause erlauben. Das bedroht auf Dauer die physische und psychische Gesundheit.

Natürlich kann ein temporäres Überforderungsgefühl auch zu erhöhter Leistung motivieren. Aber wenn die individuellen Belastungsgrenzen dauerhaft überschritten werden, droht körperliche und seelische Überlastung. Mit anderen Worten: wenn die anstehenden Aufgaben mit den vorhandenen Kräften und Fähigkeiten nicht bewältigt werden können. Oder wenn man das Gefühl hat, von den Erwartungen – den eigenen und denen anderer – „erdrückt" zu werden. Typischerweise reagiert man dann selbst auf kleine Probleme oder Einwände gereizt. Wer schon auf das Anklopfen eines Kollegen mit einem panischen „Was ist denn jetzt schon wieder los?!" reagiert, ist definitiv bereits im Überlastungsbereich. Man ist dann angespannt und kommt kaum noch zur Ruhe. Man braucht länger als normal für ganz normale Aufgaben, vergisst Dinge und macht Fehler. Irgendwann setzen Lustlosigkeit, massive Erschöpfung, Schlafstörungen und Grübeleien ein – dann ist man auf dem Weg in den Burn-out.

Ein Job bei Franz Kafka?

Sabrina hat auch das Problem der fehlenden Transparenz von Aufstiegsmechanismen und -kriterien angesprochen. Wenn Mitarbeiter das Gefühl bekommen, schon wieder übergangen worden zu sein, ohne zu verstehen, warum, drückt das enorm auf die Motivation und das Selbstwertgefühl. Wenn nicht nachvollziehbar ist, warum A befördert wird, B aber nicht, entsteht Frust. Ein Vorbild für Transparenz ist hier ausgerechnet das Beamtenwesen mit dem genau festgelegten Bewährungsaufstieg und dem Senioritätsprinzip.

Dass Mitarbeiter im Dunkeln tappen, liegt meist daran, dass ihren Vorgesetzten der Mut fehlt, Klartext zu sprechen: „Ihnen fehlen die und die Kompetenzen." Oder: „Ich vermisse bei Ihnen Eigeninitiative und Engagement." Oder positiver formuliert: „Sie sind genau an der Stelle, an der Sie dem Unternehmen am meisten helfen." Wenn es solche Erklärungen gibt, weiß der Mitarbeiter, was er zusätzlich tun und können muss, um aufzusteigen. Und kann handeln, wenn er das will. Leider vermeiden Vorgesetzte die eindeutigen Worte oft nicht nur aus Bequemlichkeit und Konfliktscheue, sondern weil sie es für strategisch schlau halten, dass Mitarbeiter weiterhin auf den Aufstieg hoffen. Der Karrieresprung wird ihnen sozusagen ständig in Aussicht gestellt, aber es kommt nicht so weit. Diese Strategie geht jedoch meistens nach hinten los. Sie erzeugt nach einer Weile genau die Frustration, den Leistungsabfall und die innere Kündigung, die sie verhindern soll.

Am schlimmsten ist es allerdings, wenn gar niemand Klartext reden könnte, weil niemand mehr durchblickt. Ein solches kafkaeskes System macht definitiv krank. Und es ist gar nicht so selten. Ab einer bestimmten Unternehmensgröße gibt es keine klaren Kommunikationswege: Mitarbeiter haben keine Ahnung, welches Formular das richtige ist, wo man es im Irrgarten des Intranets findet, wie es genau auszufüllen ist, wer der richtige Ansprechpartner ist, wie der Verwaltungsvorgang bei der Abrechnung von zehn Euro Spesen korrekt abzulaufen hat, wohin man sich mit Ideen und Verbesserungsvorschlägen wendet, wie mit dem Eingeständnis von Fehlern umgegangen wird und so weiter.

Häufig konnte ich auch beobachten, dass irgendwo ganz oben Entscheidungen getroffen werden, von deren Wirkung weiter unten niemand eine Ahnung hat. Das betrifft oft vermeintliche Kleinigkeiten wie zum Beispiel die Abschaffung des kostenlosen Kaffees oder Wassers, die Absage des Betriebsausflugs oder Ähnliches. Mit ausreichend gesundem Menschenverstand und Bodenhaftung wüssten die Entscheider, dass der so hervorgerufene Frust das Unternehmen sehr viel mehr kosten wird, als man einspart – aber auf irgendeiner Ebene weit oben fällt diese Entscheidung dennoch. In größerem Maßstab kann die Orientierungslosigkeit der Mitarbeiter Schaden anrichten, wenn Umstrukturierungen oder das in der Einleitung genannte Beispiel einer Fusion alles auf den Kopf stellen kann und dieser Prozess schlecht gemanagt wird. Auf alle Fälle gilt die Faustregel: je größer das Unternehmen, desto undurchschaubarer der Dschungel und desto kafkaesker der Wahnsinn.

Und zum Wahnsinn passen auch schizophrene Botschaften, die gleichzeitig Engagement und Passivität einfordern. So mancher Arbeitgeber fordert einerseits volle Identifikation mit der Arbeit und dem Unternehmen – signalisiert bei Problemen jedoch eher: „Nimm's nicht so persönlich. Nimm's nicht so ernst. Du sollst das, was ich von dir will, mit Begeisterung tun. Aber wehe, du entwickelst eigene Ideen und Initiativen und nervst damit – das streut nur Sand ins Getriebe." Da kann man nur noch irre werden – oder es wie Sabrina machen und gehen.

Als ich von meinem Treffen mit Sabrina zurückfahre, ertappe ich mich bei der Frage, ob sie vielleicht einer der Menschen ist, denen man es nie recht machen kann, und ob ich ihren Berichten über ihre auf so unterschiedliche Weise toxischen Arbeitsplätze trauen kann. Aber einen grundsätzlich nörgeligen Eindruck machte sie eigentlich nicht auf mich. Dafür war sie zu positiv und zu klar. Und einige Monate nach unserem Treffen bestätigt sich mein Eindruck. Aus im wahrsten Sinne des Wortes heiterem Himmel schreibt sie mir eine Mail:

„Lieber Herr Schmiel, eine kurze Rückmeldung aus dem neuen Job. Endlich habe ich wieder ein gutes Maß von Selbstverantwortung und Führung. Keine Kontrollettis, aber auf angenehme Weise präsente Vorgesetzte. Klare Ansagen, klare Regelungen und klare Perspektiven. Interessante Aufgaben und eine gute Fehlerkultur. Und vor allem: Ich werde gesehen. Und meine Leistung wird anerkannt. Nicht nur, aber eben auch mit warmen Worten. Die brauche ich wie eine warme Dusche. Sie nicht auch? Herzlich Sabrina L.

Schicht im Schacht

Was Arbeitnehmer um den Schlaf und um den Verstand bringt

Über den normalen Wahnsinn des Büroalltags hinaus verlangen viele Berufe den Menschen noch einiges mehr ab. Und erhöhter emotionaler oder physischer Stress bedeutet natürlich auch erhöhte Gefahren für die Gesundheit.

„Wenn nur die Kunden nicht wären …!"
Wie der Frust und der Stress der Gesellschaft bei Mitarbeitern abgeladen werden

Köln Hauptbahnhof, an einem Mittwoch um kurz vor halb acht. Nicht meine bevorzugte Zeit. Entsprechend müde stehe ich am Gleis in Köln-Deutz und warte auf den ICE 527, der von Dortmund nach

München fährt. Aylin, die Zugbegleiterin, hat mir gesagt, dass ich mich in der Mitte des Zuges einfinden soll; da will sie mich einsammeln. Und, oh Wunder: Der Zug kommt fast genau pünktlich angerollt. Eine Frau Mitte dreißig in der dunkelblauen Bahnuniform und mit dezentem, geschmackvollem Make-up kommt auf den Bahnsteig und schaut sich suchend um. Als ich mich aus der Menschentraube vor der Tür bemerkbar mache und schließlich vor ihr stehe, lotst sie mich direkt ins Dienstabteil, wo ich warte, bis der Zug anfährt. Dann kommt sie und begrüßt mich ausgesprochen freundlich. Obwohl sie schon seit über einer Stunde unterwegs ist, also gegen fünf Uhr aufgestanden sein dürfte, wirkt sie hellwach und aufmerksam und schaut mich neugierig an. „Danke, dass Sie sich für meine Arbeit interessieren! Das tut echt gut. Ich schlage vor, dass Sie sich nachher gleich hier vorn ins Großraumabteil setzen, um die Stimmung mitzubekommen. Im Moment sind wir ja pünktlich, und die Leute sind noch zu müde für große Aggressionen. Aber aktuell wird die Strecke zwischen Frankfurt und Würzburg saniert, sodass wir über Aschaffenburg umgeleitet werden. Es wird also nicht alles reibungslos laufen heute, und dann kriegen Sie sicher mit, wie die Stimmung kippt. Ich habe mir eine dicke Haut zugelegt, aber ich bin trotzdem immer angespannt, sobald sich abzeichnet, dass wir nicht pünktlich sind.

Ob ich in Dortmund oder in München wohne? Weder noch. In Hannover. Das heißt, letzte Nacht Hotel in Dortmund, nächste Nacht Hotel in München. Das schlaucht schon. So, jetzt muss ich Fahrkarten kontrollieren. Zwischen Würzburg und Nürnberg haben wir wieder eine knappe Stunde ohne Halt, da können wir uns noch mal hier austauschen. Bis dahin gute Fahrt. Und drücken Sie mir die Daumen."

Ins Großraumabteil kommen wir zuerst gar nicht rein. Eine Mutter mit einem schreienden Baby stellt gerade ihren Kinderwagen ab und versucht hektisch, das Baby und ihr Handgepäck herauszunehmen und zu ihrem Platz zu gehen. Aylin packt mit an und bringt sie freundlich zu ihrem Platz. Dann sagt sie: „Darf ich den Kinderwagen an eine bessere Stelle bringen? Jetzt versperrt er leider den Durchgang." Die Frau guckt genervt. „Wieso? Da kommen doch alle durch!" Aylin bleibt freundlich-korrekt: „Es ist der Notausgang. Da kann er nicht bleiben. Aber ich helfe Ihnen gern, ihn umzustellen. Oder Sie wechseln ins Kleinkindabteil." Jetzt verliert die junge, offenbar allein reisende Mutter mit ihrem Baby, das immer noch schreit, die Nerven: „Was soll denn der Scheiß! Scheißbahn! Teuer, unpünktlich und dann noch kinderfeindlich! Also, wo ist das blöde Abteil?" Aylin zeigt die Richtung. „Im übernächsten Wagen. Soll ich Ihnen wirklich nicht helfen?" Ohne zu antworten, stapft die Frau mit dem Baby und dem Handgepäck zurück zu ihrem Kinderwagen und verschwindet nach wütendem Rangieren in Richtung Kleinkindabteil. Aylin sagt ironisch: „Na, das war doch mal ein netter Start in den Tag. Die Fahrkarten bitte?" Von meinem Platz aus kann ich beobachten, dass sie schnell in guten Kontakt mit den Fahrgästen kommt. Wenn Ältere hektisch nach ihrem Ticket suchen, beruhigt sie sie und geht erst mal weiter. Fragen beantwortet sie freundlich und kompetent. Aber plötzlich, mitten auf der Strecke, bremst der Zug stark ab und bleibt dann stehen. Und die Stimmung verändert sich schlagartig. Ich höre aus mehreren Reihen ein genervtes Aufstöhnen und sehe viel Kopfschütteln. Als der Zugchef durchsagt, dass wir „unplanmäßig zum Halten gekommen sind", es aber „sicher gleich weitergehen wird", hört man höhnisches Auflachen. Offenbar sitzen viele Berufspendler im Zug, die ihre Erfahrungen mit der Bahn haben. Der gestresste Blick auf Uhren und Smartphones und kurze Nachrichten beherrschen die Atmosphäre. „Natürlich mal wieder zu spät." – „Fangt ohne mich an." – „Die Bahn eben." Als aufgezählt wird, welche Anschlusszüge in Frankfurt verpasst werden, wird es nochmals aggressiver. Aylin eilt durch den Wagen und wird mehrfach angesprochen oder eher angeschimpft. „Ich verpasse einen wichtigen Termin. Wer zahlt mir den entstandenen Schaden?" Am Ende sind es zwanzig Minuten, die wir zu spät in Frankfurt ankommen.

Ein Großteil der Fahrgäste steigt hier aus, dafür viele andere ein. Ihnen merkt man die Verärgerung über die Verspätung sofort an. Als der Zug endlich losfährt und der Zugchef in routiniertem Ton verkündet, dass wir Frankfurt mit einer Verspätung von 27 Minuten verlassen haben und mit etwa einer Stunde Verspätung in München ankommen werden, weil die Strecke auf dem Umweg über Aschaffenburg überlastet ist, explodiert erstmals ein Fahrgast. Er weigert sich, Aylin die Fahrkarte zu zeigen, bevor sie ihm nicht erklärt habe, was mit der Deutschen Bahn los sei. Und mit einem abschätzigen Blick auf die dunkelhaarige Frau fügt er hinzu: „Wenn man von deutsch überhaupt noch sprechen kann." Eine Frau schreit sie unter Tränen an, dass sie jetzt vermutlich zu spät zur Beerdigung ihres Opas kommen werde. „Das verzeihe ich der Bahn nie!" Ich spüre, wie viel Kraft es Aylin kostet, professionell freundlich zu bleiben, Verständnis für den Frust zu signalisieren und die Schimpfkanonaden geduldig über sich ergehen zu lassen. Am Ende gibt sie das Kontrollieren der Fahrkarten auf und flüchtet geradezu in Richtung ihres Dienstabteils. Als sie an mir vorübergeht, sehe ich, dass sie extrem angespannt und den Tränen nahe ist. Dass ich da bin, scheint sie gerade vergessen zu haben.

Trotzdem klopfe ich, wie verabredet, hinter Würzburg an die Tür des Dienstabteils. Von der vitalen, positiven Aylin von heute früh ist nichts mehr übrig geblieben. Sie wirkt grau und ungeheuer müde. Als sie sich an den Mann erinnert, der auch noch zum Thema gemacht hat, dass ihre Großeltern einst aus der Türkei nach Deutschland gekommen sind, kommen ihr kurz die Tränen.

„Das ist natürlich das Schlimmste, wenn ich wegen meines Migrationshintergrunds oder auch wegen meines Geschlechts angegangen werde. Aber auch so ist es unglaublich frustrierend, wenn ich Ärger abbekomme, für den ich nichts kann und an dem ich nichts ändern kann. Gerade wenn ich den Ärger verstehe, schmerzt es doppelt, wenn ich dafür verantwortlich gemacht und beschimpft werde. Ich mache nichts falsch und bin trotzdem der Blitzableiter. Und das fast jeden Tag. Ich verstehe die Leute ja. Und das mit der verpassten Beerdigung geht mir wirklich zu Herzen. So was kann man ja niemals nachholen. Aber haben Sie während der Fahrt die Staus auf den Autobahnen gesehen? Auf der A 3 und der A 7? An wem lassen die Leute, die da drinstecken, eigentlich ihren Frust wegen verpasster Termine aus? Staubegleiter gibt's ja nicht. Also, an Tagen wie heute frage ich mich schon, ob es die Strapazen wert ist. Diese ständigen Hotelübernachtungen. Und dieses dauernde Unterwegssein. Ich fahre ja ständig herum, um überhaupt zu meinem Einsatzort zu kommen. Nicht selten in verspäteten Bahnen ... So, jetzt kommt bald Nürnberg. Ich hol mir mal die nächste Ladung Wut ab." Sie seufzt resigniert und verabschiedet sich dann mit einem erschöpften Lächeln von mir.
Indem ich Aylins Arbeit als Zugbegleiterin beobachtete, konnte ich eine ganze Reihe von Themen studieren, die Arbeit toxisch und Menschen auf Dauer psychisch krank machen können.

Die „Arbeit mit Menschen", die so viele sich erfreulicherweise wünschen, kann beglückend und erfüllend sein, aber auch sehr belastend. Der Blitzableiter für Kunden zu sein, die angespannt sind, gehört ganz sicher weit oben auf die Liste. Noch schlimmer wird es, wenn Arbeitnehmer sich zwischen Baum und Borke fühlen, weil der Vorgesetzte sich bei unberechtigten Kundenbeschwerden nicht vor sie stellt – oder wenn er umgekehrt verlangt, dass man Menschen mit einer berechtigten Reklamation abspeist und anlügt. Stressig sind vor allem Arbeitsplätze, an denen massive Konflikte an der Tagesordnung sind. Für den einzelnen Kunden ist das Dampfablassen nur eine kurze Episode – egal ob im Bahnabteil, beim Sicherheitscheck des Flughafens, am Behördenschalter, am Telefon des Mobilfunkanbieters oder bei einer Verkehrskontrolle. Aber für die Menschen auf der anderen Seite bedeutet es, Spannungen ununterbrochen ausgesetzt zu sein. Jedenfalls müssen sie immer damit rechnen, verbal oder sogar körperlich angegangen zu werden. Das erzeugt einen latenten Dauerstress, der die physische und psychische Gesundheit belastet. Vor allem wenn man das Verhalten anderer Menschen steuern oder sie berufsbedingt „belästigen“ muss, kommt es schnell zu Kollisionen mit dem Autonomiebedürfnis des Einzelnen und der gereizten Stimmung einer gestressten Gesellschaft. Nicht umsonst können Zugbegleiter sich jetzt mit Bodycams ausstatten lassen, um dokumentieren zu können, was ihnen widerfährt – von der renitenten Managerin bis zum betrunkenen Fußballfan.

Der DGB-Index „Gute Arbeit“ von 2018 gab an, dass 63 Prozent aller Arbeitnehmer in sogenannten interaktiven Berufen arbeiten, also im Kontakt mit Kunden, Patienten oder Klienten. Zwei Drittel dieser Beschäftigten beklagten die zu geringe psychologische Unterstützung durch den Arbeitgeber, zu viel Zeitdruck und Bürokratie sowie zu geringe Wertschätzung und Bezahlung.

„Das nimmt man mit nach Hause“

Es sind nicht nur Auseinandersetzungen, die die Seele belasten, sondern auch menschliches Leid und Tragödien, wie sie zum Beispiel Rettungskräfte, Ärztinnen und Menschen in der Alten- und Krankenpflege regelmäßig erleben. Auch Pastorinnen, Sozialarbeiter sowie Sachbearbeiter im Sozialbereich, Lehrerinnen, Erzieher und andere Berufsgruppen sind häufig sehr stark emotional belastet.

Das kann direkt zu einer posttraumatischen Belastungsstörung führen – beispielsweise nach dem vergeblichen Versuch, ein Menschenleben zu retten, bei der Konfrontation mit tödlich verletzten Kindern oder nach gewalttätigen Angriffen, wie Polizisten und Feuerwehrleute sie immer häufiger erleben. Aber auch der dauerhafte „Mikrostress“ und ein permanentes Stresslevel hinterlassen massive Spuren. Nicht zufällig gibt es in sozialen Berufen überdurchschnittlich viele Burn-outs – und zwar vor allem bei den „guten Leuten“, also denen, die nicht abgebrüht sind. Wer es ethisch schwierig findet, Dinge einfach abzuschütteln oder gar nicht an sich heranzulassen, nimmt sie mit nach Hause und in den Schlaf. Das macht auf Dauer krank.

„Durchschlafen – das war mal"

Aber Aylins Beruf als Zugbegleiterin hat noch weitere belastende Aspekte. So hat Schichtarbeit mit wechselnden Arbeitszeiten sehr häufig Schlafstörungen zur Folge – und führt damit zu starken gesundheitlichen Beeinträchtigungen. Wie stark schlechter Schlaf auf das Nervenkostüm wirkt, weiß wohl jeder. Schichtarbeiter müssen dies dauerhaft ertragen: in der Industrie, im Gesundheitswesen, in der öffentlichen Versorgung, in den Medien, bei Polizei, Rettungsdiensten und Feuerwehr, im Transportwesen und so weiter. Dazu kommen der Ausschluss von vielen sozialen Aktivitäten wie zum Beispiel Ehrenamt oder Vereinssport und die Folgen für das Privat- und Familienleben. Dass Schichtarbeiter oft zu Zeiten Ruhe brauchen, in denen der Rest der Familie den normalen Tagesaktivitäten nachgeht, bedeutet für alle Beteiligten Stress. Die typischen Schichtzeiten von Zugbegleiterinnen und Lokführern lesen sich geradezu bizarr: 4:31 Uhr bis 14:58 Uhr. Oder 20:14 Uhr bis 3:11 Uhr. Oder 22:47 Uhr bis 8:12 Uhr. Wobei sich diese Zeiten auf den offiziellen Fahrplan beziehen, also von pünktlichen Zügen ausgehen. Jede Verspätung bedeutet Überstunden. Und auch Bahnmitarbeiter verpassen ihre Anschlusszüge.

Manche Schichtarbeiter leiden zusätzlich unter mangelhafter Organisation und sehr kurzfristiger Information über die anstehenden Schichten. Wer nicht weiß, ob er in einer Woche nachts oder tagsüber arbeiten muss, kann nichts planen und ist zusätzlich gestresst. Eine besondere Form von Arbeitszeitstress sind geteilte Schichten und die Arbeit auf Abruf. „Rufbereitschaften", wie sie bei Krankenhausärzten üblich sind, sind eine nervliche Belastung, weil man ständig im Alarmmodus ist. Kassiererinnen, die damit rechnen müssen, von 8 bis 11 Uhr und dann noch mal von 16 bis 20 Uhr zur Arbeit gerufen zu werden, leiden stark unter der Fragmentierung des gesamten Tages durch die Arbeit; dasselbe gilt für Kellner und Köche, die zur Mittagessenzeit und dann erst wieder abends bis in die Nacht gebraucht werden. Reinigungskräfte im Hotelgewerbe werden nur vormittags gebraucht, in Ferienhausgebieten nur samstags. Generell ist Leiharbeit in vielerlei Hinsicht mit mehr Unsicherheit und Stress verbunden als feste Arbeitsverhältnisse; diese bieten mehr haltgebende Strukturen wie feste Kollegen, Zeiten und Orte. Dasselbe gilt für Menschen, die mehrere Jobs bewältigen müssen, um über die Runden zu kommen. Auch das prekäre digitale Arbeitsmodell „Crowdworking" fällt in die Kategorie „unsicher". Hierzu ein Zitat aus der Publikation *Der Mensch im Mittelpunkt*: „Beschäftigte, die die Unsicherheit des eigenen Jobs als hoch einschätzen, haben – nach Berücksichtigung des Alters – im Vergleich zu Berufstätigen mit geringer Jobunsicherheit ein um 32 Prozent höheres Risiko für eine Herzerkrankung innerhalb der nächsten zehn Jahre." Und eine solche Herzerkrankung ist ohne Zweifel eine psychosomatische Folge, weil man unter der Unsicherheit leidet.

Immer unterwegs: Fahrer, Pendler, Passagiere und der Stress der Mobilität

Aylin hat einen weiteren Aspekt genannt, der sie stresst: das Unterwegssein. Mobilität ist ein Schlüsselbegriff der modernen Arbeitswelt. Die Wirtschaft ist nicht mehr kleinräumig-regional organisiert, sondern überregional, international und vielfach sogar global. Immer mehr Menschen sind im Rahmen ihrer Erwerbstätigkeit unterwegs – per Auto, ÖPNV, Zug oder Flugzeug. Viele Berufe bestehen ohnehin im dauernden Unterwegssein: Bahnmitarbeiter, Kraftfahrerinnen, Piloten, Post- und Paketzustellerinnen, Vertreter, Handwerkerinnen, Servicetechniker, Polizistinnen, Rettungssanitäter und viele andere. U-Bahn-Fahrerinnen sehen im Winterhalbjahr oft praktisch kein Tageslicht, weil Schichtbeginn und -ende in eine Zeit fallen, wo es noch oder schon wieder dunkel ist. Bereits im Kapitel „Mehr, mehr, mehr!" haben wir am Beispiel von Adrian gesehen, dass die Informationstechnik zwar manche Wege überflüssig macht, dass die dadurch frei werdenden Kapazitäten von den Unternehmen aber umgehend genutzt werden, um mit demselben Personal (oder sogar weniger) weitere Kunden und Märkte zu erschließen.

Die Zahl der Pendler steigt doppelt so schnell wie die der Erwerbstätigen. Die Wege, die sie zurücklegen, werden zudem immer länger, was zum Teil mit der Siedlungsstruktur und den hohen Mieten in den Ballungsräumen zu tun hat, aber auch mit der verstreuten Lage der Einsatz- und Arbeitsorte und mit der Familienorganisation: Der neue Job in einer anderen Stadt zieht nicht mehr zwingend den Umzug der gesamten Familie mit berufstätigem Partner und schulpflichtigen Kindern nach sich; stattdessen wird am Wochenende ferngependelt. Die Fahrtzeiten werden außerdem nicht mehr, wie früher, als „leere" Erholungszeit genutzt und mit Schlafen, Dösen oder einer „mentalen Dusche" durch Musikhören verbracht, sondern sie sind vielfach Arbeitszeit: Telefonate, Vorbereitung von Terminen und so weiter. Für Selbstfahrer ist der immer dichtere Verkehr ein erheblicher Stressfaktor; Nutzer des öffentlichen Nahverkehrs kosten die Enge und die Störanfälligkeit der Verkehrsmittel viele Nerven. Nicht umsonst geben vier von fünf Beschäftigten, die häufig oder ausschließlich im Homeoffice arbeiten, den Wegfall des Arbeitswegs als großen Vorteil an.

Der bereits mehrfach zitierte Report zur Arbeitssicherheit fasst die Folgen hoher Mobilitätsanforderungen für die Gesundheit zusammen: „Wer viel Zeit für den Arbeitsweg aufwendet, macht Abstriche bei Familie und anderen Sozialkontakten, oft auch bei gesunder Ernährung, Bewegung und Gesundheitsversorgung. In seinem Fehlzeitenreport 2012 stellte etwa das Wissenschaftliche Institut der AOK fest: Wer über große Strecken pendelt, hat ein um zwanzig Prozent höheres Risiko, an psychischen Leiden zu erkranken."

Wo der Stress noch zuschlägt

Weder das bisher Geschriebene noch die folgenden Sätze können eine vollständige Aufzählung der gesundheitsgefährdenden Stressfaktoren in der Arbeitswelt sein. Aber einige Gruppen sollen noch genannt sein:

Die **Soldatinnen und Soldaten** der Bundeswehr, obwohl abgesehen von Auslandseinsätzen glücklicherweise nicht im Krieg, werden im Jahresbericht der Wehrbeauftragten vom März 2024 als „Truppe vor dem Burn-out" beschrieben. Die neue Bedrohungslage seit Russlands Angriff auf die Ukraine und das realistische Kampftraining schüren verstärkt Ängste bei den Soldaten und deren Familien; der Personal- und Materialmangel bereitet Stress – und gleichzeitig werden Psychologen wegrationalisiert. In manchen Regionen in Deutschland ist der nächste Truppenpsychologe inzwischen über 500 Kilometer entfernt.

Bauern und Bäuerinnen wird viermal so oft, wie der Durchschnitt es erwarten ließe, ein Burn-out bescheinigt. Fast zwanzig Prozent der Krankschreibungen betreffen psychische Erkrankungen – und das in einem Beruf, der einmal als ideale Alternative zum hektischen Leben in der Großstadt und ihren stressigen Jobs galt. Der Druck, bei sinkenden Erlösen immer mehr zu produzieren, die Bürokratie der Agrarförderung und der kritische Blick der Gesellschaft auf umweltschädliche Produktionsmethoden sind einige Gründe für den Dauerstress der Landwirte.

Ein kritischer Bereich ist, wie schon erwähnt, die Schnittstelle von **Elternschaft** und Job. Wenn Menschen, die die Anforderungen des Jobs bisher mühelos weggesteckt haben, eine Familie gründen, haben sie plötzlich eine enorme Zusatzbelastung. Vorgesetzte und kinderlose Kolleginnen und Kollegen sehen das oft nicht und lassen die Akzeptanz missen.

Ebenfalls negative Auswirkungen auf die seelische Gesundheit hat das Gefühl der Isolation oder sogar Diskriminierung, das **Zugewanderte** wegen ihrer Bräuche, ihres Aussehens und vor allem wegen mangelhafter Sprachkenntnisse erfahren. Kontaktarmut im Kollegenkreis kann auf Dauer depressiv machen.

Obwohl inzwischen der größte Teil der Arbeitsplätze auf „White Collar"-Berufe entfällt, soll die nervliche Belastung nicht vergessen werden, die in vielen Berufen durch **körperliche Anstrengung, Lärm, Staub, Hitze, Kälte, Kunstlicht, Gefahren** und andere physikalische Einflüsse hervorgerufen wird. Bauarbeiter, Dachdecker, Stahlwerker und die Müllabfuhr sind nur einige wenige Beispiele. Arbeitsverdichtung und Zeitdruck kommen hinzu. Bei Industriearbeitern, etwa in der Automobilindustrie, sind zusätzliche Stressfaktoren die Monotonie der Tätigkeit und die Tatsache, dass die meisten Arbeitsschritte exakt vorgegeben und von Maschinen diktiert werden.

Direkt verbunden mit der Arbeitswelt schließlich ist auch das **tiefe Loch,** in das viele Arbeitnehmer mit dem Beginn des **Ruhestands** fallen. Ob gesund oder toxisch: Die Arbeit ist ein zentrales Identifikationsmittel für die allermeisten Menschen, und die Botschaft „Du wirst nicht mehr gebraucht und deshalb aussortiert" trifft viele sehr tief.

Nachdem wir uns nun einen ausführlichen Überblick über die Vielfalt und die Dramatik toxischer Jobs verschafft haben, stellt sich die Frage: Fällt das alles vom Himmel? Oder lässt sich benennen, bei wem die Verantwortung liegt? Diese Frage zu klären, ist wichtig – denn was vom Himmel fällt, lässt sich nicht ändern. Eine menschengemachte Misere hingegen schon.

Teil 2: Sehenden Auges gegen die Wand: Der Skandal der Ignoranz

In Deutschland ist es fünf vor zwölf, was mentale Gesundheit angeht. Und es ist zum Glück kein Tabu mehr, auf das Drama der massenhaften psychischen Erkrankungen hinzuweisen. Jeder dritte Deutsche hat irgendwann im Leben eine solche Störung zu bewältigen. Es ist also keine Ausnahme, sondern der Normalfall. Aber gehandelt wird weiterhin falsch, zu wenig oder gar nicht – von der Politik, von den Unternehmen, von der Medizin und auch von jedem Einzelnen. Die Ignoranz ist noch immer gewaltig. Unsere Gesellschaft versteht die Grundprinzipien psychischer Gesundheit und Krankheit nicht ausreichend, auch wenn sich in den letzten Jahrzehnten schon manches getan hat. In vielen Köpfen sitzt weiterhin die Meinung, dass nur körperliche Beschwerden oder Verletzungen „richtige" Krankheiten sind. Psychisches Leiden wird oft als persönliche Befindlichkeit und Laune abgetan und weggeschoben. Viele gehen noch immer davon aus, mit einer „echten" psychischen Erkrankung sitze man in der „Klapse"; alles andere sei Einbildung. Und auch dieser Gedanke ist weiterhin verbreitet: „Zum Psychologen/Therapeuten gehen nur Bekloppte." Solche Vorurteile verhindern nicht selten, dass Menschen sich rechtzeitig Hilfe suchen.

Die Folgen sind dramatisch: Wenn wir körperlich krank oder verletzt sind, ist für alle klar: Es braucht eine Diagnose, eine Therapie und manchmal auch eine Reha. Bei Fieber, einem Gipsarm oder einem Lungenleiden leuchtet das jedem ein. Bei seelischen Erkrankungen hingegen gibt es oft immer noch die Vorstellung, der Betroffene müsse sich „einfach zusammenreißen", dann gehe das „von selbst wieder weg". Aber dieser naive Wunsch wird nicht in Erfüllung gehen. Er verursacht vielmehr größeres und verlängertes Leid. Wer lange Zeit keine

Diagnose und Therapie bekommt und sich stattdessen auch noch mit dem Vorwurf des Simulantentums auseinandersetzen muss, stürzt immer tiefer in den Strudel der Erkrankung.

Dass Menschen, die eine körperliche Behinderung oder Erkrankung haben, auch in der Arbeitswelt anders behandelt werden als die Gesunden, ist für alle selbstverständlich. Einen Mitarbeiter mit einem steifen Bein würde man nicht weiter im Außendienst arbeiten lassen. Und wie ist es bei psychischen Erkrankungen? Es gibt zwar Eingliederungsprogramme wie das „Hamburger Modell", die ein allmähliches Wiedereinsteigen erlauben, wenn jemand ganz akut und massiv zusammengebrochen ist. Aber chronische Zustände wie zum Beispiel bei einer Suchtpersönlichkeit oder nach einer überwundenen Depression interessieren kaum. Von Menschen mit „angeknackster" Seele erwarten wir das Weiterfunktionieren oft in geradezu brutaler Art und Weise. Wir verlangen, dass sie ihrer Arbeit im gewohnten Umfang nachgehen und sich weiter dem täglichen Stress der Arbeitswelt stellen. Doch wenn wir psychisch Kranke so behandeln und fordern, als wären sie gesund, verschlimmern wir ihr Leid und verlängern die Fehlzeiten.

Sicher hat die Ignoranz auch damit zu tun, dass Nichtbetroffene sich nicht vorstellen können, wie sich eine Depression anfühlt. Und auch die Betroffenen selbst finden oft keinen Ausdruck für das, was sie leiden lässt. Auch hier sehen wir die kollektive Ignoranz am Werk. Nichtwissen erzeugt Unsicherheit, und darauf reagieren immer noch viele damit, das Problem zu verdrängen – oder mit pauschaler Stigmatisierung. Ja, die Diagnose „Depression" ist in den letzten Jahren medial enttabuisiert worden, etwa nach dem Selbstmord des Fußballers Robert Enke und der öffentlichen Thematisierung von Depression durch Comedians wie Torsten Sträter und Kurt Krömer. Aber viele andere Krankheiten wie Psychosen, Ängste, Zwänge und

Essstörungen sind den Gesunden weiterhin fremd und werden teilweise als Ausdruck von Willensschwäche fehlgedeutet. Doch niemand sucht sich eine psychische Krankheit aus.

Eine Phobie kann man eben nicht sehen. Wenn ein Rollstuhlfahrer sagt, dass er nicht mit auf die Wanderung kommen kann, versteht das jeder. Beim Angsterkrankten, der sich nicht weiter als hundert Meter vom sicheren Zuhause entfernen kann, verstehen es viele nicht. Das ist oft kein böser Wille – aber es schafft dennoch zusätzliches Leid. Und wer ein ahnungsloses „Reiß dich einfach mal zusammen!“ zu hören bekommt, kann darüber nur bitter lachen. Meistens reißen solche Menschen sich seit Jahrzehnten zusammen – und investieren in dieses Verbergen ihrer Krankheit viel von der Kraft, die sie dringend für die Arbeit an der Heilung bräuchten.

Wegen unserer kollektiven Verdrängung des Themas stehen wir vermutlich erst am Anfang einer dramatischen Entwicklung. Ich befürchte, dass die Abwärtsspirale der psychischen Gesundheit gerade erst richtig Fahrt aufnimmt. Denn die Ursachen für psychische Erkrankungen nehmen eher zu, und eine aus den Fugen geratene Welt mit Corona, Krieg und Klimawandel bietet wenig Oasen zur psychischen Regeneration. Wenn man es vergleichen will, sind wir gerade an dem Punkt, als Asbest überall unbekümmert verbaut worden war und es zwar erste Warnungen von Lungenärzten vor der Krebsgefahr gab, aber die Gesellschaft das Thema verdrängte, weil das Drama zu groß schien. Der Vergleich ist nicht zufällig. Wie schon erwähnt, ist Deutschland beim Umgang mit seelischen Erkrankungen in der Arbeitswelt ungefähr so weit wie um das Jahr 1900 beim Arbeitsschutz in Bezug auf physische Belastungen. Erst nach und nach wurden Helme, Schuhe mit Schutzkappen und unfallvermeidende Arbeitszeitregelungen eingeführt, später dann ergonomische Stühle, augenfreundliche Bildschirme und so weiter. Vorher hieß es achselzuckend: „Eigenes Risiko." Und heute sind Ignoranz, Bagatellisierung, Hilflosigkeit und folgenloses Bedauern noch immer die häufigsten Reaktionen auf die Diagnose „Burn-out".

Dass es bei Arbeitsschutz in Bezug auf mentale Gesundheit so oft „Fehlanzeige" heißt, zeigt unser Problem. Man muss es sich auf der Zunge zergehen lassen: In dem Bereich, in dem wir die Hälfte unseres wachen Lebens verbringen, geben zu viele ihre psychologische Intelligenz immer noch morgens am Eingang ab. Sie wird nicht bewusst genutzt, weil man meint, bei der Arbeit werde sie nicht gebraucht. Dabei haben viele Menschen diese psychologische Intelligenz durchaus. Der Umgang mit seelischem Kummer von Familienmitgliedern und Freunden ist viel einfühlsamer geworden. Psychologische Intelligenz bedeutet: Ich bin bereit zum Gespräch und zum Nachfragen, ich bin empathisch, und ich habe einen gesunden Menschenverstand. Wobei „gesund" eine doppelte Bedeutung hat: Seelisch Gesunde können über diesen Verstand verfügen – und das hilft anderen beim Gesundwerden.

Anstatt verstehen zu lernen, dass psychische Erkrankungen eher die Norm sind als die Ausnahme, ziehen wir als Gesellschaft angesichts der Dimension des Problems lieber die Decke über den Kopf. Dass Burn-out und Depression mittlerweile Volkskrankheiten sind wie „Rücken" oder Übergewicht, wollen wir nicht wahrhaben. Ein Grund dafür mag sein, dass Menschen auf akute Bedrohungen generell besser reagieren als auf schleichende, lange Zeit fast unsichtbare Gefahren. Um eine blutende Wunde sorgen wir uns mehr als um die Folgen jahrzehntelangen Tabak- und Alkoholkonsums – oder eben um die Folgen von Stress am Arbeitsplatz. Dass wir schleichende Gefahren besser verdrängen können als unmittelbare, zeigt sich auch in anderen Bereichen als dem Arbeitsschutz in Bezug auf mentale Gesundheit –

zum Beispiel in den unzureichenden Reaktionen auf den seit Langem bekannten Klimawandel.

In der Einleitung habe ich angedeutet, dass wir uns auch aus historischen Gründen schwerer tun als andere. Im internationalen Vergleich liegt Deutschland in Sachen Mental Health auf den hinteren Rängen. Dieses Versäumnis der Politik und der Unternehmen vergrößert und verlängert das Leid der Betroffenen – und verursacht enorme Kosten. Das kann Deutschland sich nicht länger leisten.

Alles viel zu teuer?

Es ist für mich als Psychologen kaum auszuhalten, wie die Politik mit der psychischen Not unserer Bevölkerung umgeht. Wer den bereits zitierten aktuellen Bericht der Wehrbeauftragten über die psychologische Versorgung unserer Bundeswehrsoldaten gelesen hat, also über das Wegrationalisieren von Psychologen, kann erahnen, welche Einstellung zu „mentaler Gesundheit" bei vielen Politikerinnen und Politikern vorherrscht. Und die Bundeswehr ist nur ein Beispiel. Die psychische Not der Menschen nimmt täglich zu, die psychologische Versorgung wird immer schlechter. Und jetzt bin ich mal bewusst polemisch: Was ist die zynische Reaktion der Bundesregierung? Cannabis-Legalisierung! Die Leute sollen sich „zudröhnen", wenn sie schlecht drauf sind. Wenn die Situation sich weiter verschärft, verkündet die Regierung wahrscheinlich demnächst: „Freibier für alle!"

Und wenn die Politik sich doch einmal ernsthaft mit dem Thema psychische Gesundheit beschäftigt, kommt sie relativ schnell zu dem Ergebnis, dass wirkungsvolle Maßnahmen jeden Kostenrahmen sprengen würden. Die Krankenkassenbeiträge müssten deutlich steigen – den daraus resultierenden Unmut der Gesunden und der Unternehmensverbände fürchten die Parteien offenbar mehr als den Frust der psychisch Belasteten, die vergeblich nach einem Therapieplatz suchen. Diese Sichtweise ist jedoch nicht nur zynisch, sondern auch kurzsichtig. Weniges im Leben wird billiger, wenn man es aufschiebt. Wir können täglich an der maroden Infrastruktur unseres Landes – der Bahn, den Autobahnbrücken, den Schulen – studieren, wie die Kosten einer Maßnahme explodieren, wenn man sie kommenden Generationen überlässt – weil nicht nur die Reparaturkosten immer höher werden, je länger man die Zügel schleifen lässt, sondern weil die Mängel selbst ja in der Gegenwart großen Schaden anrichten. Die volkswirtschaftlichen Verluste durch Verspätungen, Umleitungen, Staus und eine unzureichende Ausstattung der Bildungseinrichtungen werden ja gern vergessen. Aber sie sind immens. Ähnlich verhält es sich mit den psychischen Erkrankungen. Je länger Menschen bereits leiden, desto langwieriger und aufwendiger wird ihre Behandlung. Und die Welle der psychisch bedingten Krankschreibungen verursacht bereits jetzt erhebliche volkswirtschaftliche Verluste. Je nach Schätzung liegen sie aktuell bei vierzig bis fünfzig Milliarden Euro pro Jahr. Die Dimensionen des Problems werden immer offensichtlicher. Jede zehnte Krankmeldung entfällt inzwischen auf psychische Diagnosen. Im Schnitt fehlt jeder Angestellte drei Tage im Jahr wegen einer seelischen Erkrankung. In einem Unternehmen mit 1.000 Angestellten gehen also nur hierdurch 3.000 Arbeitstage im Jahr verloren. Diese hohe Zahl kommt auch dadurch zustande, dass diejenigen mit einer psychischen Erkrankung deswegen durchschnittlich 29,6 Tage krankgeschrieben werden, also über 4 Wochen lang. Zum Vergleich: Bei Atemwegserkrankungen sind es im Schnitt nur 7,1 Tage, also 1 Woche. Oft dauert die Behandlung einer psychischen Erkrankung aber auch deutlich länger – 3 oder auch 6 Monate. Die 42 Tage Lohnfortzahlung werden also – anders als bei Magen-Darm-Erkrankungen oder verstauchtem Fuß – überdurchschnittlich oft voll ausgeschöpft. Die Kosten psychischer Erkrankungen für Unternehmen sind demnach überdurchschnittlich hoch. Und dasselbe gilt für die Gemeinschaft der Versicherten. Außerdem wird die Personalplanung für Unternehmen immer komplizierter: Hole ich eine Krankheitsvertretung oder nicht? Die Dauer und die Rückfallrate sind bei psychisch bedingten Leiden viel schwerer abzuschätzen als bei körperlichen Erkrankungen oder Verletzungen.

Am alarmierendsten ist jedoch, wie steil der Trend nach oben zeigt und wie sehr sich dieser Anstieg beschleunigt. Von 2013 bis 2023 stieg die Zahl der Fehltage, die auf psychische Erkrankungen zurückgingen, wie erwähnt um mehr als fünfzig Prozent. Andere Ursachen für Krankschreibungen gingen in den betrachteten Zeiträumen sogar zurück – mit Ausnahme der Atemwegsinfekte während der Pandemiephase 2020 bis 2022. Deprimierend ist, dass psychiatrische und therapeutische Fachleute und die Weltgesundheitsorganisation seit längerer Zeit auf die Welle hingewiesen haben, die sich aufbaute – ohne nennenswerte Reaktion der Politik, der Wirtschaft und der Gesellschaft. Erneut fühlt man sich an die vergeblichen Warnungen von Klimaforschern seit den 1980ern erinnert ...

Die Krankschreibungen betreffen zunehmend mehr junge Leute – und, wie bereits erwähnt, überdurchschnittlich oft die „Guten“, also die Engagierten und Verantwortungsbewussten, die sich lange aufreiben, bevor sie sich ihre seelische Erschöpfung ein- und eine Erholungspause zugestehen. Und bei dieser Gruppe ist auch die Gefahr am größten, zu früh wieder zur Arbeit zurückzukehren – und dann bald endgültig zusammenzubrechen und für sehr lange Zeit auszufallen. Der Raubbau an der seelischen Gesundheit der Engagierten ist noch absurder vor dem Hintergrund der Demografie: Das Rentensystem erfordert und verlangt das Arbeiten bis 67 oder 68, und Unternehmen sind dringend auf gesunde und motivierte Fachkräfte angewiesen.

Die steigende Zahl der psychisch bedingten Fehltage hat zu allem Überfluss einen Dominoeffekt: Wer ausfallende Kollegen vertreten und immer öfter kurzfristig personelle Löcher stopfen muss, steuert in unserer Arbeitswelt mit ihrem Leistungs- und Zeitdruck und der Arbeitsverdichtung sehr bald selbst auf den Burn-out zu. Und natürlich gibt es auch einen gewissen „Abfärbeeffekt“: Je normaler psychisch bedingte Krankschreibungen werden, desto mehr trauen sich auch Menschen, mit ihren seelischen Beschwerden zum Arzt zu gehen. Menschen, die bisher aus Scham und aus Angst vor Stigmatisierung geschwiegen und das Leid in sich hineingefressen haben. Dazu kommen, wie überall, auch einige schwarze Schafe, die die schwierige objektive Überprüfbarkeit psychischer Beschwerden nutzen, um „krankzufeiern“. Die Zahl dieser Trittbrettfahrer dürfte aber statistisch keine große Relevanz haben. Außerdem wirft so ein Verhalten ja auch Fragen an das Unternehmen auf, dessen Angestellte offenbar wenig Sinn in ihrer Tätigkeit sehen. Wir sind hier eher im Bereich der inneren Kündigung: Kontrollwütige Vorgesetzte und schlechte Arbeitsorganisation verursachen hohe Kosten durch unproduktives Absitzen von Zeit und durch Fehlleistungen desinteressierter und frustrierter Mitarbeiter, die manchmal lange unentdeckt bleiben und großen Schaden anrichten können.

Die Heilung der Seele braucht Zeit. Aber der ökonomische Druck und die gelungene Lobbyarbeit der Pharmaindustrie sorgen dafür, dass schnelle Pillen bevorzugt werden gegenüber zeitaufwendigen Therapien. Natürlich können Medikamente oft *begleitend* helfen. Doch der Glaube, dass Psychopharmaka Therapien *ersetzen* können und sogar besser wirken, ist in vielen Fällen verantwortungslos – und produziert die nächste lange Krankschreibung. Sinnvoller wäre das Investment in Mental Health. Solange aber der fatale Glaube an die allein selig machende Kraft der vergleichsweise preiswerten Pillen nicht erschüttert wird, fehlt der Druck auf die Politik. Und damit sind wir beim ganz großen Skandal der Gesundheitspolitik: beim Mangel an Therapieangeboten.

„Es *gibt* genug Therapeuten, aber sie dürfen nicht arbeiten"

Zur Bedeutung des Zitats in der Kapitelüberschrift komme ich später. Am Anfang steht ein dramatischer Befund: Es dauert heute viel zu lange, bis Menschen mit einer psychiatrischen Diagnose ein passendes Therapieangebot finden. Wenn es jemandem nicht gut geht, zum Beispiel, weil er seit Längerem gemobbt oder gebosst wird oder weil er mit dem Arbeitsstress nicht mehr klarkommt, dann geht er irgendwann zum Hausarzt. Von dem bekommt er dann eine Überweisung zur Neurologin. Dort kommt man aber meistens nicht mal zur Terminvergabe durch und muss in der Praxis vorbeigehen, um einen Termin zu bekommen. Der ist aber erst in drei oder sechs Monaten. Die Neurologin kann dann ein Medikament verschreiben. Wenn aber Patient und Ärztin das Gefühl haben, dass nur eine Psychotherapie hilft, stellt die Neurologin eine erneute Überweisung aus und gibt dem Patienten eine Liste mit zwei Dutzend Therapiepraxen und wünscht ein sarkastisches „Viel Glück!". Es beginnt ein frustrierender Telefonmarathon, der auch für psychisch Gesunde eine Qual wäre. Noch viel schlimmer ist er für die, die seelisch leiden und auf Hilfe hoffen. Inzwischen ist zwar jede Therapiepraxis verpflichtet, Erstgespräche anzubieten, also eine bestimmte Anzahl von Patienten wenigstens einmal anzuhören. Aber am Ende dieses ersten Termins sagt jeder Therapeut: „Tut mir leid. Sie brauchen zweifellos eine Therapie, aber ich habe keinen dauerhaften Platz frei. Suchen Sie weiter." Und wenn man doch mal jemanden findet, der sofort Termine freihat – „Kommen Sie doch gleich morgen vorbei" –, sollte man misstrauisch sein. So wie bei einem Restaurant, in dem abends um acht Uhr kein einziger Gast sitzt. Da geht man auch ungern rein – selbst wenn man damit eventuell einem Gastwirt oder eben einem Therapeuten unrecht tut.

Von dem Moment, in dem ein Mensch aus psychischen Gründen in Deutschland sagt: „Mir geht's nicht gut", bis zum ersten therapeutischen Gespräch vergehen also mindestens neun Monate. In diesem Zeitraum, in dem ein Menschlein im Mutterleib heranwächst, kann auch ein Leben ruiniert sein. In meinen Fortbildungen zum Thema Mental Health merke ich, dass selbst unter den gutwilligen Führungskräften den meisten nicht bewusst ist, wie viel Zeit eine akute Belastung hat, sich zu einer Krankheit auszuwachsen, wenn der Mitarbeiter auf die Regelversorgung des Gesundheitswesens angewiesen ist.

Dass es inzwischen bei einem Krebsverdacht manchmal Wochen dauert, bis Termine für ein MRT oder eine Biopsie frei sind, und nochmals Wochen bis zu einem OP-Termin, empfinden wir zu Recht als Skandal – weil es jedem einleuchtet, dass man keine Zeit verlieren darf. Bei psychischen Krisen hingegen nehmen wir als Gesellschaft es hin.

Ohne Zweifel brauchen wir also mehr Therapeutinnen und Therapeuten. Aber nutzen wir denn überhaupt alle, die den dornigen Weg durch das Psychologiestudium und die erforderliche Zusatzausbildung geschafft haben? Und stellen wir ihre Fähigkeiten allen zur Verfügung, unabhängig vom Einkommen? Angesichts unserer Notlage sollte das ja das Mindeste sein. Aber auch wenn es kaum zu glauben ist: Das geschieht nicht. Der Zugang zu psychotherapeutischen Behandlungen wird für Kassenpatienten vielmehr künstlich begrenzt, indem nicht alle ausgebildeten Therapeuten einen sogenannten Kassensitz bekommen.

Unser Gesundheitssystem funktioniert ja theoretisch so: Alle sind krankenversichert – privat oder gesetzlich – und können bei Beschwerden einen Arzt oder eine Therapeutin aufsuchen, die dafür ausgebildet und zugelassen, also „approbiert" ist. Diese Mediziner rechnen ihre Leistungen mit den Krankenkassen ab, sodass es keine Rolle spielt, wie viel der Patient verdient. Wir alle wissen, dass es in der Praxis etwas anders läuft und dass Menschen leichter einen Termin bekommen, wenn sie bereit und in der Lage sind, ihre Krankenversicherung oder die Behandlung privat zu bezahlen – und wenn sie in einer Großstadt wohnen. Wir kennen die Notlage in vielen Regionen, wo es beispielsweise zu wenig Kinder- und Hausärzte gibt. In attraktiven Innenstadtlagen hingegen hängen manchmal an jedem dritten Haus Arztschilder.

Auf die ungleiche regionale Verteilung musste die Gesundheitspolitik reagieren. Da sie niemanden zwingen kann, sich in einem Außenbezirk oder einer dünn besiedelten ländlichen Gegend niederzulassen, deckelte sie 1999 die Zahl der Kassensitze pro Region. Damit hoffte man, Ärztinnen und Therapeuten aus den Großstädten in unterversorgte Gegenden zu locken. Leider hat dieses System nicht funktioniert wie gewünscht. Und es ist in der aktuellen Lage mit einer sprunghaften Zunahme psychischer Erkrankungen nicht mehr angemessen. Laut Statistischem Bundesamt gibt es in Deutschland knapp 50.000 ausgebildete und geprüfte Psychotherapeutinnen und Psychotherapeuten. Aber nur zwei Drittel von ihnen haben einen Kassensitz und die Hälfte von diesen nicht mal einen vollen, sondern nur einen halben. Das bedeutet, dass etwa 16.000 Therapeutinnen nur private Selbstzahler behandeln dürfen und überhaupt nicht mit den Krankenkassen abrechnen können, und weitere 16.000 nur teilweise.

Das ist angesichts der Lage schwer zu begreifen. Die Bundespsychotherapeutenkammer schätzt, dass momentan rechnerisch nur jeder Zehnte mit Behandlungsbedarf tatsächlich eine von den Kassen bezahlte Therapie erhält. Und fertig ausgebildete Therapeutinnen warten jahrelang auf einen der knappen Kassensitze und müssen bis zu sechsstellige Beträge an die Vorgänger bezahlen, damit sie ihn übernehmen dürfen.

Das System der Deckelung von Kassensitzen ist gescheitert – und es basiert zudem auf überholten Annahmen über den Bedarf. Der dafür zuständige „Gemeinsame Bundesausschuss" aus Ärzteverbänden, Kliniken und Krankenkassen, der die politischen Vorgaben umsetzt, verteidigte sein Handeln lange, indem er mit den Zahlen von 1999 argumentierte und behauptete, die Versorgung mit Kassensitzen sei ausreichend. Auch bei der regionalen Verteilung von Kassensitzen wurde einfach die Situation von 1999 als Grundlage verwendet – obwohl ja schon damals ein Ungleichgewicht bestand, weil Therapeuten die Großstädte attraktiver fanden. Das bedeutet, dass man die ungleiche Verteilung, die man eigentlich bekämpfen wollte, zur Grundlage des Systems machte – ein besonderer Schildbürgerstreich. Und für die Wartezeiten findet der Ausschuss bis heute Berechnungsmethoden, die den Mangel weniger gravierend erscheinen lassen. Das Problem wird also kleingeredet oder schlicht geleugnet.

Für alle, die in einer akuten Krise monatelang eine zermürbende Suche und monatelange Wartezeiten in Kauf nehmen müssen, ist die Behauptung, „rechnerisch" gebe es doch ausreichend Therapieplätze, ein Hohn. Sie erinnert an die Mangelwirtschaft der DDR und die Propaganda, die stur bestritt, dass es einen Mangel gebe. Eltern kennen diese Verhöhnung von der Suche nach einem Kitaplatz – auch da hantieren Behörden gern mit statistischen Werten, die scheinbar belegen, dass es für jedes Kind einen Platz gebe. Die tägliche Erfahrung der Menschen sieht anders aus. Und manchmal hat man den Eindruck, dass die zugelassenen Therapeuten (die die Plätze in den Gremien besetzen) nicht zu viele Kassensitze wollen, weil sie auch ihren Kassensitz teuer bezahlt haben und die Ablösezahlung für diesen nicht schmälern möchten. Diese finanzielle Sorge wiegt schwerer als die Anrufe verzweifelter Patienten, die auf der Suche nach einem Therapieplatz sind.

2019 wurde die Zahl der Kassensitze gegenüber 1999 zwar ein wenig aufgestockt, aber es bleibt bei der fatalen und skandalösen Situation, dass es fertig ausgebildete Therapeutinnen und Therapeuten gibt, die nicht allen zur Verfügung stehen, obwohl wir sie so dringend brauchen.

Wie exzellent muss das Abi eines guten Zuhörers sein?

Unabhängig vom Skandal der nicht bewilligten Kassensitze bleibt die Frage, wie man ausreichend Behandlungsmöglichkeiten für die Bevölkerung sicherstellen kann – und ob ein langes Psychologiestudium wirklich eine zwingende Voraussetzung ist, damit psychisch angeschlagene Menschen qualifizierte Hilfe bekommen. Dass man einen Abiturschnitt von 1,0 bis 1,3 benötigt, um einen Studienplatz zu bekommen, ist eine Hürde und setzt falsche Schwerpunkte. Wer gut in Mathe und Physik war, wird nicht zwingend ein einfühlsamer Zuhörer. Und auch das Studium selbst ist sehr anspruchsvoll durch die starke Betonung stochastisch-statistischer Methoden. Der Grund, warum das Studienfach „Psychologie" boomt und zu den zehn beliebtesten Studiengängen in Deutschland gehört, ist aber vermutlich nicht, dass junge Menschen es für ein naturwissenschaftliches Fach halten und sich für Statistik begeistern – sondern weil es mit Menschen zu tun hat. Gute Therapeuten müssen nicht in erster Linie wissenschaftliche Erkenntnisse aufnehmen und reproduzieren können, sondern ein Gespür für Menschen haben und Erfahrungen sammeln können. Viele Studienanfänger wechseln – trotz starker Motivation für das Fach an sich – wegen des stark naturwissenschaftlichen Charakters nach kurzer Zeit in den Studiengang „Soziale Arbeit". Was man hier lernt, genügt durchaus, um gut therapeutisch arbeiten zu können. Allerdings werden Sozialarbeiter so schlecht bezahlt, dass viele schnell in andere Berufe abwandern.

Eine weitere Alternative war bisher der Beruf des „Heilpraktikers für Psychotherapie". Dafür braucht man kein Studium und nicht einmal eine reguläre, gesetzlich vorgeschriebene mehrjährige Ausbildung mit definierten Inhalten, wie wir es etwa aus den Pflegeberufen kennen. Damit sich jemand „Heilpraktiker" nennen darf, prüft das Gesundheitsamt lediglich die persönliche Eignung, also die Frage, ob man diese Person auf die Menschheit loslassen kann. Auf diese Prüfung kann man sich durch Kurse vorbereiten, die zwar gern als „Ausbildung" bezeichnet werden, aber diese Bezeichnung nicht verdienen. Die Regelungen für Heilpraktiker sind eine deutsche Spezialität – sie wurden notwendig, weil es im zerstörten Deutschland nach der traumatischen Erfahrung der kollektiv mitgetragenen Diktatur und des verlorenen Krieges einen regelrechten Boom von „Heilern" gab, der zumindest irgendwie geregelt werden musste. Aktuell plant die Politik, das „Heiler"-Wesen gänzlich zu unterbinden. Dann fiele der Beruf des „Heilpraktikers für Psychotherapie" für nachkommende Interessenten ersatzlos weg. Das wäre keine Hilfe im Kampf um die ausreichende Versorgung der Bevölkerung. Besser wäre eine Reform des Heilpraktikergesetzes im Sinne einer staatlich regulierten, mehrjährigen Ausbildung, in der man die Grundlagen der Gesprächstherapie lernt und sich ein Jahr lang praktisch darin übt. Dann hätten wir drei bis fünf Jahre nach der entsprechenden Reform sehr viele zusätzliche ausgebildete Kräfte, die Menschen in Notsituationen helfen könnten und die ihre Leistungen auch mit den Kassen abrechnen könnten. Und angesichts des wirtschaftlichen Nutzens einer besseren psychologischen Betreuungssituation würde sich das Geld für den Aufbau dieser Ausbildungsmöglichkeit finden.

Aber genügt eine Ausbildung wirklich für die verantwortungsvolle Arbeit mit psychisch angeschlagenen Menschen? Kann eine schlechte Therapeutin nicht ungeheuer viel Schaden anrichten? Das stimmt sicher – aber davor sind auch studierte Psychologen keineswegs gefeit. Ich kenne diverse miserable Therapeuten, die Patienten jahrelang in einem Selbstbespiegelungsstrudel festhalten, ohne ihnen wirklich zu helfen und mit ihnen Lösungen zu erarbeiten.

Das, was man in der Frühphase einer krankhaften Entwicklung für eine normale Gesprächstherapie benötigt, ist weniger komplex, als viele denken. Ein wenig zugespitzt: Ehrenamtliche Telefonseelsorgerinnen tun auch nichts anderes. Es erfordert jedenfalls kein langjähriges Studium. Als studierter Psychologe weiß ich: Eine dreijährige Ausbildung in einem Lehrberuf würde dafür genügen. In einem 45-minütigen Erstgespräch zum Beispiel stellt der Therapeut meist nicht viel mehr als sechs bis acht Fragen.

Wie geht es Ihnen?
Woran liegt das?
Wie schätzen Sie das ein?
Was haben Sie schon unternommen, damit es Ihnen besser geht?
Was wünschen Sie sich von unserer Zusammenarbeit?
Gibt es andere Aspekte, die Sie ansprechen möchten?
Wann machen wir den nächsten Termin?

Der Patient hat in der Regel einen solchen emotionalen Druck, dass er viel reden wird und froh ist, dass ihm jemand zuhört. Und in vielen Fällen werden bereits die ersten sechs Sitzungen sehr helfen – weil das geschult geführte Gespräch die psychischen Selbstheilungskräfte angeregt hat. So wie bei einem grippalen Infekt mit Husten drei Tage im Bett und eine heiße Milch mit Honig schon helfen können, während bei einer ausgewachsenen verschleppten Lungenentzündung nur noch das Krankenhaus mit den geschulten Ärzten hilft, ist es oft auch mit psychischen Störungen: In der Anfangsphase kann man mit geringen Mitteln viel erreichen. Dazu braucht es vor allem ein empathisches Interesse am Gegenüber. Und Zeit.

Faktisch werden wir wegen der Notsituation vermutlich bald dahin kommen, dass die genannten Standardfragen von einer künstlichen Intelligenz (KI) gestellt werden. Vor allem die „Digital Natives" sind bereit, einen Avatar ohne Berührungsängste als Gegenüber und „Gesprächspartner" zu akzeptieren – was Ältere sich kaum vorstellen können. Jüngere sind da recht pragmatisch und realistisch: Sie haben gar nicht den Anspruch, dass eine KI dasselbe leisten müsse wie ein leibhaftiger Mensch. Sie ist lediglich besser als nichts. Mehr hierzu folgt in Teil 3.

Für eine Renaissance des Humanismus

Kommen wir zurück auf die politische Ebene. Die Politik könnte heute Entscheidungen treffen, die helfen, die kommende Welle psychischer Erkrankungen zu mildern. Warum wird das Heilpraktikergesetz nicht im Sinne eines Ausbildungsberufs für Therapiekräfte geändert? Und warum hat die Hilfe für psychisch Kranke, die von Therapiekräften geleistet wird, eine viel schwächere Lobby als die medikamentöse Behandlung? Nun, die Pharmaindustrie macht tausendmal mehr Umsatz, ist besser organisiert als die vielen niedergelassenen Therapeuten und kann deshalb ihre Interessen durch Lobbyarbeit besser durchsetzen als die Therapieszene. Das muss man neidlos anerkennen. Der Industrie ist nicht vorzuwerfen, dass sie ihre Interessen vertritt. Aber die Politik müsste den gesunden Menschenverstand einschalten und die faktische

Not sehen. Die richtige Schwemme psychischer Erkrankungen, die auch die Arbeitswelt trifft, erreicht uns erst in drei bis sechs Jahren, wenn die coronageschädigten Kinder herangewachsen sind und bereits angeschlagen in die Berufswelt kommen. Sie haben in den prägenden Jugendphasen vieles verpasst – vor allem die Vernetzung mit Gleichaltrigen. Es geht mir nicht darum, die Politik für ihre 2020/2021 im Zustand größter Unsicherheit getroffenen Maßnahmen nachträglich populistisch zu kritisieren – ich hätte nicht tauschen wollen mit den damals Verantwortlichen. Es geht darum, heute die richtigen Konsequenzen aus den Folgen der damaligen Maßnahmen zu ziehen. Außerdem litten Kinder nicht nur unter den staatlichen Einschränkungen zur Eindämmung der Infektionen, sondern auch unter (über-)ängstlichen Eltern, die sie monatelang nicht zum Spielen nach draußen ließen. Viele Kinder sind in einem Angstumfeld groß geworden – und werden es weiterhin. Von den Kindern, deren Familien direkt aus Kriegsgebieten zu uns geflüchtet sind, ganz zu schweigen.

Aber nicht nur die künftigen Helferinnen und Helfer brauchen eine angemessene Ausbildung – sondern wir als Gesellschaft insgesamt. Gute Menschen und Menschlichkeit sind die wirksamste Vorbeugung und die beste Therapie gegen seelische Krisen. Ich wünsche mir eine Renaissance des Humanismus – auch weil Humanismus die mit Abstand preisgünstigste Lösung ist. Dass praktisch alle Religionen ein gutes Miteinander und größtmögliche Lebenszufriedenheit als Ziel verfolgen, zeigt, welche Lebensweisheit in ihren Werten steckt. Eine Gesellschaft, in der viele Menschen seelisch leiden und unglücklich sind, kann weder friedlich sein noch blühen. Deshalb sollten wir in unseren Schulen humanistische Werte und Gedanken vermitteln – statt die Fächer Musik, Kunst, Ethik, Religion, Philosophie stets als erste zu streichen. Die Krönung des Irrsinns haben wir erreicht, wenn die Schüler, die eine Schule ohne Religions- und Ethikunterricht am erfolgreichsten absolvierten, zur Belohnung Psychologie und Medizin studieren dürfen und auf Menschen losgelassen werden, die dringend Empathie und Menschenfreundlichkeit brauchen. Humanismus ist ohne humanistische Bildung nicht zu haben.

Die Politik ist aber auch gefragt, wenn es um klarere Mental-Health-Regeln für Unternehmen geht. Auch das Vernünftige tun Unternehmen oft nur, wenn sie gleichzeitig mit der Konkurrenz dazu gezwungen werden. Ein gutes Beispiel dafür ist die passive Sicherheit im Auto. Erst als der Einbau von Sicherheitsgurten und das Anschnallen gesetzlich vorgeschrieben wurden, setzten sich der Gurt und andere Sicherheitssysteme durch – übrigens zu relativ geringen Kosten. Und heute schnallen sich selbst Wutbürger selbstverständlich an. Wenn der Staat also durch Vorschriften zeigen würde, dass ihm die mentale Gesundheit seiner Bürger am Herzen liegt, müssten alle Unternehmen einheitlich Maßnahmen ergreifen, die bezahlbar sind – und die uns allen mittel- und langfristig viel Geld ersparten. Und viel Leid. Denn das humanistische Argument sollte auch ohne ökonomisches Beiwerk zählen: Es würde vielen Menschen besser gehen. Oder zumindest weniger schlecht. Und manche würden sogar aufblühen. Aber nur, wenn ihr psychisches Wohlbefinden in der Arbeitswelt nicht mehr als Privatangelegenheit abgetan wird. Und damit kommen wir von der Politik zu den Unternehmen. Auch hier ist noch viel zu tun. Zumal es manche politischen und gesetzlichen Vorgaben ja längst gibt.

„Grüne Äpfel und ergonomische Stühle – haben wir doch alles!"

Wenn es um die Vorbeugung stressbedingter Erkrankungen geht, kommt der Arbeitswelt die größte Verantwortung zu. Denn hier wirken die meisten Stressfaktoren wie Zeit- und Leistungsdruck,

Überforderung, Monotonie, Schichtarbeit, zwischenmenschliche Konflikte, Demotivation, Führungsversagen, Fremd- statt Selbstbestimmung, Angst vor Bedeutungsverlust und so weiter. Und selbst wenn die Ursache einer psychischen Belastung nicht oder nicht ausschließlich in der Arbeitssituation liegt, ist das Unternehmen der Ort, wo sich entscheidet, ob die Arbeit zusätzlich krank macht oder zur Genesung beiträgt. Denn eines ist auch klar: Ohne eine sinnvolle Aufgabe würden die meisten Menschen seelisch krank werden. Ich rede Menschen, die mit ihrer Arbeit glücklich sind, kein Problem ein. Und Arbeit darf auch anstrengend sein. Nicht vor allem, was anstrengend ist, muss man weglaufen. Aber Arbeit darf nicht zerstörerisch wirken.

Warum nun schützt das betriebliche Gesundheitsmanagement kaum jemanden vor Burn-out? Im Prinzip ist ja gesetzlich geregelt, worauf es ankommt. Paragraf 5 des Arbeitsschutzgesetzes verpflichtet Unternehmen seit gut zehn Jahren, die psychische Arbeitsbelastung und mögliche Gesundheitsgefährdung der Belegschaft durch unabhängige Institute überprüfen zu lassen, die Ergebnisse zu dokumentieren und Maßnahmen einzuleiten. Dabei geht es beispielsweise um Fragen wie: Werden die Pausenzeiten eingehalten? Gibt es Möglichkeiten der Regeneration? Gibt es Ansprechpartner für mentale Probleme? Gibt es Fortbildungen? Leider ist nicht genauer geregelt, wie der Prozess aussehen soll. Und vor allem wird nicht überprüft, ob Betriebe sich daran halten. Und deshalb passiert leider das, was oft geschieht, wenn Unternehmensverbände Regelungen mit dem Hinweis auf „Bürokratievermeidung“ verwässern oder verhindern, nämlich: nichts. Die Unternehmen erfahren keinerlei Schaden durch juristische Konsequenzen und finanzielle Einbußen. Es gibt keine Präzedenzfälle für erfolgreiche Klagen wegen des arbeitsbedingten Stresses und der daraus folgenden Krankheit. Wegen des Vergleichs mit nicht erkrankten Kollegen, die formal dieselbe Arbeitslast haben, kann eine psychische Erkrankung immer als Privatsache abgetan werden. Das liegt auch daran, dass die Politik sich davor drückt, genauer zu regeln, wie die Prüfung und der mentale Arbeitsschutz aussehen müssen. Rechtlich genügt es aktuell, wenn Arbeitgeber beteuern, dass sie in Mitarbeitergesprächen die Frage „Und? Wie geht's Ihnen?" eingestreut haben. In anderen Ländern wie zum Beispiel in Skandinavien und Kanada, aber auch in den wirtschaftsliberalen Flaggschiffen Großbritannien und den USA ist klarer geregelt, was Unternehmen tun müssen und was ihnen bei Versäumnissen droht.

Rechtlich noch „zahnloser" ist die internationale Norm „ISO 10075" mit dem Titel *Ergonomische Grundlagen bezüglich psychischer Arbeitsbelastung*. Sie wurde bereits 1991 erstmals veröffentlicht und seither mehrfach aktualisiert. Die Norm definiert zwar genauer, was wie überprüft und gemacht werden sollte, hat aber keine Gesetzeskraft. Ihre Vorgaben zu erfüllen, ist lediglich die Bedingung dafür, das entsprechende ISO-Zertifikat zu bekommen. Meine Prognose ist jedoch: Die Angehörigen der Generation Z werden durch Nachfragen in Vorstellungsgesprächen („Sind Sie ISO-zertifiziert?") erzwingen, dass Unternehmen sich mehr um das Thema kümmern, damit sie die begehrten Fachkräfte bekommen.

Aktuell ist der Gesundheitsschutz, wenn er denn stattfindet, in vielen Unternehmen eher eine Pflichtübung und eine lästige Zusatzaufgabe. Das gilt vor allem für den psychischen Gesundheitsschutz. Betriebsärzte gibt es ab einer bestimmten Unternehmensgröße standardmäßig – aber Betriebspsychologen sind für viele eher ein „Nice to have". Und die Berufsgenossenschaften kümmern sich um physischen Arbeitsschutz (was gut ist) – aber nicht um den psychischen.

Auf meine Frage, wie es um den psychischen Arbeitsschutz stehe, bekomme ich oft die Antwort: „Haben wir doch alles!" Aber wenn ich dann nachfrage: „Was macht ihr denn genau?“, zeigt sich, dass das wenigste davon der psychischen Gesundheit dient. Oft geht es mehr ums Erzählen, ums Zeigen, ums Behaupten. So verweisen viele Führungskräfte gern mit Stolz auf die regelmäßigen Mitarbeiterbefragungen. Aber wenn ich mir die Fragebögen dann anschaue, geht es meistens eher um die Bestätigung, dass das Unternehmen ganz toll ist und alles richtig macht. Deshalb enthält der Satz „Bei uns kommen alle gern zur Arbeit“ oft auch das Missverständnis oder die Autosuggestion, dass es das Thema psychische Erkrankungen in diesem Betrieb nicht gebe. Und wenn es doch einmal Untersuchungen der psychischen Gesundheitsgefährdungen gibt, liegen die Ergebnisse oft ungelesen in Schubladen herum, obwohl erforderliche Maßnahmen benannt werden.

Das Bewusstsein dafür, was psychische Erkrankung bedeutet und was die Kultur eines Unternehmens damit zu tun hat, ist noch immer stark unterentwickelt. Das Level der psychischen Gesundheit wird gern an den Gesunden gemessen – und nicht an den Belasteten. Das ist so, als würde man einen Allergiereport nur mit Testpersonen machen, die keine Allergie haben.

Die Maßnahme, die mir am häufigsten genannt wird, ist der „Grüne-Äpfel-Tag“. Natürlich habe ich nichts gegen Obst und gegen nette Gesten. Aber ich antworte dann trotzdem immer: „Wenn mir irgendjemand aus ihrem Team erklären kann, wie ein grüner Apfel eine Depression verhindern kann, rufen Sie mich bitte sofort an. Es wäre eine wissenschaftliche Sensation.“

Dass sich so mancher Mitarbeiter über das Obst freut, nimmt man als ausreichenden Beleg dafür, dass die Maßnahme der mentalen Gesundheit dient. Weil man gute Laune mit psychischer Gesundheit gleichsetzt. Und weil man, wie erwähnt, nur die Gutgelaunten sieht und hört. Denn wer depressiv ist oder gemobbt wird, verstummt oft und wird sozusagen unsichtbar.

Manchmal bemerken Vorgesetzte doch, dass die Stimmung im Unternehmen schlecht ist. Dann beauftragen sie gern einen Feel-Good-Manager. Aber dessen Job ist es nicht, gründlich hinzuschauen und nach Verbesserungsmöglichkeiten und notwendigen Veränderungen zu suchen. Er sorgt vielmehr dafür, dass die Laune im Team gut ist. Mit psychisch kerngesunden und robusten Menschen kann man das mal machen, für eine begrenzte Zeit und ein genau definiertes Projekt. Aber wer schon unterwegs in die Depression ist, dem hilft ein „Lächle öfter mal, hör auf dem Weg zur Arbeit pushende Musik, mach mal Sport und Power-Gesten!" überhaupt nichts. Ganz im Gegenteil. Solche Ratschläge geben dem Mitarbeiter das Gefühl, in seiner Not nicht gesehen und nicht verstanden, sondern veräppelt zu werden. Wenn der Satz „Wir haben doch jetzt einen Feel-Good-Manager" dazu dient, lästige Beschwerden abzuwehren, dann verhindert so eine Maßnahme den ehrlichen Umgang mit Problemen.

Allemal besser ist es beispielsweise, Gespräche mit externen Sozialarbeitern zu ermöglichen und so eine gewisse Anonymität zu wahren. Aber die Führungs- und Unternehmenskultur darf psychische Belastung nicht gleichzeitig als Schwäche stigmatisieren und keine Witzchen auf Kosten derer zulassen, die ein solches Angebot in Anspruch nehmen. Sonst bleibt es ein Alibi. Das gilt für alle Maßnahmen. Womit wir bei der Kompetenz und der Einstellung der Führungskräfte zum Thema mentale Gesundheit sind.

Der große blinde Fleck: Management und Mental Health

Es war eine legendäre Erfahrung für mich. Eine hohe Führungsperson in einem Versicherungskonzern hatte mich zum Gespräch eingeladen. Der Mann wollte, dass ich mit „irgendwelchen Tricks" die Stimmung in der Konzernzentrale verbessere. Auf meine Nachfrage, was denn genau das Problem sei und woran es liege, antwortete er mit entwaffnender

Offenheit: „Mir persönlich ist es ja völlig egal, ob hier gute Stimmung ist. Bisher konnte ich immer meine Linie durchziehen: Leute, die mir auf den Keks gehen, kommen in einen Raum mit allem arbeitsrechtlich Nötigen – Tisch, Stuhl, Lampe. Aber sie kriegen nichts zu tun. Dann gehen sie bald von selbst. Aber jetzt …" Zum ersten Mal wirkte er jetzt innerlich beteiligt, als er empört erzählte: „Ein Teil meines Bonus ist neuerdings an die Mitarbeiterzufriedenheit gekoppelt. Das muss man sich mal vorstellen! Also machen Sie bitte irgendwelche Spielchen mit den Leuten. Damit die bei den Befragungen nicht mehr so viel nörgeln." Er wollte also, dass ich die Stimmungsindikatoren irgendwie nach oben manipuliere. Und war dabei vollkommen unreflektiert. Ich hätte sicher viel Geld mit diesem Auftrag verdienen können – aber es war mir ein Genuss, aufzustehen und zu sagen: „Ich bedaure. So tief, wie bei Ihnen die Karre im Dreck steckt, und so wenig, wie Sie sich für Menschen interessieren, müsste ich hier ein zu dickes Brett bohren. Wir kommen leider nicht zusammen."

Manchmal macht der Zynismus Dinge eben am besten deutlich. Auch die härtesten Business-Knochen sagen inzwischen: „Wir haben ein Problem." Nicht weil ihnen die Menschen leidtun – sondern weil es betriebswirtschaftlich nicht mehr hinhaut. Ein anderer Personalverantwortlicher, ebenfalls aus der Finanzbranche, erzählte mir kürzlich ganz offen: „Krank und arbeitsunfähig wurden die Leute schon immer. Aber früher waren unsere High-Performer erst mit Mitte fünfzig ausgelaugt und mussten ersetzt werden. Das war eingepreist. Doch heute passiert es mit Anfang, Mitte vierzig. Das rechnet sich nicht mehr." Eine Reflexion, ob diese Sichtweise nicht schon immer menschenverachtend war und was das immer frühere Ausgelaugtsein der Leute mit der Arbeit und der Organisation zu tun haben könnte, gab es nicht. Das fiel aus seiner Sicht einfach vom Himmel. Aber auch wenn er den Grund nicht kapierte: Er hatte verstanden, dass man etwas verändern musste. Manchmal werden positive Veränderungen nur angestoßen, weil es empathielosen Entscheidern sonst an die Brieftasche geht. So dialektisch ist der Weltgeist. Der Philosoph Arthur Schopenhauer brachte das so auf den Punkt: „Alles Große entsteht aus Mangel."

Nun sind die beiden Herren für meine Untersuchung eher eine Ausnahme. Auf meine Interviewanfragen antworteten überwiegend solche Managerinnen und Personaler, die schon ein Bewusstsein für Mental Health haben und nicht so zynisch sind. Wer nicht weiß, was Mental Health bedeutet, oder wem es egal ist, hat sich gar nicht erst gemeldet. Insofern habe ich sogar ein positiv verzerrtes Bild der Realität bekommen. Und dennoch war es über weite Strecken erschütternd zu sehen, wie gering das Wissen ist. Und wie hilflos viele Entscheider vor der aktuellen Situation stehen. Obwohl sie täglich erleben, dass Mitarbeitende sich aufgrund von seelischer Erschöpfung, Depressionen oder Ängsten krankschreiben lassen und oft mehrere Monate lang ausfallen, hoffen die meisten Führungskräfte noch immer, dass bald alles wieder gut sein wird. Die Überforderung und die Unsicherheit, über etwas so Intimes und oft Fremdes wie eine Depression zu sprechen, kommen dazu. Manche fürchten auch den Vorwurf der Übergriffigkeit, wenn sie sich nicht nur für den „Funktionsträger" interessieren, sondern für den Menschen, der da mit all seinen Facetten und Sorgen vor ihnen sitzt. Deshalb stellen sie Fragen wie „Und wie geht es Ihnen privat?" lieber gar nicht. Auch weil sie fürchten, mit der Antwort nicht angemessen umgehen zu können. Ich gehe darauf im Kapitel „Die ALRIGHT-Methode" näher ein. Die meisten Führungskräfte sind eben nicht mit Führen beschäftigt, sondern mit dem Verwalten der Mitarbeiter und der Arbeit. Welche zentrale Rolle beim Thema Mental Health das Bewusstsein, das Wissen und die Unternehmenskultur spielen, ist ihnen nicht klar. Das liegt in ihrem toten Winkel. Und so gibt es für das Thema seelische Nöte viel zu oft keinen Raum am Arbeitsplatz. Vielen Führungskräften ist der psychische Gesundheitszustand ihrer Mitarbeiter nicht bewusst – und sie sind schlechte Vorbilder, weil sie selbst nicht auf ihre Gesundheit und ihr Stresslevel achten.

Aber viele sträuben sich auch, für jeden, dem es „nicht so gut geht", die Arbeit umzuorganisieren und ihn zu entlasten. Sie glauben, dass das aus betriebswirtschaftlicher und fachlicher Sicht nachteilig wäre. Und sie fühlen sich oft in ihrem Selbstbild infrage gestellt. „Ich habe mich hier schließlich jahrzehntelang gequält, meine Kinder vernachlässigt und meine Ehe ruiniert." Daher rührt auch die große Fremdheit zwischen den Boomern und der Generation Z, die diese Form der selbstzerstörerischen Leistungsmoral für sich ablehnt. Mehr hierzu im Kapitel „Jahrtausendklage".

Ein oft entscheidender Grund für die Blindheit der Vorgesetzten ist ihr fehlendes Verständnis dafür, wie wichtig **Anerkennung** für die allermeisten Menschen ist. Wo sie fehlt, sind nicht nur einzelne Arbeitnehmer unzufrieden, sondern es leiden auch das Betriebsklima, die Innovationsfreude, Kreativität und Arbeitsqualität – und damit das Unternehmen. Je geringer die Zufriedenheit, desto höher sind Krankenstände und Fluktuation. Mehr dazu in Teil 3. Übrigens: Anerkennung besteht nicht nur aus dem Gehalt. Menschen wollen gesehen werden in dem, was sie leisten. Sonst wären ehrenamtlich Tätige nicht so zufrieden – sie bekommen ihre Anerkennung ja gerade nicht durch eine monatliche Überweisung aufs Girokonto.

Aber da wir gerade beim Thema „Geld" sind: Die Deloitte-Studie von 2020 weist nach, wie sehr sich Investitionen in Mental Health auszahlen: Man spart fünf- bis achtmal so viel, wie man ausgibt. Manager, die sich nicht um Mental Health kümmern, schaden dem

Unternehmen wirtschaftlich. Das Thema zu bagatellisieren, ist fahrlässig. Und wenn das Unternehmen wirtschaftlich so sehr leidet, dass alle den Handlungsbedarf endlich einsehen, sind die Mittel für sinnvolle und durchgreifende Maßnahmen oft nicht mehr da.

Führungskräfte sollten sich zunutze machen, was eine Publikation von Porsche Consulting so formuliert: „Mitarbeiter sind das Stimmungsbarometer im Unternehmen und zeigen atmosphärische Schwankungen zuerst an. Wer das ignoriert, riskiert als Unternehmer Verluste bei Kompetenz, Innovationskraft und Produktivität."

Aber auch die Mitarbeiter tragen Verantwortung für ihr seelisches Gleichgewicht – und auch sie können vielfach noch dazulernen.

Der Rucksack, den wir alle mit zur Arbeit bringen

Ein kleiner Hinweis vorab: In diesem Kapitel geht es ans Eingemachte. Es kommt dir als Leserin oder Leser möglicherweise recht nahe und löst Erinnerungen an eigene schmerzliche Erfahrungen und bittere Erlebnisse aus.

Nicht immer sind es die Umstände, die Politik, die Vorgesetzten oder die Kollegen, die uns an der Arbeit verzweifeln lassen. Manchmal sind es auch wir selbst. Ohne dass wir etwas Gravierendes falsch gemacht haben. Einfach, weil wir so sind, wie wir sind.

Wir kommen nicht als unbeschriebenes Blatt auf die Welt – und erst recht nicht an unseren Arbeitsplatz. Bei unserer Geburt bringen wir eine genetische Ausstattung mit, die auch Einfluss auf unsere Resilienz, unser Temperament und unsere Persönlichkeit hat. Im Mutterleib, als Säugling und als Kind werden wir extrem geprägt durch unsere Eltern – ihre Liebe, ihre Zuwendung, ihre Konflikte, ihre Überforderung und nicht zuletzt ihre eigenen Prägungen. Ein Teil unseres Lebensrucksacks ist schon bei unserer Geburt ziemlich alt.

Und wenn wir beginnen, uns auch über das engere Familienumfeld hinauszubewegen, prägen uns unsere Freunde, unsere Lehrer, unsere Erfolge und Niederlagen und die Gesellschaft auf vielfältige Weise.

Die Diskussion darüber, ob unsere Persönlichkeit nun stärker Ergebnis der Gene sei oder der Erziehung und der Gesellschaft, ist längst entschieden: Beides geht Hand in Hand. Wenn es supergut läuft, kommen resiliente Gene mit einer guten Entwicklung im Kindes- und Jugendalter zusammen – wenn es ganz schlecht läuft, ist beides ungünstig. Im Normalfall liegt es irgendwo dazwischen – manches ist gut, manches nicht so gut. So bringen manche bereits genetische Dispositionen mit, die sie für psychische Störungen anfällig machen, werden aber in eine liebevolle Familie geboren, die manches ausgleicht und auffängt. Andere haben zwar gesunde Gene, machen aber in der Kindheit traumatische Erfahrungen, die sie für immer prägen: Gewalt, suchtkranke Eltern, Trennung und Verlust oder Katastrophen wie zum Beispiel ein schwerer Unfall oder Krieg. Und all diese Prägungen bringen wir mit zur Arbeit – bis dahin ist psychologisch schon jede Menge passiert. Der Schriftsteller Max Frisch sagte in den 1960ern über den Umgang mit den damals sogenannten Gastarbeitern: „Man wollte Arbeitskräfte – und es kamen Menschen." Dasselbe gilt für jeden, der ins Arbeitsleben eintritt. Er bringt etwas mit. Und zwar täglich aufs Neue. Sich darauf einzustellen, ist eine Herausforderung – für Arbeitgeber und für Mitarbeiter.

Gene, Erziehung und andere Katastrophen

Kennen Sie das auch, etwa aus dem Mund des alten Onkels oder Opas beim Familientreffen? „Ach, diese ganzen Psychogeschichten immer! Ich kann das nicht nachvollziehen, wenn immer auf der Herkunft rumgeritten wird. Also in unserer Familie war immer alles in Ordnung. So etwas, wie du eben erzählt hast, hat es bei uns nie gegeben."

Das ist aus meiner Erfahrung ein typischer Abwehrsatz. Eine Art Beschwörung. Er soll etwas wegwünschen, das da ist. Zum Glück bin ich nicht immer „im Dienst" – aber wenn ich dazu aufgefordert werden würde, könnte ich bei jedem Menschen in einer halben Stunde und ohne große Mühe ein paar Lebenslügen der Familiengeschichte finden, die erfolgreich tabuisiert wurden – Essstörungen, Sucht, Selbstmord, Missbrauch ... Jeder Psychologe und jede Psychologin könnte das. Die Prägungen und Verletzungen liegen meist ziemlich dicht unter der Oberfläche. Und als Psychologe sieht man Muster. Es kommt nicht auf den Text, sondern auf den Kontext an, also auf die Struktur. Deshalb sind die alten griechischen Sagen, die biblischen Geschichten und Shakespeares Stücke immer noch relevant für uns. Die psychologischen Dramen – letztlich geht es immer um Liebe – stimmen bis heute.

Die am Anfang des Absatzes zitierte Beschwörung des Onkels hat für Traumatisierte eine wichtige Funktion: Sie müssen für richtig erklären, was ihnen passiert ist. Weil sie es sonst nicht aushalten. Das geht bei manchen bis zur Vergötterung der Eltern, von denen sie – bewusst oder unbewusst – geschädigt und gebrochen wurden, was aber immer streng und konsequent tabuisiert wurde. Doch eine solche Lebenslüge zerreißt irgendwann die Seele.

Ich bin immer froh, wenn jemand erzählt, dass es in seiner Herkunftsfamilie zwar Probleme, Konflikte und manchmal auch emotionale Vernachlässigung durch oft abwesende Eltern gab, man aber dennoch das Glück hatte, eine gute Resilienz aufzubauen, weil es eine liebevolle Gesamtatmosphäre gab. Das scheint mir eine glaubhaftere Geschichte als das „Bei uns war immer alles in Ordnung". Übrigens sind Serien und Sagas über Familien vermutlich deshalb so erfolgreich und unverwüstlich, weil jeder die Themen und Konflikte kennt. Eine Familienserie, in der immer alles in Ordnung ist, hätte extrem schlechte Quoten. Wegen Unglaubwürdigkeit.

Warum macht derselbe Job in derselben Konstellation von Chef, Kollegen und anderen nervlichen Herausforderungen den einen psychisch krank oder „wahnsinnig“, während andere den Job, den Chef und die Aufgaben locker nehmen oder sogar darin aufblühen? Weil der Rucksack unterschiedlich schwer ist. Und es ist noch verzwickter: Diejenigen mit dem leichten Rucksack sehen und wissen oft nicht, welche biografischen „Steine“ der Kollege mitschleppt. Sie hüpfen leichtfüßig den Berg hinauf und verstehen nicht, wieso er sich bei jedem einzelnen Schritt quält. Sie können sich nicht vorstellen, wie er sich fühlt. Und mit ihrer Dynamik und Ungeduld verstärken sie – meistens unabsichtlich – das Leiden des Langsameren an seiner Last. Solange es im Unternehmen keinen Raum gibt, offen darüber zu sprechen und nach Lösungen zu suchen, die allen einigermaßen gerecht werden, bleibt das Unverständnis der Gesunden ein kaum auflösbares Dilemma.

Mentale Gesundheit ist ein Glücksfall. Und psychische Erkrankungen sind nicht selbst verschuldet. Sie entstehen meistens aus einem Mix von genetischer Disposition und frühkindlichen Prägungen, die ungünstiges, selbstzerstörerisches Fehlverhalten erzeugen. Und wer von diesem Schicksal verschont ist, hat in der Regel eben keine Vorstellung von der Pein und der Not dieser Menschen – und davon, woher ihre seelischen Wunden stammen. Ich hatte mal beruflich mit einem Grafikdesigner zu tun. Ausnahmsweise trafen wir uns stets bei ihm zu Hause, denn wegen einer schweren Angststörung konnte er sich nicht weiter als 100 bis 150 Meter von zu Hause entfernen, arbeitete also selbstständig im Homeoffice. Einkaufsbummel, Ausflüge oder gar Urlaubsreisen gab es für ihn nicht. Im Gespräch erfuhr ich, dass er aus einem bildungsbürgerlichen Elternhaus stammte – der Vater Ingenieur, die Mutter Ärztin. Sein Vater hatte großes Interesse an der Bildung seines Sohnes, war aber krankhaft perfektionistisch. Das führte dazu, dass er beim Begutachten der Hausaufgaben die Seite herausriss, sobald er auch nur den kleinsten Fehler oder eine minimale Unsauberkeit entdeckte. Das tat er durchaus auch mehrfach nacheinander. Manchmal musste der Junge deshalb noch mal los (aus dem Haus …!) und ein neues Heft kaufen. Und wenn er sich dagegen auflehnte, wurde er in den Kohlenkeller gesperrt. Der Mann war bei unserer Begegnung über vierzig – und wohnte noch immer in unmittelbarer Nähe seiner alten Eltern, womit er sich permanent retraumatisierte. Wenn man weiß, was er erlebt hat, konnte man sofort Verständnis für seine Einschränkungen aufbringen. Aber wie sollte er potenziellen Kunden erklären, dass er sie nicht aufsuchen konnte? Ein körperlich eingeschränkter Mensch muss nichts erklären oder kann es ohne Tabuisierung tun. Bei Traumata ist es anders. Man gibt Persönlichstes preis und macht sich schutzlos.

Wer und wie deine Eltern sind und was sie erlebt haben, kannst du nicht beeinflussen. Eine besonders vertrackte Kombination von Prägung und Vererbung beschreibt die **Epigenetik**: Traumatisierungen von Vorfahren beeinflussen die eigene genetische Disposition. Man muss also nicht mal selbst erlebt haben, was einen traumatisch prägt. Es kann in den Genen stecken. Bekannt geworden ist die Epigenetik in Deutschland unter anderem, als untersucht wurde, warum in den 1950ern geborene Menschen, die den Krieg nicht selbst erlebt haben, so häufig an seelischen Wunden leiden, die eigentlich typisch für Kriegstraumatisierte sind. Die Erlebnisse ihrer Eltern hatten über die Gene auch bei ihnen Spuren hinterlassen.

Es ist zwar nicht möglich, Eigenschaften eines Menschen eindeutig und ausschließlich auf eine Quelle zurückzuführen – aber aus vielen Studien ist inzwischen klar geworden: Je heftiger die emotionalen Erschütterungen waren, die Vorfahren erlebt haben, desto wahrscheinlicher sind epigenetische Spuren bei den Nachkommen. Katastrophen wie Krieg, Hunger, Vergewaltigung, Gewaltverbrechen oder der

Verlust eines Elternteils hinterlassen unweigerlich ihre Spuren in den Erbanlagen. Und wirken sich auch das ganze Leben lang auf die Kinder der Betroffenen aus – auch bei der Arbeit.

Ich kann das gut an meiner eigenen Herkunft sehen. Mein Vater erlebte mit zehn Jahren die chaotische Flucht aus Ostpreußen und musste viele Tote und viel Leid sehen. Meine Mutter war tief traumatisiert durch das Erleben des Bombenkriegs in den Luftschutzkellern des Ruhrgebiets und durch einen alkoholkranken Vater. Dass meine Eltern sich liebend gefunden haben, ist ein schönes Geschenk. Aber das gilt nicht für alles, was sie mir mitgegeben haben. In meinen eigenen Ängsten finde ich ihre Erlebnisse wieder.

Mein Vater fand schließlich Halt in einer religiösen Gemeinschaft – und setzte deren strenge Regeln als Dogma für seine Familie. Die Frage, wie er ausgleichen könne, was er mir durch Gene und Prägung mitgegeben und auch angetan hat, lag ihm fern. Er hat es eher verstärkt – natürlich, ohne mir damit willentlich schaden zu wollen. Zum Glück habe ich genetisch ausreichend Intelligenz mitbekommen, um über mich und meine Prägungen und Störungen nachzudenken und die Ergebnisse in Worte zu fassen. Deshalb spreche ich es gegenüber meinem eigenen Sohn an, wenn ich ein Fehlverhalten, eine Ungerechtigkeit, einen Erziehungsfehler erkenne, die mir aufgrund meiner Prägungen unterlaufen sind. Damit entlaste ich ihn von der Vorstellung, er sei schuld an einer Missstimmung. Und ich nehme ihm das Gefühl, er müsse dafür sorgen, dass es seinen Eltern gut geht.

Manche unserer Reaktionen und Handlungsmuster sind also ebenso vorbestimmt wie etwa die Augenfarbe und die Körpergröße. Dasselbe gilt für Persönlichkeitsunterschiede – manche Menschen sind eher phlegmatisch veranlagt, andere cholerisch. Das prägt auch unser späteres Arbeitsverhalten und unser Stresslevel. Man muss es sich immer wieder klarmachen: Bevor das Spiel beginnt, sind die Bedingungen bereits verschieden. Das ist eben unser Rucksack.

Man kann seine Anlagen und Prägungen durch Biografiearbeit verstehen und daran arbeiten. Aber wer einen schweren Rucksack hat, wird immer mehr Mühe und Kraft aufwenden müssen als Menschen mit leichtem Gepäck. So wie ein körperlich benachteiligter Mensch mehr Mühe hat, die Treppe in den fünften Stock zu bewältigen, als ein fitter und gesunder.

Was bekommen wir als Babys und als Kleinkinder mitgegeben? 98 Prozent aller Eltern lieben ihre Kinder und erziehen sie, so gut sie können. Aber manche können es nicht gut. Auch wenn sie es gut meinen und das Beste wollen, machen sie gelegentlich viel kaputt, zum Beispiel durch Druck, durch Schuldgefühle oder durch Vernachlässigung. Das ist ihnen nicht bewusst, und sie legen es nicht darauf an.

Eine gute Paartherapie berücksichtigt immer die Ursprungsfamilie – und ebenso sind auch Konflikte im Arbeitsleben und psychische Erkrankungen durch die Arbeit oft nur zu verstehen, wenn man die Prägungen und Antreiber der Beteiligten kennt. Egal ob ich es mit zerstrittenen Paaren zu tun habe oder mit Menschen, die an ihrer Arbeit zerbrechen: Ich versuche immer herauszuarbeiten, was sie aus ihrer Erziehung mitbringen. Haben sie gelernt, kompetent mit sozialen Bindungen umzugehen? Was haben die Eltern ihnen für den Umgang mit Nächsten vermittelt? Haben sie ein selbstbewusst-kommunikatives Verhalten des Kindes gefördert oder haben sie es eingeschränkt durch Sätze wie: „Sei still, wenn die Erwachsenen sich unterhalten, und nimm dich nicht so wichtig!"? Die Prägungen durch Eltern und die von ihnen vermittelten Glaubenssätze können positiven oder negativen Einfluss haben – und immer ist er erheblich. Und wirkt sich in der späteren Arbeitsumgebung aus.

Hier eine Auswahl der zerstörerischsten Erziehungssätze. Ich bin sicher: Fast jede und jeder wird einen oder mehrere wiedererkennen.

„Aus dir wird nie was!“
„Das kannst du sowieso nicht!“
„Das schaffst du nie!“
„Daran bist du selbst schuld!“
„Wie kannst du mir das antun!“
„Du bist schuld, dass Mama so traurig ist.“
„Guck, was du angerichtet hast!“
„Stell dich nicht so an!“
„Das interessiert mich nicht!“
„Du bist zu dick!“
„Dein Handy landet gleich im Müll!“
„Warum bist du nicht wie deine Schwester?“
„Wenn Papa nach Hause kommt, kannst du was erleben.“
„Wie dumm kann man sein?“
„Wenn du nicht aufhörst, geh ich weg.“
„Ich hab dich nicht mehr lieb.“
„--- ---“ (Mutter spielt mit dem Smartphone, statt auf ihr Kind zu reagieren / Eltern strafen das Kind durch Schweigen)

Ein zusätzliches Problem ist, dass die Prägungen der ersten Jahre uns nicht bewusst sind. An die „magischen vier Jahre“ können wir uns dank eines weisen Prinzips nicht erinnern – weil sie höchste Lern- und Erschreckensdichte haben und die Erinnerung an das Erlebte maximal überfordernd wäre. Aber Traumatisierungen wirken auch ohne bewusste Erinnerung – und sie sind dann viel schwerer zugänglich, selbst wenn manche Ereignisse wie ein Treppensturz, ein Hundebiss oder das Verschwinden eines Geschwisters oder Elternteils uns später erzählt werden. Für Traumatisierte gilt: Du brauchst vier Jahrzehnte, um die ersten vier Jahre deines Lebens zu verarbeiten. In der Regel reichen die Verdrängungs- und Kompensationskräfte nicht mehr aus, wenn man um die vierzig ist, und die Leute kommen in die Therapie. Dort beginnen sie in einem langen Prozess zu verstehen, was ihnen früher angetan wurde oder geschehen ist. Dann stecken sie die Energie, die sie vorher in das Aufrechterhalten einer Fassade investiert haben, endlich in die Heilung. Oft ist dann aber ihre Arbeitsfähigkeit schon stark geschädigt.

Ich habe selbst erlebt, was frühe Prägungen anrichten können. Mit Mitte vierzig war ich in Therapie, und es kamen meine starken Ängste zur Sprache. Sie brachten mich in emotionale Zustände, die auch meine Familie belasteten. Im Zuge der Therapie stellte sich heraus, dass ich „frühgestört" bin. Wegen einer Hautkrankheit hatte ich als Baby mehrere Wochen lang steril und ohne Elternkontakt im Krankenhaus verbracht. Heute würde man so nicht mehr verfahren, weil man um die katastrophalen Folgen einer solchen Trennung für Säuglinge weiß. Damals war es normal. Und ich wusste aus anekdotischen Familienerzählungen sogar von diesem frühen Krankenhausaufenthalt – aber ich hatte ihn nie verknüpft mit meinen Ängsten. Erst durch die Therapie verstand ich, dass ich damals in meiner Angst und Not nach den Eltern geschrien haben muss – die aber nicht kamen. Diese Erschütterung meines Urvertrauens hatte mich zu einem überdurchschnittlich ängstlichen Kind gemacht, was aber lange niemand ernst genommen hatte. Ich nahm diese Ängste mit ins Erwachsenenalter – und fühlte mich beispielsweise in irrationalem Maße bedroht, wenn einmal eine Mahnung ins Haus flatterte. Zugleich gab ich manchmal verantwortungslos zu viel Geld aus. Damals konnte ich mir das selbst nicht erklären. Heute weiß ich: Mehr als Angst konnte ich ja nicht haben – also verhielt ich mich manchmal zu riskant. Und hatte dann übermäßige

Angst vor den möglichen Folgen. Auf Dauer ist es körperlich extrem schädigend, sich dauernd in Angstsituationen und in einer Habachtstellung zu halten, die andere um den Schlaf brächten.

Die ersten Lebensjahre sind also extrem wichtig. Aber der Film geht ja weiter. So können schlechte oder gute Lehrer unseren Lebensweg und unser Selbstwertgefühl extrem stark prägen. Dasselbe gilt für die Freundschaften und die Clique. Wurden wir zurückgewiesen oder gemobbt? Waren wir Anführertypen? Vielleicht auch auf Kosten anderer? Wurden wir als Erste oder als Letzte in die Mannschaft gewählt im Sportunterricht? Vertieften wir uns in Bücher, während andere Partys feierten? Haben wir Demütigungen hingenommen oder haben sie uns zum Widerstand angespornt?

In meinem Buch *Senkrechtstarter* gibt es einen Abschnitt über „Break it or make it"-Momente. Es geht darum, dass Erschütterungen wie eine Kündigung, eine versemmelte Prüfung, ein Fehler oder eine Demütigung manchmal auch als Motivationsbooster wirken können – vor allem wenn sie bewusst erlebt und bearbeitet werden. Oliver Kahns Antrieb, Welttorhüter und später CEO beim FC Bayern zu werden, „verdankt" er einem Lehrer, der ihn immer vor der Klasse vorgeführt hat: „Aus dir wird eh nichts." Also hat er das eine Talent, das er hatte, maximal genutzt. Auch Kinder, die auf dem Schulhof ständig gehänselt werden, entwickeln oft diesen Ehrgeiz des „Euch zeig ich's". Der *Ärzte*-Song *Eines Tages werd ich mich rächen* ... beschreibt das Phänomen. Im besten Fall werden solche Menschen erfolgreiche Künstler oder Manager – im schlimmsten Fall Amokläufer. Am häufigsten werden es aber leider lebenslang ängstliche, unsichere Menschen ohne Vertrauen in die eigenen Fähigkeiten. Und sie haben es fast immer schwer in der Arbeitswelt. Auch mit Herausforderungen, die andere mühelos meistern.

„Es geht uns gut und schlecht zugleich“: Wie die Gesellschaft die Seele prägt

Der Mensch ist ein soziales Wesen. Und deshalb sind es nicht nur seine persönlichen Lebensumstände, die ihn prägen, sondern auch die gesellschaftlichen Verhältnisse. Aber was genau ist hier ein Faktor für die aktuelle Zunahme der psychisch bedingten Krankschreibungen? Sicherlich, wir erleben viele politische und soziale Krisen. Aber die gab es früher auch – und viel gravierender als heute. Der Mensch wurde schon immer durch Ereignisse, Schicksalsschläge und Gräuelsituationen in seiner und jenseits seiner persönlichen Sphäre herausgefordert. Die beiden Weltkriege waren ohne Zweifel sehr viel schlimmere, traumatischere Erfahrungen als eine Inflation, ein Bahnstreik, eine Flüchtlingsunterkunft in der Nachbarschaft oder ein Heizungsgesetz. Und ein lautstarker Streit der Eltern oder auch ihre Trennung ist sicher belastend, aber nichts gegen eine Bombe, die das Haus trifft, in dessen Keller du mit deiner Familie sitzt. Oder gegen die Vergewaltigung deiner Mutter oder das Erschlagen deines Vaters vor deinen Augen. Was wir heute erleben und beklagen, sind Peanuts im Vergleich zu dem, was unsere Vorfahren erleiden mussten und was Menschen in anderen Gegenden der Welt aushalten müssen. Warum also sind wir so wenig belastbar? Natürlich gab es auch früher Menschen, die zerbrachen, die depressiv waren (man nannte es „schwermütig“), die sich in den Alkohol flüchteten oder die schlicht viel früher starben. Aber es ist heute kaum erklärbar, wie unsere Vorfahren das viele Grauen überhaupt überstanden haben und sich an den Wiederaufbau machen konnten.

Auch wenn es nicht alle so erleben, nicht alle davon profitieren und wir uns gerade in einem gewissen Abwärtstrend befinden: Wir haben in einem hohen Maß heute viel bessere Bedingungen als alle Generationen vor uns und fast alle Menschen auf der Erde: Lebenserwartung, Gesundheit, Fitness, Urlaubstage, die tägliche und die wöchentliche Arbeitszeit, Wohlstand, Ernährung, medizinische Möglichkeiten, Zustand der Umwelt, politische Teilhabe, Gleichberechtigung und Minderheitenschutz – so vieles ist heute besser als früher. Die letzten Jahrzehnte, die die jetzt Dreißigjährigen und Älteren geprägt haben, gehören zu den besten, die es im globalen und im historischen Vergleich je gab. Allein anhand der damaligen Werbefilmchen für „Frauengold" und „Klosterfrau Melissengeist" zum Beispiel können wir uns vor Augen führen, dass viele Frauen noch in den 50ern harten Kräuterschnaps brauchten, um sich in die Aufgabe fügen zu können, den Bedürfnissen ihres Mannes gut gelaunt gerecht zu werden und ihre seelische Last zu ertragen. Die eigenen Bedürfnisse ließen sie im Dunstnebel des Alkohols sich auflösen.

Aber trotz der guten Bedingungen geht es den Menschen heute psychisch deutlich schlechter als früher. Woran liegt das? Ich bin überzeugt, dass es sehr viel mit Vereinsamung zu tun hat.

Wir erleben inzwischen sogar im ländlichen Bereich einen Wegfall sozialer Strukturen und Netzwerke wie Ehrenamt, Vereine, Kirche und so weiter. Darauf reagieren viele mit einer Flucht in virtuelle Welten, was das Problem wie in einem Teufelskreis noch weiter verschärft. Was die Menschen über Jahrhunderte getragen und aufgefangen hat, war das Miteinander. Als „Gruppenwesen" kann der Mensch dauerhaft nur in Gemeinschaft überleben. Aus der Glücksforschung wissen wir, dass der wichtigste Faktor für erlebtes Glück andere Menschen sind: Menschen, die es gut mit dir meinen, die liebevoll zu dir sind, die für dich da sind, die dir zuhören, mit denen du schöne Erlebnisse teilen kannst, für die du da sein kannst. Diese positiven Gruppenerlebnisse, also das gelingende soziale Leben, sind die Grundlage für Resilienz, also die Widerstandskraft gegen Schicksalsschläge, Belastungen, Rückschläge. Je mehr Energie ein Mensch aus dem Sozialen ziehen kann, desto stabiler und widerstandsfähiger ist er.

Seit etwa zwanzig Jahren sind wir dazu übergegangen, menschliche Gemeinschaft durch „soziale" Medien zu ersetzen. Aber sie sind nur ein scheinbarer Ersatz. Das Smartphone erweist sich mehr und mehr als Vereinsamungsapparat und als Einstieg in Lethargie, Depressivität und psychische Instabilität. Denn wo die virtuelle Welt dominiert, versiegen die echten Kraftquellen. Das ist selbstverständlich nicht die einzige Erklärung für die abnehmende Resilienz gegen psychische Belastungen, aber aus meiner Sicht eine wesentliche. Menschen, die das Smartphone viel nutzen, berichten oft über starke Einsamkeitsempfindungen, sobald sie das Gerät weglegen. Von Menschen, die von einer Chorprobe oder einem Spieleabend heimkehren, hören wir so etwas eher selten.

Kurioserweise hat sich inzwischen sogar der Blick auf den einst höchst skeptisch beäugten Fernseher nostalgisch verklärt. Wir sehen heute, dass er in den ersten Jahrzehnten die Rolle eines virtuellen Lagerfeuers übernommen hat. Die bis dahin ungenutzte „gute Stube" wurde ab den 1960ern zum Familienzentrum. Heute jedoch ist das Fernsehprogramm des Vortags kein Gesprächs- und Gemeinschaftsthema mehr. Jeder schaut für sich. Die meisten Familien schauen oft nicht mal mehr Filme zusammen. Stattdessen sitzt oder liegt jeder mit seinem eigenen Endgerät in seinem Zimmer. Viele Jüngere schauen statt eines Filmes TikTok-Videos von wenigen Sekunden Länge – eins nach dem anderen, mit betäubender Wirkung und dem entsprechenden Einsamkeitskater danach. So ein Medienverhalten wirkt auf das Gehirn wie Zucker: ein schneller Belohnungskick, aber keine Kraftnahrung.

Was war früher die Kraftnahrung? Lange Zeit war es die Kirche – bevor sie sich selbst desavouierte, indem sie die christliche Botschaft pervertierte durch Machtgehabe, Rückwärtsgewandtheit und

Missbrauchsskandale. Die Botschaft „Glaube, Liebe, Hoffnung“ und die Sonntagsmessen haben über Jahrhunderte Menschen getragen. Die Message ist psychologisch ein echter Knaller. Und das gemeinsame Zuhören, Singen und Beten waren gelebte Gemeinschaft – gerade auch, wenn man es in einer Art dämmernder Trance absolvierte. Es war fast eine Art kollektiver „Gehirnwäsche“, in der die religiösen Werte allwöchentlich vermittelt und verfestigt wurden. Und diese Werte der Weltreligionen sind die humanistischen Grundlagen von Gemeinschaft – und die Kräfte, die Resilienz schaffen. Es geht um Respekt, Wohlwollen, Zuwendung, also um Liebe. Dazu kommt die Überzeugung, also der Glaube. Und eine optimistische Haltung, die man Gottvertrauen nennt. Oder: Hoffnung. Werte und Gedanken, die in Therapien mühsam erarbeitet werden müssen, wie „Vergib deinen Schuldigern“, also denen, die dir etwas angetan haben, wurden wöchentlich wiederholt und dadurch gefestigt. Und dann gab es ja noch das soziale Vorher und Nachher des Kirchgangs: Gespräche, Vernetzung, Anbahnung von Beziehungen, Frühschoppen und so weiter.

Bestimmte religiöse Bedürfnisse erfüllt heute – für Männer mehr als für Frauen – das Fußballstadion: Es gibt ein klares Gut (unsere Mannschaft) und Böse (die Gastmannschaft). Es gibt Hoffnung, Zuneigung und Nähe bis hin zu Umarmungen mit Wildfremden. Es gibt das gemeinsame Erleben in der anonymen Menge. Es gibt Ekstase. Es wird gemeinsam gesungen. Und es gibt auch hier das Vorher und Nachher am Wurststand und in der Kneipe.

Immer weiter zurück gehen dagegen die Strukturen für gemeinsames Musizieren – in Männergesangsvereinen, Chören, Kammermusikkreisen, Laienorchestern und Spielmannszügen. Auch die regelmäßige Skat- oder Doppelkopfrunde ist eher ein Phänomen älterer Jahrgänge.

Stark gelitten hat auch der Vereinssport, der früher eine der tragenden Säulen der Gesellschaft war. Und auch seine Kultur verändert sich unter dem Einfluss einer immer stärker fordernden Arbeitswelt. In Mannschaftssportarten wie Fußball war das gemeinsame Nacherleben von Training und Spiel früher ein entscheidender Faktor der Gemeinschaft. Heute kommen viele nur zum eigentlichen Sport und verschwinden danach sofort wieder, sodass der früher normale gesellige Teil entfällt. Das hat zum einen mit der Arbeitsverdichtung zu tun, zum anderen mit einer veränderten Männer- und Väterrolle. Früher war der Verein auch ein „Exil" vom anstrengenden Zuhause, mit dem die Frau allein fertigwerden musste. Das ist zum Glück vorbei, zumal die meisten Mütter inzwischen ebenfalls berufstätig sind. Das traditionelle Vereinsleben basierte auf der Bevorzugung der Männer und auf dem weitgehend synchronen Achtstundentag: 6 bis 14 Uhr in der Industrie, nine to five in Bürojobs. Früher kamen viele Männer gegen 15 Uhr von der Arbeit, machten ein kurzes Nickerchen, bekamen ein frühes Abendessen serviert – und danach nahmen sie sich Zeit für Vereinsleben, Kirchenvorstand oder Kegeln und Tischtennis. Andere wirkten in einer Partei mit oder gingen in die Kneipe.

Noch etwas, das man früher gemeinschaftlich lernte und praktizierte, war das Aushalten von Situationen, die nicht immer spannend und spektakulär sind. In meinem Fußballverein saß nach dem Duschen jeder erst mal mit seinem Bier da, und keiner sagte was. Niemand tippte auf seinem Telefon herum und verband sich sofort wieder mit der Welt. Man war einfach. Heute würde man sagen: Man war achtsam. Und zwar gemeinsam. Heute buchen Menschen teure Retreats für etwas, das sie früher jeden Montag in der Umkleide haben konnten: einfach mal sein und sinnieren – und dann erzählte noch jemand zwei schlechte Witze, und es war eine Gemeinschaft da, die das dankbar annahm und lachte. Es war ein Gruppenerlebnis.

Danach ging man noch ins Vereinsheim und sprach über die Arbeit, über die Familie, über Politik. Weltbilder von ganz rechts bis ganz links prallten hier oft aufeinander. Und ganz und gar abwegige Ansichten wurden umgehend von der Gruppe als solche erkannt und abgelehnt. Das war für das Gemeinwesen besser als die Tausende von Likes, die die Bubble für entgrenzte Diffamierungen und Gewaltfantasien verteilt. Soziales Leben bedeutet: Es dreht sich nicht – wie in den sozialen Netzwerken – alles um dich. Manchmal sitzt du einfach nur dabei, statt selbst zu posten oder auf dem Tauschbasar der Likes mitzumischen.

Das Bedürfnis nach Gemeinschaft ist weiterhin sehr stark. Man erkennt das an der Popularität von Massenerlebnissen mit völlig Fremden: im Hofbräuhaus, auf dem Oktoberfest, bei Rockkonzerten und Festivals, in Blockbuster-Kinos, im Stadion und so weiter. Aber das Bedürfnis nach sozialem Austausch wird erstens in Form einer Ware befriedigt und vermarktet („Komm in unsere Gruppe und bestell Sachen!") und zweitens durch das Bubble-Prinzip unterlaufen – weil es dort nur eine Gemeinschaft der Gleichen gibt. Eine bunt gemischte Fußballtruppe mit Prolls und Akademikern und mit Menschen aller Nationalitäten, in der man voneinander etwas über andere Lebenswelten lernt, würde heute kaum noch jemand ertragen.

Auch in der Arbeitswelt fallen die Geselligkeitsstrukturen weg: Gearbeitet wurde früher viel häufiger in einer Gruppensituation wie der Werkshalle oder dem Großraumbüro – bis immer mehr in ihrem Einzelbüro, ihrer Wabe oder im Homeoffice verschwanden. Und die Arbeitsverdichtung hat auch die Freizeitangebote wie die einst blühenden Ligen der Werksmannschaften verschluckt. Im Ruhrgebiet war das eine richtig große Struktur mit Hunderten von Betriebsmannschaften – und unter anderem eine wichtige Kontaktbörse für Jobwechsel.

Der Verlust des Sozialen macht unglücklich, entwöhnt vom Aushalten von Situationen und anderen Menschen und Meinungen und wirkt sich deshalb auch auf den psychischen Zustand bei der Arbeit aus. Es geht mir dabei nicht um ein „Früher war alles besser". Aber der Blick in die Vergangenheit kann uns zeigen, was uns früher stark und stabil gemacht hat.

Und natürlich gibt es weitere Erklärungen für die zunehmende Anfälligkeit für psychische Störungen: die allgemeine Beschleunigung des Lebens und das Fehlen von Auszeiten, etwa durch einen Stillstand der Maschinen, durch fehlende Teile und so weiter. Wir leben eine „Just in time"-Existenz und werden überflutet mit Informationen und Reizen. Dazu gehört auch die Erwartung des sozialen Umfelds – auch des privaten! –, dass wir ständig erreichbar sind und sofort auf Nachrichten reagieren. Stets wird Dringlichkeit signalisiert („Ruf bitte sofort zurück") – auch wenn es um Unwichtiges geht. Und wer den ganzen Tag nicht auf sein Smartphone schaut, hat abends zwei Stunden lang private Beziehungsarbeit und muss erklären, warum er sich nicht gemeldet hat.

Wir sind dauergestresst – auch durch eigene Entscheidungen. Und wie reagieren wir als Individuen auf den Stress?

„Ich muss! Sonst bricht alles zusammen!" Unsere fatalen Antreiber

Wir Menschen reagieren auf Situationen nicht frei und rational, sondern werden oft unbewusst gesteuert durch sogenannte Antreiber. Unser Gehirn lernt früh, dass bestimmte Handlungen belohnt und andere bestraft werden. Entsprechend lenkt es unser Denken und unsere emotionalen Reaktionen. Wer als Kleinkind erlebt, dass auch kleinste Regelverletzungen bei den Eltern maßlose Wutanfälle oder

Liebesentzug auslösen, wird sich später sklavisch an alle Regeln halten und sich durch Perfektionismus selbst unter Stress setzen. Wer durch einen schweren Unfall erlebt hat, dass ein winziger Moment der Unaufmerksamkeit seine Welt für immer verändern wird, wird zum Katastrophisieren neigen. Und wer mit suchtkranken Eltern aufgewachsen ist, hat gelernt, dass ein Überleben nur möglich ist, wenn er tut, was – eigentlich durch Erwachsene – getan werden muss, also zum Beispiel das Versorgen kleiner Geschwister mit Nahrung. Solch eine Person wird später auch in ihrem Arbeitsverhalten im Muss-Denken feststecken. Die Antreiber sind dafür verantwortlich, dass wir Situationen manchmal falsch bewerten und uns dadurch unter Stress setzen.

Man unterscheidet zwischen **kognitiven Antreibern**, die das Denken beeinflussen, und **emotionalen Antreibern**, die uns gefühlsmäßig hin- und herschleudern. Wir alle haben einen Cocktail dieser Antreiber in uns, der durch Genetik und Erziehung gemixt wird. Wie der individuelle Cocktail aussieht, können wir also nicht bestimmen. Wir können nur versuchen, uns darüber bewusst zu werden und damit umzugehen. Wie gut das gelingt, hängt unter anderem von der Fähigkeit zur Reflexion ab.

Die vier kognitiven Antreiber kann man auch als „Glaubenssätze" bezeichnen. Es sind handlungsleitende Überzeugungen, die man sehr ungern infrage stellen lässt, weil man sie seit jeher für überlebensnotwendig hält. Leider gefährden genau diese Glaubenssätze oft die seelische Gesundheit und manchmal sogar das Überleben.

Beim **Muss-Denken** spüren wir eine Verpflichtung, die wir uns aber selbst auferlegt haben. Eine Bekannte von mir, voll berufstätig und zeitlich sehr ausgelastet, ist alljährlich schon Wochen vor Weihnachten in massivem Stress, weil sie die Zubereitung eines Fünf-Gänge-Menüs für zwölf Personen plant. An den Feiertagen überträgt sich ihr Stress auf die gesamte Festgesellschaft. Ihre Familie hat schon mehrfach versucht, ihr zu signalisieren, dass es auch ein einfacheres Essen täte und dass der Abend dann für alle entspannter verliefe. Aber das wehrt sie vehement ab. Auf die Frage, warum sie sich alljährlich diesem Stress aussetze, antwortet sie stets: „Ich muss das machen, das ist bei mir Tradition." Vermutlich kennt jeder solche Zwanghaftigkeiten auch aus der Arbeit – von anderen oder von sich selbst. Die Kollegin, die vor einem einwöchigen Urlaub mehrere Nachtschichten einlegt, um ein Projekt abzuschließen – obwohl die Deadline noch Monate in der Zukunft liegt. Der Kollege, der vom Schreibtisch aufspringt und dem Haustechniker hilft, die hundert Kartons mit Klopierpapier reinzutragen, deren Anlieferung er durchs Fenster beobachtet hat – obwohl das überhaupt nicht seine Aufgabe ist. Und man selbst, wie man eine eigentlich fertige und gelungene Präsentation noch mal völlig umbaut, weil man beim Chef gesehen hat, dass er ein bestimmtes Tool für so etwas verwendet. Viele glauben, sie müssten Aufgaben auf eine ganz bestimmte, sehr arbeitsintensive Weise erledigen, auch wenn das niemand verlangt hat. Oder sie ertragen es nicht, wenn „Freiwillige" gesucht werden und sich nicht nach drei Sekunden jemand gemeldet hat. Dann übernehmen sie die Zusatzaufgabe auch noch und erledigen sie mit einer Gründlichkeit, die niemand verlangt hat. So geraten sie in eine massive Stressfalle. In Teil 3 werden wir eine Physiotherapeutin kennenlernen, die sich, die Abläufe und das Arbeitsklima stark belastet hat, weil sie überzeugt war: Wenn ich mich beim Behandeln der Patienten mit der vorgegebenen Zeit begnüge, werde ich meiner Verantwortung nicht gerecht. Muss-Denken führt zu einem Tunnelblick, der unflexibel macht, pragmatische Lösungen verhindert und zielstrebig zur totalen Selbstüberforderung führt.

Typisch für „Ich muss"-Typen ist die Informationssucht. Obwohl sie im Job ohnehin unter mentaler Informationsüberlastung leiden, greifen sie in Pausen „zur Erholung" oft zum eigenen Smartphone und suchen nach Ablenkung von der Stille. Und auch außerhalb der Arbeitszeit ertragen sie keine Ruhephasen. Sie können nicht mal für zehn Minuten ihr Smartphone weglegen. Das ist eine Form der freiwilligen Selbstzerstörung. Das notwendige geistige Ausruhen geht verloren. Es gibt keine „leeren" Ruhephasen mehr, in denen man einfach nur aus dem Auto- oder Zugfenster sieht und dem Gehirn eine Pause gönnt. Ich gehöre wohl zur letzten Generation, die noch mit selbstverständlicher Achtsamkeit aufwuchs. Ich erinnere mich an die Fahrten im Schulbus bei Regen, während derer ich geradezu meditativ dem „Regentropfenrennen" auf den Scheiben zusah. Heute kompensiere ich Situationen ohne Sozialkontakt und Ablenkung auch durch Medienkonsum. Einfach mal nichts zu machen, darf nicht sein. Wir glauben, irgendwas machen zu müssen, und lenken uns ab. Die Konzentration auf uns selbst fällt uns immer schwerer.

Beim **Katastrophisieren** bringt anscheinend ein kleiner Tropfen das Fass nicht nur zum Überlaufen, sondern auch zum Umkippen und Explodieren. Viele kennen das Beispiel aus dem Buch *Anleitung zum Unglücklichsein* von Paul Watzlawick, in dem ein Mann sich einen Hammer vom Nachbarn leihen will und sich dann in eine absurde Gedankenkette hineinsteigert, an deren Ende die Überzeugung steht, dass der Nachbar ihm den Hammer ohne vernünftigen Grund, aus schierer Bosheit verweigern werde, sodass er zwar beim Nachbarn klopft, diesen aber nicht nach dem Hammer fragt, sondern ihn anschreit: „Behalten Sie doch Ihren blöden Hammer!" Das Katastrophisieren erlebt man häufig bei Menschen, die ohnehin hoch gestresst sind. Sie entwickeln beim Auftreten auch des kleinsten

Problems die Überzeugung, dass alles in einem kompletten Desaster enden wird. Die typische Gedankenkette geht dann so: Ein Kollege meldet sich kurz vor deinem Urlaub wegen einer Magenverstimmung krank – und du denkst: Das ist sicher ein Magengeschwür. Er wird wochenlang ausfallen. Niemand außer mir kann ihn vertreten. Ich muss den lange geplanten, schon gebuchten teuren Urlaub absagen, woraufhin meine Frau sich scheiden lässt. Oder ein Kunde bittet um Verschiebung eines Termins – und man denkt, er wolle zur Konkurrenz wechseln, das sei der Anfang einer Lawine, und am Ende verliere man seinen Job. Bei Katastrophisierern genügt schon das Einbestellen zum Gespräch beim Chef oder der fragende Blick eines Abteilungsleiters auf einen Vorschlag hin, und sie brechen zusammen. Und zwar nicht unter einer echten Belastung, sondern unter einer imaginierten. Bei einem kleinen Problem denkt man nicht an die wahrscheinlichste Ursache, sondern an die schlimmste. Die Schreibtischlampe geht plötzlich aus? Das muss ein Terroranschlag sein! Die näherliegenden Ideen – defekte Birne, Sicherung raus – kommen nicht in Betracht.

Katastrophisierer machen nicht nur sich selbst verrückt, sondern auch ihre Kolleginnen und Kollegen. Wenn man aus einem Nachbarbüro alle fünf Minuten ein verzweifeltes „Oh neiiiiin!“ hört, wirkt das auf die eigenen Nerven etwa so wie das Geräusch quietschender Reifen auf Fußgänger: Man ist alarmiert und erwartet in Sekunden einen Knall, die Schreie Verletzter und so weiter. Dabei hat die Kollegin lediglich entdeckt, dass sie das Papierfach am Drucker nicht richtig geschlossen hatte.

Eine Unterform des Katastrophisierens ist das **Globalisieren**. Dabei werden Einzelereignisse ohne jede Differenzierung verallgemeinert und „hochskaliert“. Meist betrifft das Personen oder negative

Erlebnisse. Die Kollegin hat einen schlechten Tag und grüßt nur flüchtig? „Ich glaube, die hasst mich! Na ja, mich mag ja sowieso niemand." Die Buchhaltung verlangt eine Korrektur an einem Beleg? „Alle sind gegen mich! Die Welt hat sich gegen mich verschworen!" Der Kaffeebecher kippt um? „Immer misslingt mir alles! Ich bin eben vom Pech verfolgt." Auch Chefs können globalisieren: „Kann denn hier nie mal irgendwas klappen?!"

Aber auch das „positive" Globalisieren kann Probleme schaffen wie etwa eine euphorische Vertrauensseligkeit. Wem eine freundliche Geste wie angebotenes Gebäck schon genügt, um einem Geschäftspartner brisante interne Details zu verraten, der wird häufiger erleben, dass er über den Tisch gezogen und ausgenutzt wird. Typische Reaktion: „Na, die Menschheit ist eben abgrundtief verdorben und unehrlich. Die Welt ist dem Untergang geweiht."

Frustrationsintoleranz ist die Überzeugung, dass man Pannen, Missgeschicke und Abweichungen vom Plan nicht ertragen kann. Dasselbe gilt für Konflikte, Diskussionen und emotionale Ausbrüche anderer. Der Stresspegel schießt dann dermaßen hoch, dass man sich der Situation entziehen muss. Dünnhäutige und schnippische Reaktionen, das überstürzte Verlassen von Gesprächen und Sitzungen, der jähe Abbruch eines Telefonats und im Extremfall eine fristlose Kündigung aus akuter Panik sind typisch dafür. Aber auch wenn jemand penetrant die Rolle der Stimmungskanone einnimmt, kann der Grund in einer „Vorwärtsverteidigung" gegen Zweifel und Einwände liegen, die er nicht aushält.

Am stärksten sinkt die Frustrationstoleranz, wenn man ohnehin schon gestresst ist. Jede Gelassenheit ist dahin – und wenn andere ruhig bleiben, regt man sich noch mehr auf, auch über sich selbst. Oft genügt es, dass eine Kleinigkeit schiefgeht, dass man zurückgewiesen wird, dass auf eine Idee nicht mit einem einhelligen „Genial" reagiert wird oder dass neben viel Lob ein Optimierungsvorschlag zu einem kleinen Detail kommt.

Bei vielen Tätigkeiten ist das Scheitern aber Teil des Plans. Wer in einem Labor arbeitet, wer künstlerisch tätig ist oder in einer Werbeagentur oder im Außendienst, der weiß: Ein großer Teil der Vorhaben endet nicht mit einem Erfolg. In der Agentur, in der ich einmal gearbeitet habe, galt der Satz: „Es gibt keine Fehler, sondern nur Versuche mit ungünstigem Ausgang." Das ist angewandte Frustrationstoleranz. Und die Erwartungen sollten immer den Chancen entsprechen. Ich habe das gelernt, als ich ganz am Anfang enttäuscht war, weil auf eine von mir verantwortete Kampagne mit Werbebriefen nur fünfzehn Prozent der Adressaten reagierten. Erst als meine Kollegen mich zuerst feierten und dann darüber aufklärten, dass die durchschnittliche Response-Quote eher bei einem Prozent liege und drei Prozent schon als schöner Erfolg gälten, hörte ich auf, mich zu grämen.

Im Idealfall kann man aus dem Scheitern etwas lernen, aber vieles läuft auch einfach ins Leere. Als Jugendlicher übernahm ich für unsere christliche Gemeinschaft – es waren nicht die Zeugen Jehovas – freiwillig und freudig Missionsgänge. Wenn es gut lief für unser Zweierteam, dann sagte eine Person von zwanzig Herausgeklingelten: „Oh, danke für das Angebot, aber das passt nicht für mich." Der Rest öffnete gar nicht, knallte die Tür sofort wieder zu oder hetzte den Hund auf uns. Und niemand hatte die Erwartung, dass es anders laufen würde. Ablehnung gehörte dazu. Wer das nicht gelernt hat, wird in den oben genannten Berufszweigen schnell untergehen.

Kinder üben Frustrationstoleranz beim Spielen – und sollten es auch. Die Voraussetzung dafür ist eine Umgebung, die Niederlagen als Teil des Spiels akzeptiert – und den Verlierer nicht als Person entwertet. In guten Computerspielen ist übrigens der Sprung ins nächste Level oft erst durch Ausdauer und das Ertragen wiederholten Scheiterns erreichbar. Das Nichtgelingen ist eingepreist.

Neben den kognitiven gibt es auch **emotionale Treiber**. Sie sind meist sehr früh angelegt und nehmen deshalb gar nicht erst den Umweg über das Gehirn. Und sie stressen einen auch dann, wenn die äußeren Umstände dafür gar keinen Anlass bieten.

Perfektionismus ist der Garant des Unglücks. In manchen Bereichen, wie zum Beispiel im Operationssaal, ist vollkommene Genauigkeit natürlich lebenswichtig, aber in sehr vielen Arbeits- und Lebenssituationen genügen achtzig oder neunzig Prozent Genauigkeit vollkommen. Die Arbeitsmaterialien müssen nicht *exakt* rechtwinklig im Schrank liegen. Der Schreibtisch muss am Abend nicht *absolut* leer sein. Die Anschrift im Adressfenster des Briefumschlags muss oben nicht *genau* gleich weit weg vom Rand sein wie unten. Der Firmenwagen muss nicht *exakt* parallel zu den Linien der Parkbucht stehen.

Ein gewisser Anspruch an Genauigkeit und eine Orientierung an der Aufgabenstellung ist richtig, aber ein generalisierender Perfektionismus ist fatal. Je perfekter du bist, desto höher wird dein Anspruch – und desto unzufriedener wirst du wegen der fehlenden 0,2 Prozent, die unverhältnismäßig viel Zeit beanspruchen und kaum jemals angemessen geschätzt werden. Ein Bekannter von mir hat seit seiner Jugend ein Zitat über jedem seiner Schreibtische hängen, das Aristoteles zugeschrieben wird: „Der Gebildete treibt die Genauigkeit nicht weiter, als es der Natur des Gegenstands entspricht." Damit fährt er bis heute – kurz vor dem Rentenalter – bestens und ist erfolgreich in seinem Beruf.

Ja, Männer mögen oft wehleidig sein. Aber sind Frauen wirklich vernünftiger? Die Kardiologie kämpft bis heute damit, dass Frauen, die einen Herzinfarkt haben, zu spät Hilfe rufen. Oder gar nicht. Sie wollen niemandem zur Last fallen. Es ist ihnen unangenehm, nachts den Rettungsdienst zu rufen – „nur wegen mir". Dahinter steckt neben falscher Bescheidenheit das Mantra von **Leistung und Tapferkeit**: „Sei stark! Mute dich niemandem zu! Streng dich an! Beiß dich durch!" Natürlich haben diesen Antreiber nicht nur Frauen. Anfällig sind alle, die seit früher Kindheit ein geringes Selbstvertrauen haben, weil sie gelernt haben, dass sie nur geliebt werden, wenn sie sich über vernünftige Grenzen hinaus anstrengen. Wer sich nicht bis zur Erschöpfung verausgabt, verdient nach dieser gelernten Weltsicht keine Anerkennung. Oft steckt eine „protestantische" Ethik dahinter: Was leichtfällt und Spaß macht, kann keine ernsthafte Arbeit sein. Ich habe das selbst erlebt. Eine Zeit lang war ich, meinem Talent folgend, ausschließlich Vortragsredner. Das hat mir so viel Spaß gemacht, dass es sich kaum wie Arbeit anfühlte. Die Leute mochten und feierten mich. Und es war richtig lukrativ. Also eigentlich eine Win-win-win-Situation. Aber letztlich habe ich mir selbst irgendwann nicht gestattet, diese Tätigkeit fortzusetzen. Der Grund: Ich kam immer so tiefenentspannt nach Hause, dass dort alle meinten, das sei ja offenbar Freizeit gewesen statt Arbeit. Und das hätte mich wohl nicht so gestört, wenn ich selbst völlig frei gewesen wäre von diesem Antreiber.

Wer im Leistungshamsterrad gefangen ist, erlaubt sich kaum noch Pausen – obwohl diese überlebenswichtig sind. Übrigens auch für das Unternehmen. Ohne Regeneration keine Leistung. Aber für Opfer des Leistungsantreibers gilt: niemals Müßiggang! Stattdessen haben sie die „Unstoppable"-Ideologie der Extremsportler. Das Trikot muss immer durchgeschwitzt sein. Wenn solche Menschen eine Auszeit nehmen, leiden sie immer unter Gewissensbissen. Deswegen gibt es das hastig heruntergeschlungene Mittagessen irgendwann nur noch vor dem Bildschirm. Überstunden und Fleiß bis zum Suchtverhalten sind an der Tagesordnung. Nächste Ausfahrt: Burn-out.

Ein gefährlicher Antreiber ist die **Gefälligkeit**. Ich habe im Kapitel „Nur ein kleines Rädchen" schon über die *people pleaser* geschrieben, die es anderen so angenehm wie möglich machen wollen. Dahinter steht oft eine Angst, soziale Kontakte zu verlieren, also eine frühkindlich angelegte Verlustangst. Das ungesunde Streben, allen zu gefallen und von jedem gemocht zu werden, führt zu Selbstzweifeln und zu erhöhter Empfindlichkeit, wird also schon durch kleinste Irritationen herausgefordert. Sensible Menschen neigen dazu, ganz normale Anweisungen oder Fragen als persönliche Angriffe misszuverstehen: Auf die Frage „Schaffst du das bis morgen?" antworten sie dann hoch gestresst mit: „Wieso setzt du mich so unter Druck?!" oder: „Wie kommst du darauf, dass ich meine Arbeit nicht schaffe?!"

Wer schon als kleines Kind permanent „Beeil dich!" gehört hat und von hektisch-betriebsamen und immer unter Zeitdruck stehenden Erwachsenen umgeben war, entwickelt den Antreiber einer permanenten **Hast**. Die Betroffenen sind oft Vorgesetzte – siehe Kapitel „Die Parade der schlechten Chefs". Sie bewegen sich typischerweise nur rennend durch den Betrieb und wirken oft demonstrativ gestresst. Die Erfahrung, dass in der Eile die meisten Fehler und die schwersten Unfälle passieren, führt bei ihnen nicht zum Umlernen. Das alte chinesische Mantra „Wenn du in Eile bist: Geh langsam" löst bei ihnen nur ein kurzes, verständnisloses Kopfschütteln aus, bevor sie weiterhasten. Mit ihrer Hektik stecken sie auch die Kollegen und Mitarbeiter an. Im Ergebnis verlangsamen sie durch ihren Antreiber die Arbeit. Was sie beschleunigen, sind lediglich ihre stressbedingten Erkrankungen.

Wenn der Druck der Arbeit und/oder unser Antreiber zu übermächtig wird, entwickeln wir dauerhaften Stress. Vor allem bei stark geforderten Arbeitskräften schaffen die Antreiber einen sich akkumulierenden Stress-Tsunami. Das versuchen wir irgendwie auszugleichen. Ob das besser oder schlechter gelingt, hat viel zu tun mit dem Einfluss frühkindlicher und kindlicher Traumata – und mit der Bildung und daraus resultierend auch mit dem Einkommen: Menschen aus bildungsfernen Schichten belastet und verängstigt der Gedanke, über sich nachzudenken. Oft wissen sie wenig über sich und ihre Traumata und biologischen Lasten oder haben keine Worte dafür. Ihre Möglichkeiten zur Selbstreflexion sind geringer als die von Gebildeteren. Frust und Armut treiben sie häufiger in Alkoholismus, Gewalt oder Isolation. Je besser man Frust und Nöte verbalisieren kann und je besser man sich entsprechend auch Hilfe organisieren kann, desto unwahrscheinlicher ist das Ausagieren in Form von Straftaten wie Beziehungsgewalt oder durch Suchtverhalten oder totalen Rückzug. Eine Rolle spielt dabei auch, ob man sich ausgleichende Freizeitangebote wie zum Beispiel Sport und Urlaube leisten kann. Unter Stress können Menschen aus allen Berufen, Branchen und Schichten leiden – aber wie man mit diesem Stress umgeht, ist auch ein Klassenthema.

Einer der fatalsten Stressfaktoren bei der Arbeit und im Leben ist das **Vergleichen**. Vergleiche sind maximal toxisch und die Totengräber des Selbstbewusstseins – egal ob man selbst oder andere sie anstellen. Denn es werden immer Äpfel mit Birnen verglichen, weil man die unterschiedlichen Prägungen nicht einbezieht. Was dem einen spielend leichtfällt, ist für den anderen eine enorme Anstrengung – und wenn er es auch nur zu fünfzig Prozent schafft, ist es eine Riesenleistung. Ein Mensch mit Borderline, der es schafft, eine Ausbildung abzuschließen, leistet manchmal mehr als der hochbegabte Summa-cum-laude-Absolvent.

Man kann ja über Waldorfschulen denken, was man will – aber mit ihrem Verzicht auf Noten tragen sie der Unterschiedlichkeit der Voraussetzungen Rechnung. Objektive Maßstäbe sind untauglich, um subjektive Unterschiede fair zu beurteilen. Ein Beispiel: Auf einer Regelschule bekäme der begabte und daheim gut geförderte Junge, der nach drei Null-Fehler-Diktaten aus Nachlässigkeit zwei Fehler macht, eine Zwei (statt der gewohnten Eins). Die Klassenkameradin, der zu Hause niemand vorliest und die sich schwertut mit dem korrekten Schreiben, hat fleißig geübt und macht statt der zwanzig Fehler beim letzten Diktat nur noch zehn. Der Lohn für ihre Anstrengung: eine Sechs, wie beim letzten Mal. Eine Waldorflehrerin würde den leistungsstarken Jungen sanft ermahnen, sich beim nächsten Mal wieder besser zu konzentrieren – und das Mädchen über den grünen Klee loben, weil es sich so enorm verbessert hat.

Für die, denen der Waldorf-Vergleich nicht behagt, hier eine andere hübsche Erkenntnis:

Wenn die Arbeitswelt so sozial wäre wie der Golfsport, wäre die Welt besser. Ja, ausgerechnet der elitäre und mondäne Golfsport ist die sozialistischste Sportart von allen, weil bei Wettbewerben das individuelle Handicap berücksichtigt wird. Und weil der Frauenabschlag aufgrund der unterschiedlichen körperlichen Voraussetzungen näher am Loch ist als der der Männer. Diese absichtliche Ungleichbehandlung wird nie diskutiert. Sie ist Teil der Regeln und des Spiels.

Im privaten und familiären Bereich geht man oft so vor. Beim Kicken im Park bekommt das schwächer besetzte Team zwei Tore Vorsprung. Auch bei Wettrennen starten die Erwachsenen weiter hinten als die Kinder. Und Eltern, die ihren Kindern das Schachspielen beibringen und sie nicht gleich entmutigen wollen, nehmen am Anfang ihre Dame vom Brett und nach den ersten Trainingsspielen vielleicht nur noch einen Turm.

Ideal wäre ein Arbeitsklima, in dem unterschiedliche Voraussetzungen, also Handicaps, genauso sportlich, also nicht stigmatisierend und selbstverständlich behandelt würden wie beim Golf oder in empathischen Familien – sodass es für niemanden unangenehm ist, sein persönliches Handicap geltend zu machen.

Wenn die Arbeit einen Menschen in den Wahnsinn treibt, muss man sich manchmal auch fragen, ob man auf der falschen Stelle oder sogar **im falschen Beruf** ist. Viele stolpern in eine Tätigkeit hinein, ohne sich bewusst zu machen, was das für sie bedeutet. Bei der Berufswahl legen sie fragwürdige Kriterien an wie zum Beispiel die Nähe des Ausbildungsbetriebs zum Elternhaus, die Meinung der Freundesclique oder familiäre Traditionen und Erwartungen. Wenn sie später merken, dass sie sich nicht wohlfühlen, und dennoch in diesem Beruf bleiben, dann entscheiden sie sich sehenden Auges für eine krank machende Überforderung. Die Haltung „Ich kann ja nichts machen" ist häufiger, als es durch die Umstände gerechtfertigt wäre. Menschen ergeben sich zu oft in ihr Unglück, obwohl sie ihr Leben verändern könnten. Ein fantasievoller und kreativer Mensch, der in einer Amtsstube verkümmert, sollte sich nach anderen Möglichkeiten umschauen. Dasselbe gilt für hochmoralische Menschen, die Vermögensberater sind und ihren Kunden ungeeignete Finanzprodukte verkaufen sollen. Ängstliche Menschen sollten nicht Streifenpolizist bleiben. Und wer sein handwerkliches Geschick überschätzt hat, muss sich nicht in einem feinmechanischen Betrieb plagen und täglich unter dem unzufriedenen Chef und den lästernden Kollegen leiden.

Natürlich gibt es objektive Gründe, aus denen ein Verlassen des angestammten Berufs schwierig sein kann, wie etwa eine fehlende Ausbildung oder Rücksicht auf die Familie. Aber gerade in Zeiten des demografischen Wandels und des Fachkräftemangels kann jeder zumindest überlegen, ob es Alternativen gibt. Will ich wirklich lebenslang in einem Beruf arbeiten, der mich unglücklich und krank macht?

Manchmal genügt es auch, die eigenen Erwartungen an den Beruf zu hinterfragen. Zu den Themen „Lebenssinn durch Arbeit?“ und „Warum will ich aufsteigen?“ habe ich im Kapitel „Nur ein kleines Rädchen“ geschrieben; um Selbstreflexion geht es weiter unten im Kapitel „Ich bin kein Opfer mehr!“.

Eines darf man immerhin feststellen: Die Offenheit und Aufmerksamkeit für psychische Belastungen ist in den letzten Jahrzehnten allgemein gewachsen. Wir haben eine höhere Achtsamkeit und Sensibilität – in der Gesellschaft und auch in der Arbeitswelt. Und deshalb gibt es durchaus bereits Menschen, die einen guten Umgang mit den Stressfaktoren der Arbeit gefunden haben. Davon erzähle ich im nun folgenden Teil 3.

Teil 3: Geschichten vom Gelingen

Wenn man sich die beiden bisherigen Teile dieses Buches anschaut, könnte man resignieren. Immer mehr Menschen werden seelisch krank, was Gesellschaft und Wirtschaft stark belastet.

Und die Akteure in der Politik und in den Unternehmen reagieren oft falsch oder gar nicht. Gott sei Dank gibt es aber Leuchttürme, die Hoffnung machen. An vielen Stellen haben Menschen verstanden, worauf es ankommt, und handeln. Einige dieser Geschichten der Hoffnung habe ich hier zusammengetragen.

Betrieb ohne Mobbing

Es beginnt mit einem Misslingen. Nein, das ist zu schwach formuliert. Es beginnt mit einer Katastrophe. „Das sitzt uns allen noch richtig in den Knochen. Auch nach über drei Jahren." Imke ist Geschäftsführerin eines mittelständischen Betriebs für Medizintechnik. Sie ist Ende dreißig und strahlt eine besondere Mischung aus Entschlossenheit, Reflektiertheit und Wärme aus. Ihr Vorgänger hat vor drei Jahren einen seelischen Zusammenbruch erlitten und musste seinen Posten aufgeben. Der Grund ist bedrückend: Eine Mitarbeiterin hatte sich das Leben genommen. Und im Nachhinein stellte sich heraus, dass die zweifache Mutter an ihrem Arbeitsplatz massiv gemobbt worden war. Das ging aus ihren Aufzeichnungen und den Berichten ihrer Familie eindeutig hervor. Und noch schlimmer: Sie hatte mehrfach beim Betriebsrat und bei der Personalabteilung um Hilfe gebeten – aber niemand hatte sie ernst genommen. Bis sie so verzweifelt und seelisch kaputt war, dass sie keinen Ausweg mehr sah und sich vor einen Zug warf.

„Das hat den ganzen Ort aufgewühlt. Und als das Ausmaß unseres Versagens so richtig klar war, habe ich zusammen mit den Eigentümern entschieden, dass wir das Ruder unserer Arbeitskultur um 180 Grad herumreißen. Wir beschlossen, ein Betrieb ohne Mobbing zu werden, denn es stellte sich heraus, dass sich eine Art Mobbingkultur etabliert hatte. Wie ein Krebsgeschwür. Am schlimmsten traf es neue Mitarbeiter, Angehörige von Minderheiten und Menschen mit geringem Selbstbewusstsein. Um diese ‚Kultur' zu brechen, brauchte es als Erstes eine Bewusstseinsänderung. Und das geht am besten mit für jeden erkennbaren Maßnahmen. Den Kolleginnen und Kollegen, denen das Mobbing eindeutig nachweisbar war, wurde fristlos gekündigt. Genauso der Personalchefin. Einige Betriebsräte traten aus Erschütterung und Schuldbewusstsein freiwillig zurück und wechselten das Unternehmen. Und ich habe mich auch von der Arbeitsrechtskanzlei getrennt, die uns über zehn Jahre lang beraten hatte – sie hatten uns empfohlen, immer nur zuzugeben, was sich nicht mehr leugnen lasse, keine freiwilligen Zahlungen zu leisten und am besten einfach Gras über die Sache wachsen zu lassen. ‚Die Sache', hat der Anwalt gesagt – dabei ging es um eine tote Frau!"

Imke spricht wiederholt von „unserem Versagen". Dabei war sie damals zwar bereits im Unternehmen, aber nicht mit dem Fall befasst. Trotzdem fühlt sie sich mitverantwortlich. Für den Betrieb erstattete Imke Selbstanzeige – wegen Vernachlässigung der Fürsorgepflicht gemäß § 241 BGB. In einem gerichtlichen Vergleich verpflichtete sich die Firma zur Zahlung einer erheblichen Summe an die Familie der Frau.

„Aber wir wollten, dass alle im Betrieb sich zu ihrer Verantwortung für eine Zukunft ohne Mobbing bekennen. Dass die Leute mich schon kannten und nicht als von außen kommende Dampframme sahen, die die große Säuberung durchziehen soll, war ein Vorteil. In Abstimmung mit dem Betriebsrat und nach einer sehr emotionalen

Betriebsversammlung haben wir eine freiwillige Nullrunde bei den Gehältern und Boni vereinbart und die eingesparte Summe ebenfalls der Familie der Frau zur Verfügung gestellt. Sicher ein ungewöhnlicher Weg. Aber fast alle sind ihn mitgegangen. Und damit war der Boden bereitet für die eigentlichen Veränderungen. Heute sind wir ein Betrieb, in dem genau hingeschaut wird, wie es den Leuten geht. Nicht nur und nicht erst, wo es um Mobbing geht. Darauf bin ich stolz – ohne den tragischen Auslöser dieser Veränderung zu vergessen. Es ist bitter, dass erst eine Mutter sterben musste, damit sich bei uns etwas ändert."

Was genau hat Imke in ihrem Unternehmen verändert, um es mobbingfrei zu machen? Beeindruckt verfolge ich, wie sie mir ihr Konzept präsentiert. Sie braucht dafür keine Unterlagen und auch keine PowerPoint-Präsentation. Stattdessen malt sie fünf Kreise auf einen Flipchart-Bogen und setzt die Buchstaben B, K, F, T und O hinein. Dann wendet sie sich mir zu und erklärt:

„Wir haben fünf Bereiche identifiziert, auf die es ankommt: Betroffene, Kollegen, Führungskräfte, Täter und unsere Organisation und Kultur. Ich gehe sie der Reihe nach kurz durch.

Man kann überall viele kluge Tipps für *Betroffene* lesen: schnell reagieren. Durch langes Ertragen oder Gute-Miene-Machen wird es nur schlimmer. Die Situation analysieren: Was könnten Gründe sein? Bin ich eher zufällig Opfer oder hat es etwas mit mir zu tun? Oft wird empfohlen, den oder die Täter direkt anzusprechen. Auf jeden Fall aber soll man sich an vertraute Menschen wenden – im privaten Bereich und im Betrieb. Man soll das Geschehen und seine Wirkung dokumentieren und mögliche Beweise sichern. Man soll den Betriebsrat einschalten und notfalls die Gewerkschaft, eine Beratungsstelle oder im schlimmsten Fall einen Anwalt. Das ist alles sicherlich goldrichtig. Aber wir haben festgestellt, dass jemand, der in der Mobbingfalle steckt, oft nicht mehr in der Lage ist, diese Schritte allein zu gehen. Der distanzierte Blick auf das Geschehen und die Unterscheidung von Freund und Feind ist oft nicht mehr möglich. Es gibt viel zu viel Selbstzweifel, Scham und Angst – und eine Lähmung, die Aktionen extrem erschwert. Deshalb stellen wir dauerhaft eine Beratung zur Verfügung, an die sich Betroffene anonym wenden können und die sie bei allen Schritten begleitet. Wir bieten Betroffenen außerdem eine vierzehntägige bezahlte Auszeit zur Klärung an. Auch wenn deshalb wichtige Arbeit liegen bleibt. Wie sagt ihr Therapeuten und Coaches immer so schön? Störungen haben Vorrang. Deshalb hat jede Mitarbeiterin, jeder Mitarbeiter die Hotline der externen Beratungsagentur auf dem Desktop. Und niemand muss sich scheuen, sich dort zu melden."

Weil unbeteiligte **Kollegen** oft die Ersten sind, die etwas mitbekommen, erinnert die Firmenleitung sie regelmäßig an ihre Verantwortung als Zeugen. Schon weil es jederzeit auch sie selbst treffen könnte. Wer den Verdacht hat, dass jemand gemobbt oder gebosst wird, kann sich ebenfalls an die Hotline wenden. In Workshops üben Mitarbeiter, die das wollen, das behutsame Ansprechen des vermuteten Opfers. Das soll möglichst neutral geschehen – es könnte sich ja auch um eine falsche Deutung handeln. Außerdem braucht man die Fähigkeit, zuzuhören und Geduld zu haben. Opfer zu sein, ist schambesetzt. Eine Öffnung gegenüber wohlmeinenden Dritten braucht oft Zeit und mehrere Anläufe. Wenn das Opfer den Verdacht bestätigt, bieten die geschulten Kollegen ihm Hilfe an. Etwa indem sie fragen, ob sie andere Kollegen, den Betriebsrat oder Vorgesetzte einbeziehen sollen. Sehr wirkungsvoll ist auch die demonstrative Solidarität mehrerer Kollegen. Mobber sind oft feige. Imke erzählt: „Einmal, ganz am Anfang unseres Prozesses, hat jemand versucht, die alte Unkultur wiederzubeleben, bis sich eine Gruppe in der Kantine vor seinem Tisch aufgebaut und lautstark für das Opfer und gegen den Mobber Position bezogen hat. Da war er ganz schnell so klein mit Hut. Und weil das Mobbing sich gerade erst aufzubauen drohte und noch niemanden stark geschädigt hatte, haben wir es bei einer Abmahnung belassen. Der Mobber hat ein Coaching absolviert und sich tatsächlich geändert. Das ist mir lieber, als ihn rauszuschmeißen und in einem anderen Betrieb ohne gute Anti-Mobbing-Kultur weiteres Unheil anrichten zu lassen. Diese Situation war ein Durchbruch – und das hatten wir den solidarischen Kollegen zu verdanken."

Mit dem Betriebsrat hat die Geschäftsführung eine Betriebsvereinbarung geschlossen, die die Vorgehensweise und die Hilfsmöglichkeiten in Mobbingfällen festschreibt.

Schwieriger, als Imke gedacht hätte, war das Umdenken der **Führungskräfte**. „Die Vorstellung, dass es sich beim Bossing doch allenfalls um ein Kavaliersdelikt handele, saß in manchen Köpfen ziemlich tief. Und genauso die Idee, da werde doch vieles übertrieben. Das haben uns die Coaches gespiegelt, die die Fortbildungen geleitet und dabei Einstellungen abgefragt haben. Wir frischen die Kenntnisse der leitenden Mitarbeiter zum Thema Mobbing und Bossing mindestens einmal jährlich auf. In angespannten Zeiten mit hoher Arbeitsbelastung auch häufiger. Und wir stellen in jedem Feedbackgespräch klar, dass Bossing ein Kündigungsgrund ist. Ohne Wenn und Aber."

Inzwischen nehmen die Führungskräfte ihre Führungsaufgabe ernst. Sie haben ihre Abteilung und die Stimmung auch der eher stillen Kollegen im Blick und greifen bei Konflikten zwischen Mitarbeitern schnell ein. So verhindern sie, dass sich eine Meinungsverschiedenheit zum Mobbing auswächst. Außerdem sorgen sie für Transparenz bei Entscheidungen. „Mobbing gedeiht im Verborgenen. Offene

Kommunikation auf allen Ebenen ist das beste Gegenmittel", sagt Imke. „Aber wir erinnern die Leitenden nicht nur an ihre menschliche Verantwortung, sondern auch an rechtliche und finanzielle Aspekte. Von Mobbing oder sexueller Belästigung zu wissen und nicht einzugreifen, ist eine Pflichtverletzung. Betroffene Mitarbeiter können dann nach § 14 des Allgemeinen Gleichbehandlungsgesetzes (AGG) der Arbeit fernbleiben und müssen weiterbezahlt werden. Von den wirtschaftlichen Folgen des Imageschadens ganz zu schweigen. Wir hatten damals, nach dem Freitod der Mitarbeiterin, einen deutlichen Knick in den Auftragsbüchern. Und bei den Bewerbungen."

Auf meine Frage, welche Rolle eigentlich unberechtigte Mobbingvorwürfe spielen, zieht Imke kurz die Augenbrauen hoch. „Egal ob es um Rassismus, um Sexismus, um Missbrauch oder eben um Mobbing geht: Die Sorge vor Übertreibungen äußern immer nur Menschen, die selbst nie betroffen waren und sein werden. Also, es spielt bei uns keine nennenswerte Rolle. Unser Prinzip heißt, dass wir jedem Vorwurf nachgehen. Zugleich fordern wir alle auf, sensibel und vorsichtig mit dem starken und justiziablen Begriff ‚Mobbing' umzugehen. Gegen eindeutig falsche und grundlose Beschuldigungen gehen wir arbeitsrechtlich vor. Die sind schließlich auch eine Form des Mobbings."

Egal wie wichtig jemand für den Geschäftserfolg ist: Wird ihm Mobbing oder Bossing nachgewiesen, erfolgt je nach Schwere des Vergehens eine Abmahnung des **Täters** oder direkt die Kündigung. „Wir behandeln Mobbing genauso wie Körperverletzung. Kein Pardon und keine Diskussion. Bei uns sollen sich die Mitarbeiter sicher fühlen – und nicht, wie früher, die Mobberinnen und Mobber. Das signalisieren wir allen glasklar – durch Wort und Tat. Wir sprechen also alle an – und damit auch alle potenziellen Täter. Und wir erklären regelmäßig, was Mobbing ist und was es bewirkt. Damit niemand behaupten kann, das habe er doch nicht gewusst. So erklären wir regelmäßig, dass das absichtliche Vorenthalten wichtiger Informationen eine Abmahnung, die Versetzung oder im Wiederholungsfall die Kündigung zur Folge hat."

Imke lehnt sich zurück und lacht kurz auf:

„Meine Kollegen aus den Branchenverbänden schlugen die Hände über dem Kopf zusammen, als ich anfing, den Laden umzukrempeln – und sie waren auch sauer. Ich würde die Leute verwöhnen und die Standards zu hoch setzen. Angebote wie eine Auszeit zur Klärung von Mobbingvorwürfen würden doch sofort missbraucht und seien echte Kostentreiber. Aber heimlich erkundigen sich viele bei mir, wie ich das angegangen bin. Und wenn sie nach den Kosten all der Maßnahmen fragen, sage ich immer: ‚Ja, es ist teuer. Aber meine Bilanzen sprechen eine klare Sprache.' Früher, als es noch keine solchen Maßnahmen gab, sahen alle Kennziffern schlechter aus als heute: Fehltage, Fluktuation, Stimmung, Produktivität und so weiter. Nichts zu tun, war also noch teurer. Ist eine ganz nüchterne Rechnung."

Aber es fehlt noch das O. Manchmal, so Imke, habe Mobbing sich auch aus unklaren Abläufen und Aufgabenbeschreibungen entwickelt. Wo Menschen die Orientierung fehlt, treten sie schnell mal nach unten. Deshalb sei die **Organisation** des Unternehmens daraufhin untersucht und, wo nötig, verändert worden. Wichtiger noch sei aber etwas anderes: „Worum es mir geht, ist eine Kultur des Hinschauens."

„Gute Gespräche sind kein Hexenwerk"

Ausgelöst wurde der Wandel in Imkes Unternehmen durch die tragischen Folgen eines Mobbingfalls. Aber ihr Blick geht inzwischen weit über dieses Thema hinaus.

„Wenn jemand nicht gut drauf ist, hat das in der Regel Gründe. Die können im Betrieb liegen, müssen aber nicht. Das ist letztlich auch egal.

Wichtig ist, dass wir es bemerken und dann gemeinsam mit der betroffenen Person schauen, woher ihre Belastung kommt. Ist es die Pflege eines Elternteils? Sorge um ein psychisch labiles Kind? Dauerhaft zu viel Arbeit? Vergebliches Warten auf Zeichen der Anerkennung? Psychische Überlastung baut sich ja allmählich auf – die wenigsten brechen gleich komplett zusammen, wenn mal Hektik ausbricht. Am Anfang sind die Signale einer sich abzeichnenden Überlastung noch subtiler. Wir schulen unsere Führungskräfte darin, auf solche Anzeichen zu achten. Zum Beispiel übermäßig gestresste und gereizte Reaktionen auf Deadlines, Anforderungen und Hindernisse. Häufigere Krankmeldungen. Das heftige Eskalieren banaler Konflikte mit Kollegen. Oder auch eine auffällig nachlassende Arbeitsleistung." Imkes Leute kennen also die Risikofaktoren, die ich in Teil 1 behandelt habe.

Wichtig ist auch, dass Arbeitgeber wissen, welche Arbeitnehmer besonders anfällig für stressbedingte Erkrankungen sind, zum Beispiel Menschen in sozialen Berufen mit viel Kontakten und Konflikten mit Menschen und alleinerziehende Elternteile. Beides erklärt, warum deutlich mehr Frauen als Männer betroffen sind. Entgegen manchem Vorurteil sind körperlich Arbeitende übrigens mindestens ebenso gefährdet wie der Durchschnitt – vor allem solche, die viel Verantwortung tragen. Ein erschöpfter Körper hat weniger Ressourcen zur Stabilisierung der Seele. Auch chronisch Erkrankten und Menschen mit geringer Bildung fehlt es oft an Ressourcen, um gut mit Stress umzugehen.

Eigentlich müssten alle Arbeitgeber das ohnehin wissen, weil laut Arbeitsschutzgesetz auch das psychische Gefährdungspotenzial aller Stellen beurteilt werden muss. Aber bisher erfüllen das nur besonders engagierte Betriebe. Und die Maschen der Kontrollnetze sind riesig. Doch Unternehmerverbände reden ja gern von „freiwilliger Selbstverpflichtung" und wehren sich gegen staatliche Regulierung und

Kontrolle. Also: Unternehmen können durchaus etwas tun, ohne auf Papa Staat und seine Kontrollettis zu warten. Prävention, die das Schlimmste verhindert, ist möglich – mit vergleichsweise geringem Aufwand und hoher Wirkung. Die Orientierung an der bereits erwähnten ISO-Norm 10075 (siehe Kapitel „Grüne Äpfel ...") sowie dem dazugehörigen ISO-Leitfaden 45003 von 2021 genügt oft schon. Ein bewusster und proaktiver Umgang mit Warnzeichen hilft dabei, die mentale Fitness und Gesundheit der Belegschaft zu erhalten und zu fördern. Was Unternehmen dafür entwickeln müssen, ist psychologische Intelligenz.

Dazu passt eine Geschichte, die ich in einem Unternehmen der Gesundheitsbranche beobachten konnte. Martina, Anfang fünfzig, ist eine sehr gut ausgebildete und erfahrene, im Team und bei Patienten sehr geschätzte Physiotherapeutin. Während sie wegen einer psychischen Erkrankung ausfiel, wurde das Krankenhaus von einem Privatkonzern übernommen. In der Folge wurden viele Strukturen verändert und die Zeitvorgaben verschärft. Dazu kamen neue Dokumentationspflichten. Martina nahm sich nach ihrer Rückkehr an den Arbeitsplatz aber weiterhin die Zeit für die Patienten, die sie für nötig hielt – mehr als die neuerdings vorgesehenen zwanzig Minuten. Zudem tat sie sich schwer mit dem schnellen elektronischen Dokumentieren der Behandlung vor dem nächsten Patienten. Deshalb sah sie sich gezwungen, die Dokumentationen in ihrer Mittagspause zu machen. Und hier begann der Konflikt. Im Pausenraum stand nämlich – dank der Idee eines Happiness-Managers – eine Tischtennisplatte, an der die jüngeren Kolleginnen auch gern spielten. Sie zogen ihre Behandlungen in der vorgesehenen Zeit durch und waren auch schneller mit der Dokumentation am Rechner. Deshalb hatten sie in der Pause Zeit zum Essen und fürs Tischtennis. Aber das Klacken des Balles und die Rufe der Spielerinnen störten Martina in ihrer Konzentration auf die Dokumentationsmaske. Und so begann ein Kleinkrieg. Zuerst versteckte Martina den Ball, dann (als die Kolleginnen eigene Bälle mitbrachten) das Netz, und schließlich klappte sie die Platte nach Feierabend zusammen und schob sie auf den Flur. Die Kolleginnen deuteten das als harmlosen Streich der immer noch sehr beliebten Kollegin und klebten ihr als „Antwort" ihren Schrank zu. Weil Martina es aber ernst meinte und sich massiv gestört und isoliert fühlte, drohte die Geschichte zu eskalieren. Zum Glück erwies sich die direkte Vorgesetzte als psychologisch intelligent. Sie hatte trotz des wirtschaftlichen Druckes eine Atmosphäre geschaffen, in der Probleme angesprochen werden konnten. Und als Martina bei ihr saß, spürte sie früh, dass es hier nicht nur um ein „Klack-Klack" und einen kleinen Zelluloidball ging, sondern dass sich hier etwas zusammenbraute. Sie nahm ihren Job und die Situation ernst und schaute hin. Auf ihre Einladung hin setzten sich die Frauen zusammen und entwickelten eine Lösung: In der ersten halben Stunde der Pause wird seitdem kein Tischtennis mehr gespielt, um Martinas persönlichem Umgang mit der unvermeidlichen Arbeitsbelastung Rechnung zu tragen. Aber es hätte auch anders ausgehen können: Ein sich hochschaukelndes gegenseitiges Sabotieren und ein vergiftetes Klima hätten irgendwann unweigerlich den Rückzug in eine erneute Krankheit verursacht. Und wie häufig bei toxischen Prozessen wollte niemand etwas Schlechtes. Der Happiness-Manager wollte gute Stimmung, die jungen Kolleginnen wollten sich für den Nachmittag regenerieren, und Martina wollte anständige Arbeit abliefern. Aus dreimal „positiv" wurde beinahe ein gefährliches Gift. Es müssen nicht immer böse Menschen und Absichten sein, die Katastrophen auslösen.

Wir bringen nicht nur unseren Körper mit zur Arbeit, sondern auch unsere Seele mit dem akuten Stress und den Prägungen. Unternehmen, die das wissen, schaffen eine Atmosphäre, in der man ohne Hemmungen sagen kann: „Bei mir zu Hause ist es gerade schwierig – ich muss etwas kürzertreten. Kann ich dieses Projekt abgeben?" Oder: „Ich merke, dass ich am Rande meiner Kräfte bin. Ich brauche eine Auszeit." Wenn es für solche Situationen keine Ansprechpartner und keine einladende Kultur gibt, fühlen sich belastete Arbeitnehmer wie Reisende auf einem Bahnsteig, auf dem nichts angezeigt und angesagt wird – und das Wärterhäuschen ist leer.

Unternehmen handeln klug, wenn sie Mitarbeitern eine schnelle Unterstützung wie eine psychosomatische Sprechstunde im Betrieb, ein vorbeugendes Coaching zur psychischen Gesundheit oder eine anonyme Beratungsagentur zur Verfügung stellen.

Das Unternehmen Vodafone beschäftigt sage und schreibe vierzig eigene Coaches, mit deren Hilfe Mitarbeiter „Klarheit über sich und über Arbeitsbelange bekommen" können – während der Arbeitszeit und unentgeltlich. Damit können akut gestresste und überlastete Mitarbeiter oft rechtzeitig aufgefangen werden, was längere Erkrankungen verhindern hilft. Das Beispiel zeigt, wie ernst Vodafone das Thema nimmt – und auch, dass große Unternehmen, die es sich leisten können, das Problem der unzureichenden Versorgung mit Therapieplätzen selbst in die Hand nehmen. Dass sie das Angebot außerhalb des Unternehmens auf diese Weise nochmals verknappen, indem sie die Leute „wegkaufen", ist ein betrüblicher Nebeneffekt, der für die Politik ein weiterer Weckruf sein sollte. Allerdings sollten Unternehmen bedenken, dass „hauseigene", also angestellte und damit abhängige Coaches bei Mitarbeitern Misstrauen auslösen können, weil sie bisweilen als „Spitzel" der Geschäftsführung wahrgenommen werden, die sie angestellt hat. Das spricht für externe Coaching-Angebote.

In Berufen mit hoher Belastung gibt es teilweise bereits dauerhafte Supervision und Selbsthilfegruppen. Das sollte die Regel sein. Um nur einige zu nennen: Abteilungsleiterinnen, Kriegsreporter, Ärztinnen, Pflegekräfte, Erzieherinnen und Lehrer brauchen das, um ihre Kraft und ihre Stabilität zu erhalten oder wiederzuerlangen. Manager schaffen sich solche „Selbsthilfegruppen" übrigens seit jeher selbst, denn Unternehmerstammtische und die Treffen im Rahmen von Berufsverbänden sind nicht zuletzt eine Gelegenheit zum „Jammern und Meckern" – aus der Erkenntnis heraus, dass geteiltes Leid halbes Leid ist.

Die ALRIGHT-Methode

So mancher Vorgesetzte hat vielleicht die Empathie und die innere Bereitschaft zu Krisengesprächen, fühlt sich aber unbeholfen und überfordert von solchen Situationen und hat Angst, etwas falsch zu machen. Dann meidet er sie lieber. Darüber kann Tobias nur kopfschüttelnd lachen. „Es gibt dafür ja Handwerkszeug", sagt der pragmatische Personalchef eines Energiekonzerns, ein dynamischer, mit legerer Eleganz gekleideter Mann Anfang vierzig. „Die Briten und viele andere nutzen das längst. Aber wir Deutschen gucken einfach nicht über unseren Tellerrand hinaus. Wir können uns schlicht nicht vorstellen, dass andere Dinge hinbekommen, die wir selbst nicht schaffen. Ist das die alte deutsche Großmannssucht? Jedenfalls erinnert es mich immer an die Kandidaten bei ‚Wer wird Millionär?'. Die dürfen ja immer drei Telefonjoker benennen, die ihnen bei Fragen und Themen helfen können, über die sie selbst nicht gut Bescheid wissen. Aber der häufigste Satz, den Kandidaten bei Günther Jauch über ihre Joker sagen, lautet: ‚Nee, das wissen die auch nicht.' Ich frage mich dann immer: Haben die ihre Joker so bescheuert ausgewählt, oder fehlt ihnen schlicht die Vorstellungskraft, dass jemand eine Frage beantworten könnte, bei der sie selbst blank sind? Ist Ihnen das auch schon mal aufgefallen? Wirklich verrückt, oder? Ist der Tee gut so?"

Ich habe mich mit Tobias verabredet, damit er mir von der ALRIGHT-Methode berichtet. Er hat sie während seiner zwei Jahre in London kennengelernt und hat mir erzählt, wie entgeistert seine englische Kollegin war, als er bekannte, von dieser Gesprächstechnik noch nie gehört zu haben. In vielen Ländern gehöre das doch seit Jahren zum selbstverständlichen Handwerkszeug von Managern mit Personalverantwortung.

„Tja, liegt es daran, dass bei uns immer noch viele mit dem Englischen fremdeln? Oder weil der tiefsinnige Deutsche schematischen Hilfsmitteln misstraut, wenn es um komplexe seelische Themen geht? Egal. Die Grundlagen der ALRIGHT-Methode kann man sich jedenfalls mit einem eintägigen Workshop aneignen. Und dann geht es ums Anwenden und Erfahrungensammeln. Natürlich war ich am Anfang auch nicht so gut, aber inzwischen fühle ich mich viel sicherer, wenn ich jemandem gegenübersitze, dem es nach meinem Eindruck psychisch nicht gut geht. Und diese Sicherheit überträgt sich auf die Leute und schafft für sie einen guten Raum, um sich mir anzuvertrauen."

Tobias legt mir ein DIN-A4-Blatt hin, auf dem einfach nur sieben Buchstaben stehen:

A
L
R
I
G
H
T

„A steht für **Approach** und **Access**. Ich muss auf den betroffenen Menschen zugehen und einen Zugang zu ihm finden. Natürlich nicht vor versammelter Mannschaft und nicht zwischen Tür und Angel nach einer Sitzung. Und auch nicht in einer Situation der Anspannung oder mit einer Überrumpelungstaktik. Sondern eher so, wie wir hier sitzen. Verabredet. Eher Lounge- als Büroatmosphäre, mit einem Tee, mit gedimmtem Licht. Entspannungsfördernd. Und natürlich zögern die meisten, bevor sie sich öffnen. Leiden ist schambesetzt. Aber mit einem ‚Alles okay, Chef‘ gebe ich mich nicht zufrieden. Ich spreche dann über meine Beobachtungen. Und dann kommt meistens der Moment der Öffnung."

L steht für **Listen**. Das richtige Zuhören zu lernen, sagt Tobias, fiel ihm am schwersten. So wie Ärzte ihre Patienten unterbrechen ja auch Vorgesetzte ihre Mitarbeiter oft innerhalb der ersten dreißig Sekunden. Was er lernen musste, war, sich zurückzunehmen. Keine Bewertungen zu äußern, sondern allenfalls kurze Fragen zu stellen. Schweigen auszuhalten und dabei durch die Körpersprache Interesse und Verständnis zu signalisieren, statt ungeduldig auf die Uhr zu schauen. Er musste lernen, ein Gespräch ohne Anliegen und Programm zu führen und sein aufmerksames Zuhören als eigentlichen Sinn des Gesprächs zu verstehen. „Psychisch Belastete wollen reden. Aber wenn man ihnen den Raum dafür nicht gibt, sondern ihnen stattdessen einen gut gemeinten Vortrag hält, gehen sie schnell zurück in die Sicherheit ihres Schneckenhauses. Das ist dann eine verpasste Gelegenheit."

R steht für **Reassure**. Wer sich im Gespräch mit dem Vorgesetzten öffnet, braucht Bestätigung und Vergewisserung, dass er sich nicht um Kopf und Kragen geredet hat. Tobias betont, wie wichtig es ist, diese Sicherheit zu vermitteln und zu zeigen, dass er sich wirklich und ehrlich für ihr Thema interessiert. Auch die Zuversicht, dass professionelle Hilfe die Situation verbessern wird, will er bestärken. Wichtig ist es aber auch, die eigenen professionellen Grenzen zu beachten und keine spekulativen Diagnosen anzustellen. Die Diagnostik und die Therapie sind Aufgabe fachlich ausgebildeter Psychologinnen und Psychiater.

„Das I bedeutet **Immediate Actions**. Was kann ich als Vorgesetzter unmittelbar tun? Hilft es der Person, wenn sie sich den Rest des Tages oder der Woche freinimmt? Drückt ein bestimmtes Projekt besonders auf die Seele, das ich vielleicht jemand anderem übergeben kann? Gibt es einen akuten Konflikt mit jemandem oder eine kryptische Anweisung, die das Fass hat überlaufen lassen?“

Das G steht für **Guide towards professional support**. In der Regel ist ein Mitarbeiter nach einem solchen Gespräch aufgewühlt. Es ist klar, dass professionelle Hilfe nötig ist – aber die Öffnung dafür wird oft durch eine Art Lähmung blockiert. Tobias hat immer ein Blatt mit einigen Anregungen, Anlaufstellen und Telefonnummern vorbereitet – und zwar doppelt. Er ermutigt die Mitarbeiter, eines davon einem vertrauten Menschen zu geben mit der Bitte, bei der Suche nach Hilfe praktisch zu unterstützen. Oft sind es die Partner, die erreichen, dass wirklich Kontakt aufgenommen wird zur Hausärztin, zum Therapeuten, zur Seelsorge, zum Coaching-Institut, das die Firma beauftragt hat, und so weiter. Oft ist dieses Blatt auch der Katalysator, der das Gespräch in der Partnerschaft erstmals in Gang bringt. Auch hier schweigen leidende Menschen oft viel zu lange.

„H ist mir auch sehr wichtig – auch um meiner selbst willen. **Help them to help themselves**. Ich kann nicht der dauerhafte Gesprächspartner und Coach der belasteten Person sein. Meine Aufgabe kann es nur sein, die Leute auf den Weg zu bringen, damit sie sich selbst helfen. Ich erzähle dann gern von meinen eigenen Krisen – und davon, was mir geholfen hat. Sport war in solchen Phasen immer besonders wichtig. Meditation habe ich erst spät entdeckt, nutze sie aber inzwischen mit Gewinn. Manchen hilft auch ein Workshop zum Thema Zeitmanagement und strukturierteres Arbeiten, wie ich ihn als Berufsanfänger einmal ‚verordnet' bekam. Die Unterscheidung zwischen dringend und wichtig war damals ein Aha-Erlebnis für mich. Am meisten hat es mir aber immer geholfen, Zeit mit der Familie, mit Freunden und mit Hobbys zu verbringen und dabei stundenweise abzuschalten vom Stress. Ich habe öfter Menschen hier sitzen, die sich das seit Langem nicht mehr erlaubt haben. Sie dachten, das sei Zeitverschwendung. Und sind sehr erleichtert, wenn ich ihnen als Vorgesetzter sage, dass es das Gegenteil ist: bestens genutzte Lebenszeit."

T steht schließlich für **Time follow-up meeting**. Wer als Führungskraft das Gespräch sucht, übernimmt auch die Verantwortung dafür, dass die Sache nicht im Sand verläuft. Tobias vereinbart zum Ende des Gesprächs immer einen weiteren Termin, bei dem dann gemeinsam geschaut werden kann, ob sich die Situation verbessert hat. „Oder auch verschlechtert. Es liegt weiß Gott nicht immer in meiner Macht", sagt er.

Bei Kollegen, denen er von der ALRIGHT-Methode erzählt, stößt Tobias oft auf eine Sorge: Das eigene empathische Verhalten könne als übergriffig wahrgenommen werden. „Es sind eigentlich nur Männer, die sich das fragen. Egal ob Vorgesetzter oder Kollege: Viele trauen sich nicht, eine Kollegin, die heulend im Flur steht, mal kurz tröstend in den Arm zu nehmen, auch wenn das ihr menschlicher Impuls ist. Könnte ja falsch rüberkommen. Und manche fürchten auch, der ‚therapeutische' Blick auf jemanden, der sich gestresst, genervt oder unfreundlich benimmt, sei übergriffig. Man könne doch nicht jemanden einfach für krank erklären und wie einen Psychiatriepatienten behandeln. Ehrlich gesagt habe ich da auch nicht immer eine gute Antwort. Ich frage mich auch manchmal, ob meine gute Absicht auch als solche wahrgenommen wird. Wie sehen Sie das?"

Ich antworte, dass man von spontanen Berührungen wohl absehen sollte, dass aber gegen die Frage „Ich sehe, dir geht's nicht gut. Würde es dir helfen, wenn ich dich mal kurz in den Arm nehme?" wenig einzuwenden sei. Die Angst vor dem Übergriffsvorwurf kann auch eine Ausrede sein, um sich nicht emotional zu engagieren. Und zum Thema „falsch rüberkommen" ist meine Erfahrung: Je besser Vorgesetzte ihren persönlichen Führungsstil reflektieren und je transparenter sie über ihre Unzulänglichkeiten sprechen, desto kleiner ist die Gefahr von Missverständnissen.

„Belastbarkeit kann man lernen"

Der Teampsychologe einer Mannschaft von professionellen Spitzensportlern ist sicherlich ein interessanter Gesprächspartner – aber für ein Buch über die ganz normale Arbeitswelt?! Ja, genau dafür! Denn die Arbeitswelt ist nicht mehr normal – sonst müsste es dieses Buch nicht geben. Und dass die Arbeit so viele in den Wahnsinn treibt, hat wesentlich damit zu tun, dass die Anforderungen an Arbeitnehmer inzwischen regelmäßig so hoch sind, wie es früher nur bei Spitzensportlern und Topmanagern war. Was bedeutet: Um diesen Druck gesund zu überstehen, brauchen Menschen heute ein viel höheres Maß an Resilienz. Und da kommt Professor Dr. Hans-Dieter Hermann ins Spiel, von 2004 bis 2024 Teampsychologe der deutschen Fußballnationalmannschaft der Männer. Übrigens coacht er auch Führungskräfte – das ist wieder eine Brücke zur Arbeitswelt.

Resilienz ist die innere Stärke, die wir Herausforderungen, Belastungen und anderen Stressfaktoren entgegensetzen können. Je höher die Resilienz, desto geringer die Gefahr, dass wir bei einem überraschenden Rückschlag mental aus den Latschen kippen. Und desto größer unsere Fähigkeit, unter Druck richtige Entscheidungen zu treffen.

Natürlich lassen sich nicht alle Erkenntnisse aus Hans-Dieter Hermanns Arbeit mit den Profis eins zu eins auf normale Arbeitnehmer übertragen. Er hat es oft mit sehr jungen Männern zu tun, die unter enormem Erwartungsdruck stehen – eigener Erwartungsdruck, dem des Vereins und manchmal des ganzen Landes. Damit sie dem gewachsen sind, bringt er sie im „wettkampfnahen Training" in zugespitzte Situationen, die die realen Wettkampfsituationen sogar noch übersteigen. Ein Beispiel kann man im Film *Deutschland. Ein Sommermärchen* von 2006 sehen: Das Elfmetertraining wird erschwert, indem jeder Spieler Hermann vorher ankündigen muss, wohin er schießen wird. Und: Wer woanders hinschießt oder nicht verwandelt, muss am Abend im Hotel die Mitspieler bedienen – ein (spielerischer) Gesichtsverlust. Am Verhalten in dieser künstlich verschärften Situation erkennt Hermann, welcher Spieler sich nicht voll im Griff hat, wer seine Selbstüberwindungsfähigkeiten und seine Konzentration stärken muss und so weiter. Hermann nutzt hier das Konzept der *self-efficacy*, also der Selbstwirksamkeitserwartung: Das Vertrauen auf das eigene Handeln auch unter starkem Stress soll gefestigt werden. Ähnliche Trainingskonzepte gibt es auch für Mitglieder von Sondereinsatzkommandos und Rettungssanitäter.

Was lässt sich daraus für die Stärkung der Resilienz von normalen Arbeitnehmern lernen? Hermann bringt es so auf den Punkt: „Resilienzaufbau heißt: sich stellen." Wer sich vor schwierigen Situationen wie einer Präsentation vor der Geschäftsführung nicht drückt, wer sich in Konflikten durchsetzt, der beweist nicht nur mentale Stärke, sondern schult sie auch. Es hilft, sich ungeliebten Herausforderungen ganz bewusst immer wieder auszusetzen. Dabei ist es hilfreich, wenn man sich zunächst mit weniger beanspruchenden Situationen konfrontiert und sich dann zunehmend größeren Beanspruchungen stellt. Das Üben unter Spannung verbessert die Performance in echten, häufig unplanbaren Spannungssituationen. Deshalb ist es problematisch, wenn junge Menschen heute oft von Situationen unter Druck ferngehalten werden – sei es in der Schule oder beim Sport. Helikoptereltern meinen es sicher gut – aber das Ergebnis ihrer schonenden Erziehung ist oft, dass ihre Sprösslinge beim kleinsten Widerstand aufgeben oder zusammenbrechen. Hermann hat beruflich fast nie mit solchen Helikopterkindern zu tun – „die fallen sehr früh raus. Künftige Leistungssportler müssen ja schon in den Jugendmannschaften gegen starke Konkurrenz bestehen." Was er aber im privaten Umfeld beobachtet: Der Vergleichsdruck hat sich teilweise nur verlagert – vom Sport und der Schule in die sozialen Medien. Und hier sind die Perfektionsansprüche viel größer und unmenschlicher.

Für uns alle relevant ist Hermanns Beobachtung, wie wichtig **Safe Spaces** und **Gegenwelten** sind. „Im Leben der jungen Sportler gibt es natürlich dieselben Konflikte wie bei allen: Streit mit den Eltern, Liebeskummer und eventuell sogar den Verlust geliebter Menschen. Aber der Sport ist ihr Safe Space, in dem sie solche Belastungen zeitweise wegschieben können. Hier tun die Leute, was sie können und lieben. Denn ein erfolgreicher Leistungssportler wird man nur, wenn man seinen Sport wirklich gern macht. Wenn Leidenschaft im Spiel ist."

Dasselbe gilt übrigens häufig auch für Bühnenkünstler wie zum Beispiel Comedians. Jürgen von der Lippe berichtet in seiner Biografie, dass ihm nach dem Tod seiner sehr geliebten Mutter am meisten seine Bühnenauftritte geholfen haben. Hier konnte er seine übermächtige Trauer zeitweilig in den Hintergrund schieben. „Ich bin eigentlich immer sehr froh, wenn ich in sehr traurigen Momenten auf die Bühne darf." Andere können auf der Bühne den Dämon der Depression für zwei Stunden verbannen – weil sie das Auftreten so lieben und das Adrenalin ihn fernhält.

Hans-Dieter Hermann: „Es hilft, wenn Menschen einen solchen Safe Space haben, wo sie sicher sind und sich wohlfühlen. Das kann Gartenarbeit sein oder eine Münzsammlung, Klavierspielen oder Tischtennis – ganz egal. Es stärkt die Resilienz. Und manche wie die Fußballprofis finden diesen Safe Space sogar in ihrer Arbeit."

Da das aber ein eher seltener Glücksfall ist, empfiehlt Hans-Dieter Hermann, sich immer eine Gegenwelt zur Arbeit zu schaffen. „Arbeit bedeutet oft Fremdbestimmung, Zeitdruck, Zwang und Rationalität. Ich kann nur jedem empfehlen, sich eine Gegenwelt zu schaffen, in der er selbstbestimmt handelt. Mit Muße. Freiwillig. Und in der er emotional sein kann. Ich beobachte oft, dass Männer sich keine wirkliche Gegenwelt schaffen, sondern noch mehr Druck wie im Job. Sie laufen ohne ausreichende Vorbereitung Marathon oder machen extreme Mountainbike-Touren, obwohl sie im Job auch schon an ihrem Leistungslevel strampeln. Die sollten aber lieber in die Sauna gehen. Und zwar nicht als Wettkampf nach dem Motto ‚Ich halte die hundert Grad länger durch als du', sondern um sich wirklich fallen zu lassen. Oder in die Natur. Ein Jäger hat mir mal erzählt, wie intensiv er die Stunden auf dem Hochsitz erlebt. Nachts und frühmorgens. Ganz allein. Nur die Geräusche und Gerüche des Waldes und er. Das Schießen zum Regulieren des Wildbestands ist eher eine Pflichtaufgabe. Das Entscheidende ist die Gegenwelt, die der Wald für ihn bedeutet."

Eine solche „Tankstelle" regeneriert die Kräfte, stärkt also die Resilienz. Ich erlebe immer wieder Menschen, die sich ganz bewusst gefragt haben, welche Struktur ihre Arbeit mit sich bringt – und was sie dagegensetzen wollen. Sie haben sich also nicht nur auf ihre Intuition verlassen – denn die führt manchmal in die Irre.

Bleiben wir noch kurz beim Fußball. Ein eindrucksvolles Beispiel für die Arbeit an der eigenen Resilienz, also seiner mentalen Stärke, liefert der Nationalspieler Jonathan Tah in einem Interview. Der Innenverteidiger der Meistermannschaft von Bayer Leverkusen arbeitet seit 2021 mit einer Psychologin, die übrigens nichts mit Sport zu tun hat. „Wenn jemand sagt: ‚Ich möchte schneller werden oder einen größeren Bizeps haben', geht er ins Gym und arbeitet daran. Genauso funktioniert es auch im mentalen Bereich." Er arbeitet beispielsweise mit Visualisierungen und Affirmation. „Das ist kein Hokuspokus. Es ist verrückt, wie man sich auf diese Weise selbst stärken kann. Du kannst Dinge trainieren, indem du sie zu dir selbst sagst oder dir vorstellst."

Tahs Erfahrung ist, dass von seiner persönlichen Weiterentwicklung auch sein Beruf profitiert. Und dass er besser mit Druck umgehen kann. „Ein gutes Beispiel ist mein Nationalmannschaftskollege Antonio Rüdiger. Er ist so überzeugt von sich, dass er quasi keinen Zweikampf verliert. Es hört sich simpel an, aber das hat etwas mit seiner mentalen Kapazität zu tun."

Manche Unternehmen haben längst verstanden, dass Resilienz eine wichtige Ressource ist. Entspannungsräume, Fitnessmöglichkeiten, Yogakurse, Rückenschulen und Workshops zur Stressbewältigung sieht man häufiger als früher in Betrieben. Oft stecken recht nüchterne ökonomische Gedanken dahinter. Die seelische Gesundheit und Resilienz der Mitarbeiter zu stärken, ist billiger als Krankheitsausfälle oder das Reduzieren der Arbeitsbelastung. Und der Appell „Sei dein eigener Coach", den die vom Betrieb bezahlten Resilienztrainings gern vermitteln, verschiebt die Verantwortung schön auf das Individuum und weg vom Arbeitgeber. Aber unter den gegebenen Umständen der Arbeitswelt ist Resilienztraining sicherlich besser als nichts.

Isabel ist Coach und leitet seit vielen Jahren solche Trainings für verschiedene Unternehmen. Im Telefoninterview nennt sie mir ein paar Dinge, die Menschen helfen, besser mit dem täglichen Stress umzugehen. Oft helfen dabei Stift und Papier, also das Notieren und Visualisieren.

Bei „Aufschieberitis" regt sie an, Aufgaben positiv zu formulieren, sie mit einem Termin zu versehen und den Grad der Perfektion festzulegen, den sie verlangen. Das verwandelt die Arbeitsflut in handhabbare, zu bewältigende Portionen.

Wer sich viele Sorgen macht, sollte erstens positive Ergebnisse und Erlebnisse notieren, zählen und sich so bewusst machen. Und zweitens den Sorgen die Eintrittswahrscheinlichkeit optisch gegenüberstellen. So kann man der Neigung zum Katastrophisieren manchmal ganz nüchterne Mathematik entgegensetzen. Wer sich bewusst macht, dass das, was er befürchtet, noch unwahrscheinlicher ist als das Landen eines Meteoriten auf dem eigenen Schreibtisch, kann sich oft wieder beruhigen.

Gegen selbst gemachten Stress hilft es, einmal gründlich zu durchdenken, warum man sich, im Gegensatz zu einer Kollegin, über dasselbe mehr ärgert oder von derselben Aufgabe mehr beansprucht wird. Situationen, die Stress ausgelöst haben und regelmäßig auftreten wie Präsentationen oder konfrontative Verhandlungen, kann man analysieren und danach gezielte Maßnahmen wie „bessere Vorbereitung" oder „gute Antworten" notieren. Und auch den eigenen Beitrag zu Konflikten kann man bewusst reflektieren.

Eine große Bedeutung haben aus Isabels Sicht echte Pausen. Man soll während des Arbeitstags den Schreibtisch, das Büro, am besten das Betriebsgelände mindestens einmal verlassen. Auch in einer Situation akuten Gestresstseins. Frische Luft und ein kurzer Spaziergang wirken oft entspannend. Und auch im Büro sind Auszeiten wichtig: Das kann die vorfreudige Urlaubsplanung am Rechner sein, das YouTube-Video vom Sieg der Lieblingsmannschaft, eine Atemübung oder auch ein Powernap, also ein kurzes Nickerchen.

Isabels Kurzformel für gute Resilienz lautet: Erfolgszuversicht, Lebenszufriedenheit und ein gutes, unterstützendes soziales Umfeld. Und, so fügt sie zu meiner Überraschung noch hinzu: „Der Glaube kann eine starke Resilienzquelle sein."

Häufig braucht man zum Lösen eines Problems Zeit. Das ist für Menschen, die wegen ihrer psychischen Verfassung und einer akuten Stressbelastung gerade emotional auf 180 sind, keine hilfreiche Information. Ein Familientherapeut und Resilienztrainer hat mir erzählt, wie er dabei hilft, diese Spannung aufzulösen. Er hat jahrzehntelange Erfahrung mit dem Bearbeiten akuter Krisen und Konflikte, wo es hoch hergeht – beispielsweise in Familien und in Jugendgruppen, wo oft die Sicherungen durchzubrennen drohen. Sein Rat an Menschen, die sich im Hamsterrad des emotionalen Stresses gefangen fühlen, lautet: **den Moment lösen und nicht das Problem.** Sein nicht nur psychologisch, sondern auch philosophisch faszinierender Gedanke dahinter ist: Wer sich von einem Problem bedroht und übermannt fühlt, ist oft überhaupt nicht in der Verfassung, es zu lösen. Das „Reptiliengehirn" mit seiner simplen „Kampf/Flucht/Angststarre"-Mechanik hat längst die Kontrolle übernommen. Also muss man sich erst einmal beruhigen und „runterkommen", wie man umgangssprachlich sagt. Manche haben diese Fähigkeit der Selbstreflexion und Selbstregulation von allein, andere müssen Techniken erlernen, die sie wieder so weit herunterregeln, dass statt hysterischem, emotionsgesteuertem Aktionismus wieder die Ratio übernehmen und man sich an die Lösung des eigentlichen Problems machen kann. Und diese Techniken der Selbstberuhigung vermittelt der Therapeut in seinem Resilienztraining – und auch in seinem Buch *Hypnosystemische Lebensberatung*. Einer Schauspielerin mit starkem Lampenfieber hilft seither eine einfache Atemübung, die sie in den Minuten vor dem Auftritt absolviert: vier Sekunden tief in den Bauch einatmen, sechs Sekunden langsam ausatmen – das Ganze etwa fünfzehn Mal, also zwei bis drei Minuten lang. Einem Auszubildenden, den an den Berufsschultagen morgens regelmäßig Panikattacken erfassten, „verordnete" er einige Minuten *tapping*, also das rhythmische „Überkreuz"-Berühren der Oberschenkel und der Schultern. Eine Lehrerin, die im Unterricht vom Stress übermannt wird, sammelt sich während einer Arbeitsaufgabe der Kinder, indem sie rückwärts von fünfzig bis null zählt und sich dabei jede Zahl auf einer Leinwand vorstellt. Ein Koch, der in Schnappatmung verfällt, wenn zu viele Bestellungen gleichzeitig hereinhageln, taucht sein Gesicht einige Sekunden lang in eine Schüssel mit Eiswasser. Danach kann er die Zettel nacheinander abarbeiten. Eine Abteilungsleiterin, die das Moderieren von Besprechungsrunden emotional anstrengt, blockt sich immer die halbe Stunde vor dem Beginn der Besprechung im Kalender, um eine Runde im nahe gelegenen Park zu drehen und sich dabei durch bewusstes Atmen zu beruhigen. Das Geheimnis all dieser Methoden lautet: Bevor ich mich der Lösung eines Problems zuwenden oder mich einer Herausforderung stellen kann, muss ich mich selbst in den Zustand bringen, in dem ich dazu in der Lage bin.

„Ich bin kein Opfer mehr!"

So wie die Arbeit an der eigenen Resilienz sind auch die Selbstreflexion und die Selbstführung ein Mittel, mit dem Individuen auf Stress reagieren. Und ich gehe noch weiter: Es ist auch eine Verpflichtung, an sich zu arbeiten. Selbstreflexion ist nicht Selbstmitleid – eher das

Gegenteil davon. In der Psychologie sprechen wir vom „sekundären Krankheitsgewinn“, wenn Menschen sich nicht mehr bemühen, ihre Erkrankung zu bekämpfen, weil es sich als bequemer erweist, sich auf dem Status des „psychisch Labilen“ auszuruhen. Aber anstatt in einer pubertären „Keiner versteht mich“-Haltung zu verharren, sollten Erwachsene es als ihre Verantwortung betrachten, so viel wie möglich für die eigene mentale Gesundheit zu tun – um ihrer selbst und um ihres sozialen Umfelds willen. Ich habe in einem Seminar mit Führungskräften einmal erlebt, dass eine Teilnehmerin nicht einverstanden war mit einer Entscheidung der Geschäftsführung. Als ihr Argumentieren nichts nützte, reagierte sie beleidigt. Aber sie verließ nicht den Raum, sondern kämmte sich stattdessen, im Stuhlkreis der Führungskräfte sitzend, ihre langen Haare vor ihr Gesicht und blieb hinter diesem Haarvorhang verborgen bis zur nächsten Kaffeepause. Mindestens eine Viertelstunde ging das so. Die Kollegen schienen ihre Anwandlungen bereits zu kennen. Sie diskutierten äußerlich ungerührt weiter. Aber ich spürte durchaus eine Beklommenheit im Raum. Niemand konnte dieses Verhalten ignorieren. Ich war ziemlich entgeistert, weil ich so etwas bis dahin nur von Elfjährigen gekannt hatte. Aber diese Frau war jenseits der vierzig. Als ihr Vorgesetzter hätte ich ihr vermutlich sehr nachdrücklich nahegelegt, sich in Therapie zu begeben. Weil es nicht nur um sie ging, sondern so ein Verhalten das ganze Team betrifft.

Ein befreundeter Psychotherapeut – nennen wir ihn Michael – hat mir erzählt, was er Menschen mitgibt, die ihn ausdrücklich um seinen Rat bitten:

„Ja, es ist manchmal schwer. Es gibt Gründe dafür, und du bist für vieles, was gerade schlecht läuft, nicht allein verantwortlich, weil du einen biografischen Rucksack aufhast. Aber du kannst etwas tun, um deine Situation zu stabilisieren. Häufiger, als viele denken, gibt es Alternativen zum krank machenden Status quo.

Selbstreflexion bedeutet zum Beispiel, das eigene Stresslevel zu beobachten – und herauszufinden, was für ein Stresstyp man ist. Dann kann man verstehen, welcher Antreiber einen in herausfordernden Situationen zu welcher Reaktion treibt. Das hilft zu erklären, warum bei derselben Anforderung der eine abends fröhlich pfeifend nach Hause geht und der andere schier zusammenbricht."

Manchmal ist man selbst seines Unglücks Schmied. Wenn man in einer Muss-Struktur steckt, verhindert rigides Denken oft Entwicklungschancen. Wer oft globalisiert und beklagt, dass „immer alles schiefgeht", stellt sich zu selten selbst die Gegenfrage: „Wirklich immer?"

Und dann muss man den Mut haben weiterzufragen: Passt das, was ich tue, zu meiner Persönlichkeit, und tut es mir gut? Wenn beispielsweise Kundenkontakt dich generell nervt, die ironisch gemeinte Kapitelüberschrift „Wenn nur die Kunden nicht wären ..." in Teil 1 also auf dich zutrifft, musst du mal überlegen, ob du im richtigen Job bist. Und Leute, die Lehramt studieren, aber feststellen, dass der Kinderlärm sie fertigmacht, sollten überlegen, ob das wirklich ihr Beruf sein soll. Was am meisten krank macht, ist das Verharren in einer krank machenden Struktur.

Aber hören wir Michael weiter – er ist übrigens sehr erfolgreich darin, schwer gestresste Menschen wieder zu stabilisieren: „Je besser man sich selbst und den Arbeitsprozess versteht, desto besser kommt man klar mit bestimmten Situationen. Und das Weiterdenken führt dann schnell zur biografischen Arbeit: Wo komme ich her? Was haben mir meine Eltern genetisch und erzieherisch mitgegeben? Zur Biografiearbeit gehört sinnvollerweise auch das Gespräch mit den Eltern darüber, was sie und ihre Vorfahren erlebt und an uns weitergegeben haben – auch, um mehr zu reflektieren, was man an seine Kinder weitergibt und wie man das bewusster steuern kann. Deshalb sind gezielte Fragen an die Eltern wichtig, auch wenn sie beiden Seiten wehtun: Wie bin ich aufgewachsen? Wie gut verstanden sich meine Eltern? Wie kamen sie mit der plötzlich dastehenden Aufgabe klar, Erziehende zu sein? Wurde ich gestillt? Gab es Katastrophen, Verluste, schwere Konflikte, Gewalterfahrungen? Trennungen durch Krankenhausaufenthalte oder Verschickungen? Zu verstehen, was passiert ist und uns geprägt hat, macht den inneren Kritiker leiser. Dann kann man eventuell lernen, weniger verzweifelt zu sein über sich selbst und eher anzuerkennen, was man mit dem Rucksack, den man nun mal trägt, alles erreicht hat. Man versteht, dass Vergleiche mit anderen – deren Rucksack viel leichter ist – nicht sinnvoll sind, sondern nur destruktiv wirken. Gerade mit der ‚unkomplizierten' Familie des Partners, aber auch mit Kollegen, Vereinskameraden und so weiter. Man versöhnt sich also mit sich selbst. Es lohnt sich, diese schwere Arbeit an der eigenen Biografie anzugehen. Und es ist nie zu spät dafür."

Das Ergebnis einer guten Selbstreflexion ist oft, dass Menschen nicht mehr wütend und selbsthassend sind wegen ihrer ungünstigen Prägungen und ihrer psychischen Konstitution, sondern sie wohlwollend umarmen. Es gibt die schöne Geschichte von einem Medizinmann, zu dem ein Mann kam, der allnächtlich von schrecklichen Albträumen heimgesucht wurde und Dämonen sah, die ihn in Panik versetzten. Er wollte wissen, wie er die Dämonen bekämpfen und vertreiben könne. Darauf der Medizinmann: „Warum bekämpfen? Warum vertreiben? Lade sie ans Lagerfeuer ein. Gib ihnen zu essen. Lerne sie kennen. Vielleicht brauchen sie deine Hilfe." Das erinnert mich daran, was mir ein bekannter Radioreporter einmal erzählt hat, der unter Panikattacken litt. Häufig kamen sie im ungünstigsten Moment – kurz vor einer Livereportage. In seiner Therapie lernte er, damit umzugehen. Er begrüßte die Angst dann so: „Ach, hallo, Panik. Schön, dass du da bist. Aber jetzt muss ich erst mal zwei Stündchen arbeiten. Also setz dich doch da drüben hin und schau zu. Ich verspreche, dass ich danach Zeit habe für dich." Er schwor, dass es funktionierte. Er blieb arbeitsfähig, auch wenn eine Angstattacke kam.

Michael sagt dazu: „Ob du deine psychischen Lasten ‚Dämonen' nennst oder ‚Gäste': Sie gehören ebenso unabänderlich zu dir wie deine blauen Augen und deine 1,77 Meter Körpergröße. Und wenn dein Partner, deine Chefin, dein Kollege oder eine Mitarbeiterin ungünstiges Verhalten zeigt: Verurteile es nicht sofort. Vielleicht haben sie ein ordentliches Päckchen zu tragen, für das sie nichts können. Vielleicht kannst du ihnen sogar ein wenig beim Tragen helfen."

Auch in Arbeitssituationen, die auf den ersten Blick ausweglos scheinen, hat man oft die Wahl. Mir ist bewusst, dass Schichtarbeit oft einen Bildungs- und einen Klassenaspekt hat und ein Wechsel in eine andere Tätigkeit keinesfalls so leicht ist wie bei gut ausgebildeten „Performern". Aber ich behaupte, dass man auch hier oft eine Wahl hat, wenn man das Wagnis der Selbstreflexion eingeht. Die Rolle, die man im Leben übernimmt, entscheidet über die psychische Gesundheit. Ich kenne mehrere Menschen, die festgestellt haben, dass die Schichtarbeit sie krank gemacht hat – und die sich daraufhin beruflich verändert haben. Durch eine Fortbildung. Durch Inkaufnahme eines längeren Arbeitswegs. Manchmal auch durch die Aufgabe des Traumes vom Eigenheim. So ein Umstieg ist anstrengend und erfordert Opfer, aber er dient der Gesundheit. Denn wie alles ist auch Schichtarbeit umso krank machender, je unwilliger man sie macht und je mehr Leidensdruck man hat.

Einer dieser Menschen hatte jahrelang verbissen auf das eigene Haus gespart – bis er zusammenbrach. Er hat mir einige Jahre später erzählt, wie sehr ihn ein Gedanke beeinflusst hat, den ich ihm gegenüber erwähnt hatte: **Leihen und Erleben statt Besitzen**. Das gilt für das Eigenheim, aber auch für das Auto, das Boot und das Ferienhaus. Der Stress des Erwerbens und des Besitzens macht krank. Und was die Seele nährt, sind nicht materielle Güter, sondern Erlebnisse. „Das hat mir extrem geholfen, mich auf das Wesentliche zu besinnen", sagte er zu mir. „Ich habe mir einen neuen Job gesucht – ohne Schichtdienste. Und von dem, was wir ursprünglich fürs Häuschen angespart hatten, haben wir inzwischen schon drei große und großartige Reisen gemacht."

Mein Credo lautet: Wir sind Gestalter unseres Lebens und nur in ganz seltenen Fällen ausschließlich Opfer der Umstände. Rollenwechsel sind also möglich. Während Corona konnten wir es sehen. Damals sind viele notgedrungen aus der Gastronomie und damit aus der ungeliebten Schichtarbeit ausgestiegen und in andere Branchen gewechselt – und danach vielfach nicht zurückgekehrt. Ein vorher unvorstellbarer Wandel war also möglich. Auch Lebensveränderungen wie die Geburt eines Kindes oder die Pflege eines todkranken Angehörigen mobilisieren oft Fähigkeiten und Kräfte, die die Betroffenen vorher für sich ausgeschlossen hätten. Auch nach einer Beförderung kann sich das Gefühl einstellen, dass man die Grenzen der Belastbarkeit überschritten hat. Der frühere Verteidigungsminister Karl-Theodor zu Guttenberg hat in einem Podcast eindrucksvoll beschrieben, wie sein Aufstieg die seit jeher in ihm schlummernde Depression ausgelöst hat. Mit seinem Rücktritt 2011 hat er die Notbremse gezogen und den Prozess der Heilung eingeleitet. Er hat umgesetzt, was Menschen tun sollten, die sich überfordert fühlen oder nach der alten Tätigkeit sehnen: die Rolle rückwärts! Mein Merksatz hierzu lautet: Lieber einmal kurz das Gesicht verlieren als dauerhaft die Gesundheit.

Wenn man aber wirklich nicht wechseln kann, muss man notgedrungen damit klarkommen und ein Verhältnis dazu finden – auch das geschieht durch Selbstreflexion. Menschen, denen das gelingt, gestalten ihre Schlafsituation und die Familienorganisation so um, dass die wechselnden Arbeitszeiten sie möglichst wenig krank machen. Manchmal ist das das Maximum des Erreichbaren. Aber auch das bekommt man nur, wenn man es bewusst angeht.

Selbstreflexion sollte nicht nur auf sich selbst gerichtet sein, sondern auch auf die Mitmenschen. Wer viel Unangenehmes erlebt hat, hat oft eine Ausstrahlung, die auch andere belastet – ohne es zu wissen und zu wollen. Ich hatte einmal beruflich mit einer Verwaltungsangestellten zu tun, die berichtete, dass sie oft Opfer von Mobbing sei. Aber als ich mit ihr und dem Team arbeiten wollte, um die vorhandenen Konflikte zu lösen, teilte sie mir vorher mit: „Ich sag hier gar nichts. Die sollen mal sehen, wie die das Problem lösen, wenn ich nichts sage." Sie sabotierte also ohne jedes Unrechtsbewusstsein den Prozess, der ihr als vermeintlichem Opfer helfen sollte. Und sie dachte, sie tue mit ihrer Haltung dem Prozess gut.

Noch deutlicher ist der blinde Fleck unzureichender Selbstreflexion natürlich bei den Tätern. Auf die Frage „Wo wirke ich toxisch auf andere?" muss man erst einmal kommen. Wie es läuft, wenn sie ausbleibt, zeigt eine schöne Szene aus der Sitcom *Big Bang Theory*, in der die Frauen sich über Mobbing in ihrer Schulzeit unterhalten. Bernadette und Amy berichten, was ihnen als Opfern widerfuhr. Penny hingegen behauptet, sie könne sich an Mobbing in ihrer Klasse nicht erinnern. Es stellt sich jedoch schnell heraus, dass sie dies nur deshalb nicht könne, weil sie im Unterschied zu den beiden anderen nicht das Opfer von Mobbing gewesen ist, sondern auf der anderen Seite gestanden hatte. Für sie war alles nur ein guter Spaß gewesen, dass dies für die andere Person nicht der Fall gewesen war, sieht sie erst jetzt, als sie mit ihren Freundinnen darüber spricht.

Eher in den Bereich der Reflexion gehört, dass Kollegen aufeinander achtgeben sollten. Aktiv zu werden, wenn es jemandem erkennbar schlecht geht, ist nicht nur die Aufgabe von Führungskräften und Personalern. Und auch Vorgesetzte kann man ruhig einmal ansprechen, wenn man spürt, dass sie überfordert und überlastet sind. Eine Abteilungsleiterin hat mir berichtet, wie gut es ihr tat, als eine Mitarbeiterin auf sie zukam und einfach sagte: „Können wir mal reden? Ich habe ein Gesprächsbedürfnis." Und als sie sich trotz ihres akuten Stresses einen Ruck gab und bejahte, stellte sich heraus, dass es um sie, die Chefin, ging – um ihre psychische Überlastung. „Die Frau hat mich einfach als Menschen gesehen. Sie hat Menschlichkeit gezeigt." Ein solcher Impuls „nach oben" ist heikel und setzt ein entsprechendes Betriebsklima und ein Grundvertrauen voraus. Aber wenn es klappt, wird der Vorgesetzte die ausgestreckte Hand dankbar annehmen. Manchmal haben Mitarbeiter so die Chance, eine Führungskraft zu führen – wobei mit „Führen" immer empathisches Begleiten und Empowern gemeint ist, nicht Zwang und Manipulation.

„Was ich von einer Rosine gelernt habe"

Der Begriff „Achtsamkeit" ist seit einigen Jahren in aller Munde – und wird fast genauso oft belächelt. Dabei bezeichnet er lediglich eine Möglichkeit der Selbstregulation, die Menschen seit jeher nutzen, um ihre Resilienz zu stärken, sich zu entspannen und so ihren Stress zu vermindern. Worauf es ankommt, ist die bewusste Fokussierung auf den Moment unter Verzicht auf Bewertungen. Die hohe Kunst besteht darin, gedankliche Abschweifungen so weit wie möglich auszuschalten.

Tobias, der ALRIGHT-Mann, schwört auf Achtsamkeitstrainings und organisiert sie regelmäßig für die Belegschaft. Als er mir das erzählt, muss er allerdings erst einmal lachen. „Ich gehörte bis vor einiger Zeit auch zu denen, die sich lustig gemacht haben über die Achtsamkeitsgemeinde. Und manches Getue geht mir bis heute auf den Senkel. Es gibt so eine Art von aufdringlicher Sanftheit, die wie ein Vorwurf daherkommt. Das nervt. Aber das sagt nichts aus über den Nutzen der Achtsamkeit. Sie ist ein sehr guter Ausgleich zum ganz normalen Wahnsinn der Arbeit.

Jedenfalls musste ich das ja auch irgendwann zum ersten Mal machen. Und ich wollte eigentlich nicht. Ich fand das damals doof, dass ich da hingeschickt wurde im Rahmen einer Fortbildung in Personalführung. Und dann legt diese Trainerin uns da ausgerechnet eine Rosine hin! Du musst wissen: Ich hasse Rosinen! Meine Frau muss ihre Familienrezepte für Hefezopf und Kuchen immer meinetwegen abwandeln, weil ich mich weigere, etwas mit Rosinen zu essen. Und jetzt lag da dieses schrumplige Ding vor mir und sollte mir beibringen, mich zu fokussieren. Ich habe mir minutenlang selbst im Weg gestanden, weil ich nur an den Hefezopf dachte, den ich bei meiner Schwiegermutter mal aus Höflichkeit gegessen und gelobt habe. Obwohl die Rosinen überall rausquollen. Bäh!" Tobias schüttelt es bei der Erinnerung an diesen Moment.

„Aber dann konnte ich mich doch darauf einlassen. Alles andere ausblenden und die Rosine betrachten, befühlen, beschnuppern, davon abbeißen. Sie zerkauen. Sie runterschlucken. Ohne Widerwillen übrigens. Die Frage, ob ich Rosinen mag, war plötzlich weg. Und nachdem mir die Übung gelungen war, hatte ich eine Art von Ruhe in mir, wie ich es echt lange nicht mehr erlebt hatte. Eine Tiefenentspannung, die mir total guttat. Seither versuche ich das jeden Tag mal – mich für eine Weile vertiefen und aus allem anderen ausklinken, wie ein konzentriert spielendes Kind. Das kann ich inzwischen unter der Dusche, beim Gang zur Bushaltestelle, sogar beim Rumsitzen und Atmen."

Wer bei sich selbst und im Moment sein kann, hält angespannte und stressige Situationen besser aus. Ob man diese fokussierte Selbstbesinnung beim Wandern, beim Essen, im Gebet, beim Malen eines Bildes, beim Bogenschießen oder beim Klavierspielen erreicht, ist letztlich egal. Ein immer häufiger genutzter Weg ist das Yoga. Ein Yogakurs unterscheidet sich in seiner Wirkung kaum von dem, was Menschen früher im Bibelkreis erlebten – nur dass noch Bewegung dazukommt. Yoga ist achtsame Entspannung und damit Arbeit an der seelischen Gesundheit. Man nennt es nur nicht „Therapie", sondern „Ich tu was für meinen Körper, ich entspanne mich, und es tut mir gut".

Wer seine Achtsamkeit schult, holt sich also intuitiv etwas zurück, das Menschen seit jeher guttat, das uns aber im Zuge der Säkularisierung kulturell vielfach abhandengekommen ist.

Es ist ein Fortschritt, dass Unternehmen etwas für die mentale Gesundheit ihrer Mitarbeiter tun, indem sie Yogakurse und andere Achtsamkeitsangebote organisieren. Denn es gibt nicht viel, womit so viel Schindluder und Geldmacherei betrieben wird wie mit Esoterik. Die beste Spiritualität ist oft die, die gar kein Geld kostet: zum Beispiel eine Meditation, ein Waldspaziergang oder die Predigt und das Gebet. All das steigert die Resilienz angesichts des täglichen Stresses. Geglückte Achtsamkeitsübungen dämpfen messbar Ängste und Sorgen, verbessern die Konzentrationsfähigkeit, führen zu höherer Selbstfürsorge und tragen zu einem erholsameren Schlaf bei. Das ist für viele Gestresste bereits eine spürbare Hilfe.

Mit KI gegen den seelischen K. o.

In Teil 2 habe ich für eine „Renaissance des Humanismus" plädiert. Im Text habe ich mehrfach die Fixierung von Menschen auf ihr Smartphone kritisiert. Und jetzt komme ich mit künstlicher Intelligenz (KI) als Lösung für den Mangel an Therapieangeboten um die Ecke? Nun, in einer idealen Welt hätten wir ausreichend Psychotherapeuten, Seelsorgerinnen und so weiter für jede Lebenslage. Und in dieser idealen Welt wären das auch alles gute Therapeutinnen und Therapeuten. Aber die Welt ist nicht ideal. Wir Menschen sind wunderbar in unserer Fehlbarkeit – aber wir sind eben fehlbar. Ich wage zu behaupten: Für manche Situationen ist eine gute KI besser als ein schlechter Therapeut. Denn es gibt zweifellos Fachkolleginnen und -kollegen, die nicht helfen, sondern sogar Schaden anrichten. Zum Beispiel weil sie auf eine einzige Methode oder ein einziges Thema fixiert sind – was oft mit ihrer eigenen psychischen Problematik zu tun hat. Im weiteren Freundeskreis eines Bekannten gab es eine Psychotherapeutin, auf die der schöne Spruch zutraf: „Wenn das einzige Werkzeug, das du kennst, ein Hammer ist, dann sieht alles wie ein Nagel aus." Denn sie kannte in therapeutischer Hinsicht nur zwei diagnostische Werkzeuge: „Neidproblematik" und „Aggressivität". Mit diesen beiden Begriffen „analysierte" sie jede Situation – auch wenn ihr therapeutischer Rat gar nicht gefragt war. Stellte zum Beispiel jemand während einer Veranstaltung eine Frage, die sie nicht gut verstehen konnte, weil sie am anderen Ende des großen Saales saß, dann war für sie klar: „Der redet absichtlich so leise. Der ist aggressiv." Das äußerte sie immer mit dem Autoritätsanspruch der studierten Therapeutin – und höchst aggressiv. Mein Bekannter sagt, er habe nie einen neidischeren und aggressiveren Menschen kennengelernt als diese Frau. Was sie für die Themen der anderen hielt, waren also ihre eigenen. Vielleicht wäre eine KI für manche ihrer Patienten die bessere Wahl gewesen.

Dennoch verstehe ich es, wenn du als Leserin, als Leser ein Unbehagen empfindest bei der Vorstellung, dass eine Maschine Menschen in seelischer Not helfen soll. Schließlich entstand die Kulturkritik an der Computerisierung der Welt vor gut sechzig Jahren exakt aus diesem Thema. Der Informatikprofessor Joseph Weizenbaum war einer der Pioniere der künstlichen Intelligenz. In den 1960ern arbeitete er am renommierten Massachusetts Institute of Technology (MIT) in Boston und programmierte dort ELIZA – ein aus heutiger Sicht extrem primitives Dialogprogramm, das psychotherapeutische Gespräche simulierte. Weizenbaum wollte eine Schnittstelle schaffen, durch die Menschen in natürlicher Sprache statt durch Programmierbefehle mit einem Computer interagieren konnten. Dafür nutzte er die Beobachtung, dass Therapeuten oft nur wiederholen, was der Patient äußert: „Sie sagten, Ihre Mutter sei dominant. Möchten Sie das genauer erläutern?" Dieser oft statische Gesprächsverlauf ließ sich leichter technisch imitieren als andere Gesprächsformen, weshalb Weizenbaum ihn als Test-Setting für seine Programmierung nutzte. Eines Tages entdeckte er zu seiner Entgeisterung, dass mehrere Sekretärinnen seines Instituts das Programm regelmäßig und ausdauernd nutzten und begeistert davon berichteten, wie gut sie sich von ELIZA verstanden fühlten. Für Weizenbaum war das ein Schock – er leitete seine Wandlung vom Computerpionier zum Computerskeptiker ein. Und für viele ist die Vorstellung eines Therapie-Computers auch heute beklemmend – sie denken an den „Großen Bruder" bei George Orwell und Ähnliches. Nicht zuletzt ist die Vorstellung, dass der Seele, also dem Allerinnersten des Menschen, maschinell geholfen werden könne, für viele eine Kränkung ihres Selbstbilds als Menschen.

Wenn man das kulturelle Unbehagen aber einmal beiseiteschiebt, wird der Blick für objektive Argumente frei, die für den Einsatz von KI zu diagnostischen und therapeutischen Zwecken sprechen. Denn heute ist die Situation anders als 1965. Vor allem Jüngere haben sich längst an interaktive Programme, an Avatare und an KI gewöhnt. Und die Möglichkeiten, bestimmte menschliche Fähigkeiten technisch nachzuahmen, haben sich explosionsartig verbessert. Das bestätigt mir Dr. Eldar Sultanow in unserem Telefoninterview. Dr. Sultanow ist KI-Experte, IT-Stratege und Autor des 2024 erschienenen Buches *Sie werden mit dem nächsten freien Chatbot verbunden: Wie KI unseren Alltag bereits beherrscht und wie man sie erkennt.* Auf den Text dieses Buches bezieht er sich im Interview einige Male.

Ein wesentlicher Vorteil der KI ist ihre Geduld und ihre Objektivität in konkreten Situationen. KI-Programme sind weder reizbar noch erschöpfbar – auch nicht, wenn zum Beispiel Patienten mit einer Autismusstörung immer und immer wieder dieselben Formulierungen verwenden und man sich monatelang im Kreis zu drehen scheint. Eine therapeutische KI ist zudem methodisch flexibler als die meisten menschlichen Kollegen – mich eingeschlossen. Diagnostisch ist sie uns Menschen überlegen, weil sie Zugriff auf alle existierenden Ansätze hat und diese unparteiisch anwendet. Sie lässt sich also nicht von Sympathie und Antipathie und persönlichen „Steckenpferden" in die Irre führen. Allerdings darf man nie ignorieren, dass manche Voreingenommenheiten als „Bias", also als Verzerrung, bereits in die Programmierung eingegangen sind, weil die Trainingsdaten gesellschaftliche Vorurteile über Ethnien, Geschlecht und so weiter transportieren.

So wie Kardiologen sich nicht nur auf das subjektive Herzschlaggefühl des Patienten verlassen, sondern bei Bedarf ein Langzeit-EKG anordnen, basiert auch die Wirkungsweise einer therapeutischen KI teilweise auf gemessenen Echtdaten – statt auf Erzählungen über Erlebnisse, Gespräche, Kränkungen, Träume und so weiter, die die Patienten vermeintlich gestresst haben. Oft ist das Erlebte schon Tage her und mehrfach durchgearbeitet und verändert, wenn es dem Therapeuten erzählt wird. Es handelt sich also immer um berichtete, konstruierte und oft verfälschte Realität. Die KI auf dem Smartphone hingegen nutzt die Tatsache, dass immer mehr Menschen ihren Lebensalltag tracken und dokumentieren, und erhält so ein objektiveres Bild des Geschehens. Anhand des von der Smartwatch aufgezeichneten Pulsschlags und der Hauttemperatur „weiß" die KI besser als die Patientin (und damit auch der Therapeut), wann, wo und wodurch Stress aufkam. Die Tatsache, dass es nicht „der blöde Chef", sondern der eigene Partner oder die eigene Zwanghaftigkeit im Haushalt ist, die den Stress hochkommen lässt, kann man gegenüber einer KI – und damit auch vor sich selbst – nicht mehr verbergen. Weil aus den Daten klar wird: Der Puls geht hoch, wenn man die Wohnungstür aufschließt – und nicht bei der Arbeit. Auch mit Gesprächen, die Patienten über das Smartphone geführt haben, kann die KI gemessene Erregungszustände korrelieren. Dann kann klar werden: Es war nicht die Bank, sondern es war der vergötterte Vater, der den Stresspegel hochgejagt hat. Ein möglicher Ansatzpunkt für therapeutische Maßnahmen.

Die KI regt die Patienten zusätzlich zum Berichten an und kann aus dem Vergleich zwischen berichteter und gemessener Realität weitere Schlüsse auf das Krankheitsbild und anderes ziehen. Auch wenn die Transparenz, die die KI sich hier zunutze macht, viele zum Gruseln bringt: Wird das gängige Verdrängen, Beschönigen und Lügen von Patienten gegenüber Ärzten und Therapeuten ausgeschaltet, bietet sich eine Riesenchance, jahrelange Irrwege und Fehlbehandlungen zu vermeiden.

Wogegen sich viele intuitiv sträuben, ist die Vorstellung, dass Computerprogramme Empathie entwickeln können. Aber das, was wir

Empathie, also Einfühlungsvermögen, nennen und für eine urmenschliche Fähigkeit halten, basiert teilweise auch nur auf Erfahrungen und Beobachtungen, ist also etwas Gelerntes. Und dasselbe kann man auch einer Gesichtserkennungssoftware beibringen – auch wenn sie das Beobachtete nicht versteht. Sultanow zitiert eine Studie von 2023 im renommierten Magazin *Frontiers in Psychology*, die belegt, dass ChatGPT in diesem Sinne „über eine Art emotionales Bewusstsein verfügt", das sogar weniger fehleranfällig ist als das unsere: „Der ‚Levels of Emotional Awareness (LEAS)'-Test misst, ob jemand den emotionalen Gehalt von Situationen erkennen kann. ChatGPT holte eine Punktzahl von 98, während Männer bei 56 und Frauen bei 59 Punkten lagen. Das ist nahezu unglaublich und trotzdem wahr: Psychologen haben diese Leistung auf Richtigkeit geprüft."

Sultanow fügt hinzu, dass es für eine gute Therapie natürlich wesentlich mehr brauche als das bloße Erkennen von Emotionen. Dennoch bleibt das Ergebnis erstaunlich.

KI-Programme können vor allem Menschen helfen, die sich (noch) nicht einem anderen Menschen anvertrauen wollen – oder die schlicht noch darauf warten, einen Therapieplatz zu bekommen. Die Plattform „Hop·e" (hope.humanaize.ai) beispielsweise bildet künstlich eine empathische Kommunikation ab. Sultanow sagt, er habe Hop·e ausprobiert und nach einem kurzen Test „ein sehr angenehmes einstündiges Gespräch mit dieser KI geführt". Seiner Meinung nach kann das Programm dabei helfen, „sensible Themen wie Diskriminierung oder Mobbing am Arbeitsplatz zu behandeln sowie Probleme im Kontext von Diversität, Inklusion und Gleichberechtigung anzugehen, und zwar hundert Prozent anonym".

Was eine KI nicht ersetzen kann, ist die spezielle Atmosphäre, die entsteht, wenn zwei Menschen in demselben Raum und im direkten

Gespräch sind. Das soll sie auch gar nicht. Aber diese Atmosphäre fehlt auch bei den immer üblicheren telemedizinischen Therapieangeboten, bei denen man auch nur auf einen Bildschirm schaut, die räumliche Nähe eines Menschen also auch nicht gegeben ist. Und diese Situation können auch KI-Programme mittlerweile durchaus herstellen. Ein Avatar mit menschlichem Aussehen und perfekt designter Stimme kann eine Beratungssituation so perfekt simulieren, dass die Heilwirkung sogar besser ist als bei einem realen Menschen auf einem Bildschirm. Er ist ein Ansprechpartner, der dich kennt wie kaum jemand sonst und den du maximal sympathisch findest, weil du ihn nach deinen eigenen Vorstellungen designt hast.

Vor allem sensible Menschen profitieren davon, dass bei einem KI-Roboter alles wegfällt, das uns allzu menschlich macht. Avatare riechen nicht komisch, haben keine schlechte Stimmung, sind nie unfair und werden nicht krank. So etwas kann und soll keinen Menschen ersetzen, etwa als Lebenspartner – aber Betroffenen kann es in bestimmten Situationen zweifellos helfen. Vor allem bei Krankheitsbildern wie Autismus bevorzugen die Patienten eindeutig die Interaktion mit Maschinen, weil diese kalkulierbarer sind als Menschen mit ihren rätselhaften Emotionen und ihrem nicht entschlüsselbaren, beängstigenden Mienenspiel.

Eine KI ist immer und überall da und „emotional“ bereit, ohne eigene Störungen – weil sie eben keine eigenen Emotionen und Bedürfnisse hat, die den Prozess beeinflussen. In einer akuten Stresssituation wie bei einem heftigen Streit mit Kollegen, eine Standpauke des Chefs oder einem Beziehungskrach kann es unmittelbar helfen, wenn so ein Avatar – als 3-D-Simulation – wie ein Flaschengeist herbeigeholt werden kann: weil die KI durchaus erkennen kann, was du genau jetzt brauchst. Die Vereinbarung eines Termins beim Therapeuten hingegen kann die akute Anspannung nicht lösen, weil es bis zum Krisengespräch selbst noch Tage dauern kann.

Apropos Flaschengeist: Menschen haben sich schon immer an Projektionen orientiert und sich emotional mit ihnen identifiziert und verbunden. Das gab ihnen Halt und Trost. Das waren mal imaginierte Geister oder Götter, mal religiöse Figuren wie Jesus oder literarische Figuren wie Goethes Werther, Pippi Langstrumpf oder Harry Potter. Und auch die eingebildeten Freunde von Kindern gehören hierher. Therapie-Roboter leisten dasselbe wie diese imaginären Figuren: Sie sind immer da, funktionieren zuverlässig und enttäuschen nie. Vor allem bei Jüngeren ist die Irritation gering, weil sie es oft gewohnt sind, eine Beziehung zu den Figuren ihrer Computerspiele zu haben, die für sie häufig echte Kumpel sind.

Für echte therapeutische Fortschritte werden sicher auch mal unbequeme Wahrheiten und Maßnahmen benötigt, die solche Projektionen nicht leisten können. Aber sehr oft geht es einfach um eine seelische Stütze, damit man nicht ins Bodenlose fällt. Und das funktioniert auch mit KI.

Übrigens ist die Debatte über „Dr. Computer" keine akademische, weil es die Anwendungen längst gibt. Ein Beispiel sind Pilotprojekte mit Robotern, die eine positive emotionale Stütze für Demenzpatienten sind. Noch sind sie eher einfach konfiguriert und auch noch viel zu teuer – aber das Potenzial ist bereits sichtbar.

Die *Apotheken-Umschau* testete im Oktober 2023 sieben Apps zur Depressionshilfe und erörterte deren Vor- und Nachteile. Allein der Gedanke, dass es zusätzlich zum ersten (oder zum nächsten) Therapietermin andere Hilfsmöglichkeiten gebe, habe eine beruhigende Wirkung auf Patienten mit Depression, die sich oft in existenzieller, akuter Not befinden und sich hilflos fühlen. Außerdem seien die Apps nicht nur zum „Schließen von Versorgungslücken“ da, sondern auch für kleine Maßnahmen zur Selbsthilfe, zur Information und zur Diagnostik. Für eine Achtsamkeitsübung benötigt man ja keinen Termin beim Therapeuten, wenn sie online angeregt und angeleitet wird.

Es ist aus meiner Sicht nur eine Frage der Zeit, bis „Dr. Computer“ sich flächendeckend durchsetzt. Er wird nicht alles lösen und Menschen nicht ersetzen können. Aber ganz pragmatisch gesprochen ist die Alternative zu einer KI oft nicht ein leibhaftiger Mensch, sondern gar keine Hilfe. Und die KI wird ganz oft in einer konkreten Krisensituation die Hilfe leisten, die man sonst nicht bekäme – auch im Zusammenhang mit der Arbeit. Weil diese nun mal einen wesentlichen Teil unserer Lebenszeit bestimmt. Um das durchzustehen, brauchen wir mentale Fitness. Wir sollten uns also nicht gegen Hilfsmöglichkeiten sträuben – auch wenn sie uns auf den ersten Blick fremd sind.

„Unser Ziel: Mentale Fitness"

Was tun clevere Unternehmen schon jetzt zum Thema Mental Health? Es ist wieder einmal der deutsche Mittelstand, der sich – in Teilen – deutlich besser und selbstmotiviert um seine Mitarbeitenden kümmert, als es viele vermuten. Wenn ich das Engagement mancher Unternehmerinnen und Unternehmer sehe, habe ich Hoffnung, dass wir doch noch die Kurve kriegen. Verantwortungsvolle Unternehmen haben erkannt, dass die mentale Gesundheit der Belegschaft eine Führungsaufgabe ist und dass sie die Arbeitsbedingungen so gut wie möglich darauf abstimmen müssen. Mitarbeiter sind umso zufriedener und mental stabiler, je mehr folgende Dinge funktionieren: Aufgaben, Zuständigkeiten und Ziele sind klar; es gibt Spielräume für eigene Entscheidungen; Zusagen der Vorgesetzten sind verlässlich;

Mitarbeiter werden bei Beschwerden von außen nicht im Regen stehen gelassen; Konflikte werden ernst genommen und gelöst; Leistungen und Erfolge werden anerkannt; die hohe Belastung wird nicht geleugnet oder „wegmoderiert". Vielerorts schiebt man sich gegenseitig noch die Schuld zu, wenn es um mentale Überlastung geht: Die Vorgesetzten verweisen auf das „unvernünftige" Privatleben der Angestellten, diese wiederum auf die „unmenschlichen" Arbeitsbedingungen. Gut geführte Unternehmen verzichten auf dieses Hin- und Herschieben von Verantwortung und haben stattdessen einen unterstützungsorientierten und kooperativen Führungsstil etabliert. Sie erkennen die Arbeitnehmer und ihre Vertreter, also Betriebsrat und Gewerkschaft, als Experten für die mentale Sicherheit der Arbeitsplätze an. Die große Aufgabe der Unternehmer heißt heute: Freiheit und Verantwortung zulassen und leben und so die größtmögliche mentale Fitness der Belegschaft sicherstellen. Und das setzt Führungskräfte voraus, die ihre Rolle reflektieren und sich selbst gut steuern können, damit sie nicht durch ihr eigenes Verhalten ad absurdum führen, was sie den Mitarbeitenden nahebringen wollen.

Der Fisch wird vom Kopf her gesund

Jörg empfängt mich in seinem Büro. Er ist Psychotherapeut, coacht aber vor allem Führungskräfte. Manche kommen privat zu ihm, in anderen Fällen beauftragen ihn Unternehmen. Der 48-Jährige strahlt eine gemütliche Seelenruhe aus, was unter anderem mit seinem ansehnlichen Bäuchlein zu tun hat. Während des Gesprächs klopft er einmal darauf und meint grinsend: „Ich hab meine Resilienz immer bei mir."

Jörg stellt zu Beginn fest, dass sich in den 15 Jahren seiner Tätigkeit schon manches verändert hat. „Die Offenheit für Leute wie mich ist größer geworden. Es spricht sich langsam herum, dass man im Betriebswirtschaftsstudium nicht lernt zu führen – weder andere noch sich selbst. Das muss man anderswo lernen als an der Uni. Manche haben schon Praxiserfahrung aus dem Familienbetrieb, aber viele sind wirklich blutige Anfänger, was Menschen angeht. Und sie wissen oft erschreckend wenig über sich selbst. Vor allem darüber, wie sie auf andere wirken.

Ich führe die Leute meistens mit zwei Methoden zur Selbstreflexion. Beide arbeiten mit dem Gedanken des Spiegelns. Zum einen lade ich sie ein, sich an ihre eigenen Erfahrungen mit Führungskräften zu erinnern – die meisten haben sich ja hochgedient, hatten also auch Vorgesetzte in ihrem Leben. Fast immer, wenn sie beginnen, sich intensiver mit Führungsfehlern zu beschäftigen, unter denen sie gelitten haben, kommt irgendwann dieser Moment des Stockens. Dann sehe ich förmlich, dass sie gerade in einen Spiegel schauen. Sie entdecken dann zum Beispiel die Neigung zur Ungeduld, zum Aufbrausen, zum Abbügeln von ‚Befindlichkeiten', zur Kritikunfähigkeit plötzlich bei sich selbst.

Der zweite Spiegel ist ein Text meines Kollegen Jürgen Hesse mit Tipps für Angestellte: *Über irre Chefinnen und wie wir mit ihnen umgehen*. Wenn wir den zusammen lesen – ich verlange, dass sie ihn laut vorlesen, damit es richtig schön schmerzt –, sehe ich regelmäßig in Gesichter, die vor Schreck blass geworden sind. Der Text nennt drei Möglichkeiten: ‚Change it. Survive it. Leave it.' Und die Begriffe ‚toxischer Chef', ‚gute Miene zum bösen Spiel', ‚unangenehm, aber noch nicht ganz unerträglich', ‚Psychopathen', ‚Führungskräfte mit massiven Persönlichkeitsstörungen' und ‚noch mehr Leid' sind oft ein Erkenntnisschock. Viele begreifen zum ersten Mal, welch fatalen Einfluss schlechte Vorgesetzte auf die psychische Gesundheit der Mitarbeiter haben. Und damit auf das Betriebsklima, den Krankenstand, die Produktivität und das Ergebnis."

Jörg beugt sich vor und lächelt mich zufrieden an: „Und dann kann ich anfangen, mit ihnen zu arbeiten." Dabei konzentriert er sich zuerst auf die Selbstfürsorge seiner Klienten. „Damit sie andere schätzen und gut behandeln können, müssen sie das oft erst mal bei sich selbst lernen. Die müssen sich fühlen – und die müssen sich mögen. Und auf sich achten. Damit sie verstehen, welche Rolle physische und psychische Gesundheit für ihre Belegschaft und ihren Betrieb spielt, erarbeite ich mit ihnen Antistress-Strategien für sie selbst. Kennst du alles auch als Tipps für gestresste Angestellte: Zeichen der Überforderung und Überlastung ernst nehmen und etwas dagegensetzen. Yoga, Spazierengehen, Sauna oder so was. Und Priorisieren, also sich auf wenige Aufgaben am Tag fokussieren, statt alles gleichzeitig schaffen zu wollen. Die Leute haben oft irren Druck, weil sie viel zu viel von sich erwarten und alles mit sich selbst ausmachen wollen."

Erst wenn er das Selbstbild der Führungskräfte „eingenordet" hat, beginnt Jörg mit der Arbeit am eigentlichen Thema: dem Führungsverständnis. Sein Ziel: die Leute weg von der Aufgabenorientierung und hin zur Mitarbeiter- und Teamorientierung zu kriegen. „Sich um die Leute zu kümmern, ist der Kern ihres Jobs – und keine lästige Nebenaufgabe. Das will ich in die Köpfe kriegen. Für den Zahlenkram gibt es Controller, und mit den Maschinen kennen sich die Ingenieure aus. Aber Menschen begleiten und empathisch führen – das nimmt ihnen niemand ab. Wobei ‚führen' nicht in erster Linie ‚kontrollieren' und ‚anweisen' heißt, sondern ‚Freiräume schaffen', ‚Rückendeckung geben'. Vor allem aber muss man nahe an den Leuten sein."

Wie gut oder schlecht das klappt, zeigt sich nach Jörgs Ansicht zum Beispiel bei den Zielvereinbarungen. Erarbeitet man sie gemeinsam mit den Mitarbeitern, werden sie eher akzeptiert und motivierter umgesetzt. Bedingung: Der Chef setzt sie nicht je nach Geschäftslage plötzlich in einsamer Entscheidung nach oben und versucht, diesen

Schritt durch erhöhten Druck abzusichern, den er mit Motivation verwechselt. Jörg legt seinen Klienten eher nahe, auch in Notsituationen transparent zu handeln und zu fragen, was die Leute benötigen, um ein ehrgeizigeres Ziel zu erreichen als bisher vereinbart. Diese Mittel sollten sie dann aber auch zur Verfügung stellen.

Transparenz ist für Jörg ohnehin ein Schlüsselbegriff. „Natürlich nicht in dem Sinne, dass alle komplett die Hosen runterlassen und Privates oder brisante Geschäftsgeheimnisse preisgeben. Und auch unfertige Strategien gehören nicht in die Mitarbeiterversammlung – das schafft lediglich Unsicherheit. Aber jenseits davon sollte das Ziel sein, dass jeder Mitarbeiter versteht, was warum geschieht. Entscheidungen müssen erklärt werden. Ich vergleiche das immer mit Tempo-100-Schildern auf einer leeren Autobahn ohne Baustelle. Sehe ich dort so ein Schild, fühle ich mich schnell schikaniert oder rede mir ein, das sei versehentlich vergessen worden nach den Bauarbeiten. Steht aber ‚Lärmschutz' dabei, gehe ich freiwillig vom Gas – weil ich an die Menschen denke, die hier wohnen, und weil mir das Ziel der Lärmreduzierung einleuchtet. Das ist ein klassisches Beispiel für die motivierende Wirkung von Transparenz."

Wenn Mitarbeiter ein klares Bild davon haben, wo sie die für ihre Arbeit notwendigen Informationen bekommen, wie sie Verbesserungsvorschläge platzieren können, wie mit Fehlern und mit Konflikten umgegangen wird, wie das Erreichen von Zielen gemessen wird, wie Beförderungen begründet werden – und vor allem was ihr Unternehmen eigentlich tut und will, dann entsteht ein Grundvertrauen. Und das ist – wie im Privaten – eine Grundvoraussetzung für mentale Stabilität.

Zur Transparenz gehört auch, dass Führungskräfte Schwächen und Fehler eingestehen können. Laut Jörg ist das für viele das Schwierigste überhaupt: „Das Selbstbild der Chefrolle ist so gnadenlos, das glaubst du gar nicht. Immer noch. So viele denken, sie verlören an Autorität, wenn sie Schwäche zeigen."

Dass das Gegenteil der Fall ist, kann ich bestätigen. Wenn Führungskräfte Sätze sagen wie: „Manchmal versuche ich, eine Situation mit Ironie zu lösen." – „Ich reagiere manchmal etwas zu scharf, wenn ich im Stress bin. Bitte nehmen Sie das nicht persönlich." – „Leider bin ich manchmal ungeduldig", dann nehmen Mitarbeiter sie als authentisch wahr – und nicht als schwach. Allerdings galt das auf meiner Reise nur für Vorgesetzte, die auch reagieren, wenn ihr Gegenüber zu erkennen gibt, dass es durch eine bestimmte Verhaltensweise getriggert wird. Gute Chefs überdenken dann ihr Verhalten und verändern es bewusst – oder sprechen direkt an, dass das gerade nicht geht: „Ich weiß, dass mein Verhalten manchmal eine Zumutung ist. Meinen Sie, wir können dennoch so zusammenarbeiten? Oder müssen wir einen anderen Weg finden?" Oder auch: „Ich bin seit 16 Stunden auf den Beinen und brauche gerade einfach einen Kaffee. Mir kann man es gerade nicht recht machen. Morgen bin ich wieder besser drauf." So ein Umgang mit eigenen Defiziten entspannt die Situation in einer Hierarchie sofort.

Jörg empfiehlt seinen Klienten dringend, sich dem kritischen Feedback ihres Umfelds auszusetzen und die dafür notwendige Courage von Mitarbeitern nicht zu bestrafen, sondern dafür dankbar zu sein. Auch wenn Schmeicheleien natürlich süßer schmecken.

Unser Gespräch beendet Jörg dann mit dem ihm eigenen Humor: „Ich bin überzeugt, dass du das beste Buch aller Zeiten schreiben wirst. Möchtest du noch einen Keks?"

„Das Interessante sind doch die Unterschiede!"

Die überzeugendsten Beispiele für eine gute Mental-Health-Kultur habe ich dort angetroffen, wo das „Schema F" auf dem Müll gelandet war. „One size fits all"-Lösungen sind immer schlecht, weil sie bestenfalls für einen Teil der Belegschaft passen – meistens für den, der dem Management am ähnlichsten ist. Gerade Angehörige einer bestimmten Alterskohorte entscheiden oft unreflektiert Dinge, die für sie selbst gut sind, für andere Altersgruppen aber schlecht. So wählen dynamische, eher jüngere, männliche Digital Natives oft Lösungen, die ihresgleichen begeistern und veränderungsbereiten jungen Mitarbeitern keine Mühe bereiten. Aber alle anderen fühlen sich übergangen und überrollt. Und Seniorchefs wie der bereits erwähnte können mit ihrem „Das haben wir schon immer so gehandhabt" ein ganzes Unternehmen ausbremsen und aus dem Markt katapultieren.

Tobias, der Personalchef, der mir die ALRIGHT-Methode nahebrachte, hatte einige Karten an seiner Wand hängen, die ihn selbst täglich an seine Grundsätze erinnerten. Auf einer stand:

„Was brauchst du, um deine Aufgabe erfüllen und bei der notwendigen Veränderung mitgehen zu können?" Er versuche, so erklärte er mir, die Einzelnen zu berücksichtigen, soweit irgend möglich. Der „Terror der Jugendlichkeit" sei oft ein Problem – und ebenso der der Senioren.

Bei Raumkonzepten etwa sei es durchaus möglich, je nach Bedürfnislage unterschiedliche Bereiche anzubieten, statt alles total innovativ über einen Kamm zu scheren. Und Mitarbeiterbefragungen sollten qualitativ statt quantitativ arbeiten. Durchschnittswerte bringen keine zielführenden Ergebnisse. Wie schon erwähnt, dienen sie meistens nur der Bestätigung des Managements und nicht dem ehrlichen Erforschen der Stimmung und Meinung der Mitarbeiter. Diese kann man nur erfassen, indem man individuellen Stimmen Gehör schenkt.

Gute Führungskräfte haben etwas gemeinsam mit guten Ärzten und Psychotherapeuten: Sie sollten sicherlich viele Kategorien, Methoden und Maßnahmen kennen – vor allem aber sollten sie sich für den einzelnen Menschen interessieren, denn wissenschaftliche Erkenntnisse sind immer Durchschnitt. Dem Individuum hilft immer nur das, was zu ihm passt. Manche müssen Achtsamkeitstraining machen, um zu sich zu finden – andere brauchen Settings, in denen sie mal die Aggression rauslassen können. Auch der Führungsspieler Jonathan Tah kennt diesen Unterschied, wobei die Umgangsformen im adrenalingeschwängerten Leistungssport natürlich generell rauer sind: „Den einen erreicht man besser, indem man ihn anbrüllt. Andere brauchen es ruhiger."

Tobias erklärt: „Ich finde inzwischen richtig Freude daran, die Unterschiedlichkeit der Menschen zu beobachten und in Rechnung zu stellen. Nicht nur für die Mitarbeiter, sondern auch für den Unternehmenserfolg ist es gut, dass wir die Anforderungen jedes Arbeitsplatzes auf die individuellen Voraussetzungen abstimmen. Arbeit bedeutet Anforderungen und sich daraus ergebende Entwicklungsmöglichkeiten, aber auch Stress. Das Verhältnis muss passen zu den jeweiligen Ressourcen. Da gibt es so viel zu bedenken: Ausbildung, Alter, Geschlecht, Fitness. Und eben die Persönlichkeit. Ein Beispiel: Den eher phlegmatischen Sachbearbeiter kratzen ehrgeizige Zielvorgaben nicht weiter, auch wenn sie für alle verkündet werden. Er macht einfach sein Ding und lässt sich nicht stressen. Die Wettkampftypen dagegen haben Spaß daran, dem Ziel nachzujagen. Beide kommen also gut klar. Aber den Melancholischen machen ehrgeizige Zielvorgaben solche Angst (‚Ist nicht machbar! Ist nicht machbar!'), dass sie gar nicht mehr von der emotionalen in die Handlungsebene kommen. Und Perfektionisten sind gestresst, weil sie zu viel Aufwand treiben, um das Ziel hundertprozentig zu erreichen. Das Entscheidende ist: Wir brauchen sie alle. Der ruhige Phlegmatiker, der zuverlässig und pflichtbewusst sein Pensum abarbeitet, ist in unruhigen Phasen Gold wert. Dem sensiblen Melancholiker fallen Fehler auf, die ich übersehen würde. Und ohne die Perfektionisten wären wir an vielen Stellen aufgeschmissen. Es ist also kein Psychotrick, wenn ich jedem unserer Mitarbeiter im Jahresgespräch sage, dass das Unternehmen entscheidend auf ihn angewiesen ist. Es ist wahr. Aber nur weil wir alle so einsetzen, wie es ihrer Persönlichkeit entspricht."

Tobias bestätigte eine Erfahrung: Mit pflichtbewussten Mitarbeitern muss man anders umgehen als mit verantwortungsbewussten. Einem Mitarbeiter, der jahrelang für sein Pflichtbewusstsein gelobt wurde, sollte man nicht als „Belohnung" plötzlich die eigenständige Organisation eines Bereichs mit Personalverantwortung und so weiter geben – so gut es gemeint sein mag. Das wird ihn überfordern und unglücklich machen. Und einen eher introvertierten Menschen stellen kluge Unternehmen nicht in die vorderste Reihe, wo er viel Kundenkontakt hat. Oder setzen ihn Gruppendiskussionen aus, obwohl er sich im Einzelgespräch oder im schriftlichen Austausch viel wohler fühlt.

Eigentlich recht simpel, was Unternehmen wie das von Tobias tun. Aber viele andere kommen einfach nicht drauf – weil sie die Mitarbeiter als austauschbare Rädchen sehen.

„Da hätten wir auch früher draufkommen können"

Kommen wir noch einmal zurück zu meinem Gespräch mit Imke. „Die Auseinandersetzung mit dem Thema Mobbing hat bei uns eine ganze Kaskade der Bewusstwerdung ausgelöst", erzählt sie. „Die Bedeutung von Anerkennung und Motivation zum Beispiel haben wir erst in den letzten Jahren so richtig verstanden. Als ich hier vor 15 Jahren anfing als kleine Angestellte, gab es sogar noch Vorgesetzte, die dachten, das Runterputzen und Verängstigen von Leuten sei der beste Antrieb. Das war aber eher selten. Die meisten Führungskräfte agierten eher wie der Ehemann, der sagt: ‚Ich brauche meiner Frau keine

Blumen mitzubringen; sie weiß doch, dass ich sie liebe.' Dass man ein Lob auch aussprechen muss, damit es beim Gegenüber ankommt, war den meisten völlig neu, als wir mit einem Coach an diesem Thema arbeiteten. Und auch die Haltung ,Die bekommen schließlich ihr Gehalt und oft sogar noch eine Prämie – das muss genügen' war verbreitet. Heute ist das aber viel besser. Man kann ja dazulernen."

Das Dazulernen geht im Mittelstand deutlich schneller als in großen „Tankern" – und wenn der Groschen mal gefallen ist, sind die Ergebnisse deutlich persönlicher und authentischer als in behördenhaften Konzernen. Im Gespräch mit Imke schält sich immer mehr heraus, dass es um mehr geht als nur das Loben. „Die Leute wollen vor allem gesehen werden. Wahrnehmung heißt das Zauberwort. Dort, wo ich meine Lehre gemacht habe, nahm sich der Chef regelmäßig Zeit für eine Runde durch die Produktionshallen und Büros. Er begrüßte alle persönlich und hielt hier und da ein kleines Schwätzchen, erkundigte sich nach der Familie und so was. Wir hatten wirklich das Gefühl, dass er uns sah und sich dafür interessierte, wie es uns ging. Sogar ich als Azubine. Der kannte meinen Namen.

Eine Kollegin erzählte mir, dass er mit seinen Rundgängen begonnen hatte, nachdem er ein Seminar besucht hatte. Am Anfang machte er es immer am selben Tag zur selben Uhrzeit; das war wohl bald zu einer ritualisierten Pflichtübung erstarrt, auf die alle sich angespannt vorbereiteten und die man verkrampft absolvierte: ,Oh, heute ist Donnerstag, und es ist gleich elf. Der Chef kommt rum. Was sag ich heute? Und ist der Schreibtisch ordentlich?' Da muss ihm jemand einen Tipp gegeben haben, denn als ich da lernte, machte er seine Runde sozusagen regelmäßig-unregelmäßig. Da war es dann wirklich authentisch."

Es spricht für die Kultur des Unternehmens, dass der Chef offen war für den Hinweis aus der Belegschaft. Viele Vorgesetzte reagieren besonders empfindlich auf Verbesserungsvorschläge in einem Bereich, in dem sie sich doch schon bemühen, wo andere sich das gänzlich ersparen. Imkes erster Chef war da souveräner. Seine spontane und unvorhersehbare Präsenz in allen Bereichen des Unternehmens diente erkennbar nicht der Kontrolle, sondern kam aus dem Interesse an den Menschen, die dort arbeiteten. Er konnte sozusagen jemanden dabei „erwischen", dass er etwas gut machte, und das dann anerkennen. Oder auf Signale reagieren, dass etwas nicht stimmt. Und die Mitarbeiter konnten auch ihn als Person wahrnehmen – mal besser drauf, mal angespannt; mal mit Zeit, mal eher kurz angebunden. Das schafft deutlich mehr Bindung als Geburtstagsglückwünsche, die erkennbar von einem Computerprogramm gesteuert worden sind. Die wirken überhaupt nicht oder sogar negativ. Aber wenn die Chefin am Geburtstag mit einem Blumenstrauß an deinem Schreibtisch oder an der Werkbank auftaucht und persönlich gratuliert, wie Imke das bei allen Mitarbeitern tut, dann fühlen sie sich wirklich gesehen und wahrgenommen.

Am meisten nach ausdrücklicher Anerkennung sehnen sich Menschen, die nicht in der Lage sind, sie sich selbst zu geben, weil ihnen ein positives Selbstbild fehlt. Mitarbeiter, die ein schwaches Selbstbewusstsein und eine schwache Selbstwirksamkeitsüberzeugung haben, muss man regelrecht mit Aufmerksamkeit füttern, damit sie nicht seelisch verkümmern und krank werden. Merke: Wer zu Kummer neigt, braucht mehr Kümmern. Und er „belohnt" eine gute Anerkennungskultur dann auch mit deutlich höherer Motivation und Leistung. Auf die kleinste Andeutung von Negativfeedback reagiert er allerdings mit Katastrophisieren bis zum Zusammenbruch. Das macht die Zusammenarbeit nicht zwingend leichter und erfordert Fingerspitzengefühl und Empathie. Die „Sandwichtechnik" von Kritik, die in ein bisschen Lob verpackt wird, kommt bei diesen Menschen also besonders schlecht an. Aber es gilt generell: Kritik und Lob sollten immer sauber getrennt sein.

Doch wie sieht eine gelungene Anerkennung denn nun ganz konkret aus? Imke muss grinsen, als wir draufkommen. „In unseren Führungskräften schlummert da viel Fantasie – aber die musste erst mal geweckt werden. Aus einem tiefen Winterschlaf. ‚Gut gemacht' war für manche die Universalformel, als wir anfingen, an unserer Anerkennungskultur zu arbeiten. Was anderes kannten sie nicht. Man merkt auch, wie emotional verarmt manche aufgewachsen sind, was das angeht. Einer sagte am liebsten ‚einwandfrei', wenn ihm etwas wirklich gefiel. Bis ihn mal jemand darauf hinwies, was das eigentlich bedeutet. ‚Ich finde gerade keinen Einwand, obwohl ich gründlich nach einem Anlass zum Meckern gesucht habe.' Das ist sozusagen ein Negativlob. Fühlt sich nicht wirklich warm an, oder?"

Mittlerweile, so erzählt Imke, finden viele Führungskräfte Spaß daran, sich Zeichen der Anerkennung zu überlegen. „Das müssen nicht immer nur Worte sein, und auch eine Gehaltserhöhung oder Prämie ersetzt nicht das Gefühl des Gesehenwerdens als Mensch. Manche stellen ein Glücksrad auf, an dem jemand aus dem Team stellvertretend für alle drehen darf, wenn ein großer Arbeitsbatzen geschafft worden ist. Dahinter kann sich eine Runde Eis für alle verbergen, eine Dartscheibe im Aufenthaltsraum, ein Wellnessgutschein oder ein halber freier Tag zusätzlich.

Bei Gratifikationen für Einzelne zeigen sich die gewachsene Menschenkenntnis und die Wahrnehmung durch die Führungskräfte. Der eine freut sich am meisten über einen Pokal, eine Urkunde und eine ‚öffentliche' Würdigung, die andere über ein Fortbildungsangebot oder einen neuen Aufgabenbereich mit mehr Autonomie und Verantwortung. Und einem Dritten hilft gerade eine Geldprämie am meisten, weil sich zu Hause Zwillinge angemeldet haben."

Imke bestätigt die Erfahrungen, die man vielfach nachlesen kann. Zum Merken gibt sie mir das Kunstwort **PIKOBA** mit. Erinnert irgendwie an „picobello" – so merke ich es mir jedenfalls.

P: Lob wird immer **persönlich** ausgesprochen. Eine Mail wirkt kalt und geschäftsmäßig und ist tabu. Allein der Weg, den der Vorgesetzte zum Mitarbeiter oder zum Team geht, drückt Wertschätzung aus.
I: Anerkennung wird **individuell** formuliert, bezieht sich also möglichst konkret auf eine spezifische Leistung der Person oder des Teams. Ein pauschales Schulterklopfen und ein stereotypes „Prima! Weiter so!" ohne erkennbaren Anlass wirken nicht sehr stark. Und inflationäres oder überschwängliches Lob für Selbstverständlichkeiten ist befremdlich.
K: Anerkennung ist keine Eintagsfliege, sondern ein **kontinuierlicher** Teil der Firmenkultur. Wer einmal für eine besondere Leistung gelobt wurde, bei einer Wiederholung aber nicht, wird verunsichert reagieren.
O: Anerkennung wird **ohne Verzögerung** ausgedrückt. Wenn eine Leistung erst Monate später im Rahmen des Jahresgesprächs erstmals gelobt wird, wirkt das wie ein vergessener und verwelkter Blumenstrauß.
B: Anerkennungsgesten müssen **berechenbar** sein, also für alle nachvollziehbar und erreichbar. Der Eindruck, Vorgesetzte handelten nicht unparteiisch, sondern hätten „Lieblinge", stört den Betriebsfrieden erheblich.
A: Ein Lob soll immer **authentisch** und **aufrichtig** sein. Wer gegen seine Überzeugung oder lustlos lobt, kann es sich auch sparen.

Die schönste Form des Lobes ist übrigens nicht das nachträgliche, sondern das wertschätzende Zutrauen. Wenn jemand an mich glaubt, mir das zeigt und mich dadurch anerkennt, ist das besonders aufbauend. Es stärkt meine intrinsische Motivation, die der stärkste Antrieb überhaupt ist. Ein kleines Beispiel für Zutrauen: Der Gründer der Hotelkette „The Ritz Carlton", Horst Schulze, hatte die Idee, jeder Mitarbeiterin und jedem Mitarbeiter ein persönliches Budget zur Verfügung zu stellen, mit dem sie Gästen eigenständig und ohne Rücksprache und Erklärung etwas Gutes tun können. Damit drückt das Unternehmen das Vertrauen aus, dass das Wohlbefinden der Gäste allen am Herzen liegt.

Und für diejenigen, die es lieber nüchtern haben, erklärt Imke: „Anerkennung ist eine harte Währung. Sie ist Geld wert. Ein Unternehmen mit guter Anerkennungskultur hat es leichter, die begehrten Fachkräfte zu halten und neue zu finden und zu binden. Und motivierte Mitarbeiter sind bares Geld wert. Sie sind loyaler, kreativer, produktiver, zufriedener und seltener krank. Ich schüttle immer den Kopf, wenn ein Kollege beim Unternehmerstammtisch das machohaft vom Tisch wischt. Und denke bei mir: ‚Junge, du verschenkst gerade gutes Geld!'"

Jahrtausendklage: Die Generation Z und die Boomer

„Die Jugend von heute liebt den Luxus, hat schlechte Manieren, verachtet die Autorität, hat keinen Respekt vor den älteren Leuten und schwatzt, wo sie arbeiten sollte. Die jungen Leute stehen nicht mehr auf, wenn Ältere das Zimmer betreten. Sie widersprechen ihren Eltern, schwadronieren in der Gesellschaft, verschlingen bei Tisch die Süßspeisen, legen die Beine übereinander und tyrannisieren ihre Lehrer."

Viele kennen das Zitat und wissen: Es stammt nicht von 1980 oder 1950 oder 1890 – sondern es ist fast 2.500 Jahre alt. Der griechische Philosoph Sokrates sang bereits das Klagelied über die Jugend – und nach ihm alle Generationen, sobald sie ein bestimmtes Alter erreicht hatten.

Eines der Themen, die den „Boomern" aktuell als Anlass zur Klage über die „Generation Z" dient, heißt „Work-Life-Balance". Jüngere

Menschen der Jahrgänge ab etwa 1995, die auf den Arbeitsmarkt kommen, wünschen sich oft eine Zahl von Wochenarbeitsstunden, die ihnen noch ausreichend Zeit für Freunde, Familie, Hobbys und zur Erholung lässt. 25 oder 30 Stunden genügen aus ihrer Sicht vollkommen. Gern darf es eine Viertage- oder sogar Dreitagewoche sein. Dank der Demografie können sie diese Wünsche immer häufiger durchsetzen. Qualifizierte Arbeitskräfte sind knapp und begehrt – selbst wenn sie für weniger Stunden zur Verfügung stehen als früher. Im Austausch für mehr Zeit verzichten viele bereitwillig auf hochpreisige Konsumgüter wie ein Eigenheim oder ein Auto.

Die „Boomer“ der Geburtsjahrgänge um 1960, deren Eltern noch die Sechstagewoche erlebt haben und die selbst häufig weit über die früher üblichen 40 Wochenstunden (in der DDR waren es sogar 43!) hinaus gearbeitet haben, empfinden das Begehren der Jüngeren nach einem ausgewogeneren Verhältnis von Arbeit und Freizeit vielfach als Provokation. Und darauf zielt möglicherweise auch diese veränderte Arbeitseinstellung. Ob Wandervogel, 68er, Frauenbewegung, Umweltbewegung, Anti-Atom-Proteste oder Klimakleber – das Aufbegehren der Jüngeren gegen verfestigte Strukturen muss provozierenden Charakter haben, um eine Bewusstseinsveränderung anzustoßen.

Vor allem aber können Gesellschaft und Unternehmen etwas von der oft belächelten oder als „faul“ und „nicht belastbar“ verhöhnten Generation Z lernen. Deren Vertreter sehen bei ihren Eltern, was passiert, wenn man die eigene psychische Gesundheit vernachlässigt, und entscheiden sich bewusst dagegen, diese „Autobahn zum Burn-out“ zu benutzen. Sie wollen, dass der Job zu ihren Bedürfnissen passt, weil ihre Gesundheit ihnen wichtig ist. Was sie fordern, ist ein Zurückführen der Arbeitsbelastung in eine gesunde Normalität. Mit ihrer Einstellung zum Thema Mental Health halten die Jüngeren uns den

Spiegel unseres ungesunden Arbeitsverhaltens vor. Wir sollten deshalb aufhören, sie zu schmähen, sondern ihnen dankbar sein oder ihnen zumindest zuhören. Etwa wenn sie von der Wohlstandsverwahrlosung berichten, die einer der Gründe ihrer hohen psychischen Belastung ist. Ihre Eltern haben – sicherlich mit besten Absichten – das „Sorgen für die Kinder" oft rein materialistisch verstanden und waren wegen zu viel Arbeit emotional nicht ausreichend da für ihre Kinder. Aber ein Zuhause ist wichtiger als ein Eigenheim.

Die Generation Z drückt aus, dass wir an eine Grenze gekommen sind: ans Ende einer Wachstums- und Maximierungsideologie. Die Art, in der wir wirtschaften, arbeiten und leben, hält der Planet nicht aus. Und die Menschen halten sie auch nicht aus.

Im Gespräch nennt Samira (26) mir einige Dinge, die sie bei ihrer Arbeit im Einzelhandel stressen. Ich habe sie ganz bewusst als Gesprächspartnerin ausgewählt, weil sie zu jenen 41 Prozent der Frauen aus ihrer Altersgruppe gehört, die eine psychische Erkrankung haben. Ihre höhere Sensibilität ist also für ihre Alterskohorte ein Normalfall und keine seltene Ausnahme. Samira leidet unter zu wenig Rücksicht und Verständnis durch Kolleginnen und Vorgesetzte, was ihre Belastbarkeit und ihren seelischen Zustand angeht. Zu schaffen machen ihr Intrigen, Lästereien und Getuschel der gleichaltrigen Kolleginnen, woran sich auch ihre direkte Vorgesetzte beteiligt. Es sei eine Art „Terror der Gesunden" – wobei sie bezweifelt, dass die unsolidarischen Kolleginnen wirklich alle psychisch stabil sind. Überfordert fühlt sie sich oft auch vom Arbeitstempo und der Arbeitslast. Und sie moniert, dass Pausenräume lieblos und spartanisch eingerichtet sind, wenn es sie überhaupt gibt. Und dass Pausenzeiten manchmal gar nicht gewährt werden – trotz der anstrengenden stehenden Tätigkeit. Man kann das alles abtun als Pillepalle – aber es ist die Realität eines nennenswerten Teiles der Generation Z. Darauf müssen Unternehmen und Gesellschaft reagieren. Wenn Menschen autonomer und flexibler arbeiten können, bedeutet eine Arbeitszeitverkürzung an sich noch keine Verschärfung des Fachkräftemangels. Die Firma Kampmann hat es ihren Angestellten vor vier Jahren freigestellt, ob sie ihre tariflichen Stunden an fünf oder an vier Tagen ableisten wollen. Die Mitarbeiterzahl ist von 700 auf 1.000 gestiegen, und das Wachstum der Umsätze erwirtschaftet eventuelle Mehrkosten – auch dank höherer Arbeitszufriedenheit und niedrigerer Krankenstände.

Experten sind der Meinung, dass auch eine Dreißigstundenwoche ohne volkswirtschaftliche Einbußen möglich wäre. Voraussetzung wäre, dass an den nur noch sechs Stunden pro Tag konzentriert gearbeitet wird. Die Frage, ob das möglich ist, richtet sich allerdings auch an die Generation „Z-martphone", deren Aufmerksamkeitsspanne häufig unter dem schnellen Wechsel der Reize durch die sozialen Netzwerke leidet.

Generell gilt es wie bei jedem Aufbegehren der Jungen, Übertreibungen zu ertragen und perspektivisch zu überwinden. Oder passt in diesem Fall das Wort „Untertreibungen" besser? In einer Kolumne des *ZEIT-Magazins* schilderte die Autorin Claire Beermann im April 2024 pointiert ihre Eindrücke von den sie umgebenden Mittzwanzigern: „Ich sehe düstere Zeiten aufkommen, in denen sich junge Menschen mehr und mehr wie erschöpfte Rentner verhalten, in denen keiner mehr teilnimmt, keiner mehr Ideen hat, weil sich alle nur noch ausruhen wollen. Wovon eigentlich?" Ein wichtiges Detail: Beermann ist selbst erst dreißig Jahre alt.

Paradox ist, dass vermutlich genau jene am meisten von einer vernünftigeren Arbeitskultur profitieren würden, die sich am stärksten das Maul zerreißen über die Generation Z und ihre Betonung der

Work-Life-Balance: **die Älteren**. Die Herausforderung der Zukunft wird sein, die Alterung der Gesellschaft mit der Arbeitswelt zu versöhnen, statt sie weiter über Vorruhestandsregelungen zu „lösen". Schon bald wird mehr als jeder vierte Deutsche über 65 sein. Damit wird die Anpassung von Arbeitsplätzen an Ältere eine Erfolgsbedingung für Unternehmen und für die Volkswirtschaft. Das betrifft körperliche Belastungen, den Umgang mit innovativen Technologien, Raumkonzepte (siehe Kapitel „Prinzip Zitrone") und Maßnahmen, die die Gesundheit vorausschauend fördern. Arbeitszeitverkürzung bedeutet auch, dass Menschen den Arbeitsprozess länger durchhalten. Die Diskussionen über die Notwendigkeit einer Rente mit 63 wären weniger hitzig, wenn nicht so viele Menschen schon in diesem Alter ausgebrannt wären, weil ihre Arbeitsbiografie alle Energie aus ihnen herausgequetscht hat.

Im Telefoninterview erklärt mir Catharina Maria Klein, Expertin für gelingendes Älterwerden im Beruf, mit welchen Konzepten kluge Unternehmen in diesem Bereich erfolgreich sind. Ob ein Bewusstsein für das Thema vorhanden ist, erkennt sie oft schon daran, ob es in der Personalabteilung ein **Generationenmanagement** gibt – oder ob ihre Gesprächspartner dieses Wort noch nie gehört haben. Eine solche Fachstelle achtet darauf, dass der Arbeitsprozess mit Rücksicht auf die unterschiedliche Belastbarkeit und die unterschiedlichen Fähigkeiten, also altersgerecht, organisiert wird. Der Begriff „alt" ist dabei, so betont Klein, relativ zu sehen. Er ist unter anderem abhängig von der Branche, der konkreten Tätigkeit, der Persönlichkeit und der individuellen Fitness. Pauschale „Ü-50-Programme" können da schnell diskriminierend wirken. Einem 70-Jährigen, der noch Marathons läuft, hilft man schließlich auch nicht beim Aussteigen aus dem Auto.

Ein Erfolgsfaktor vieler Unternehmen sind **Mentoringprogramme**, in denen Ältere ihre Erfahrungen, Kontakte und Kompetenzen an die Jüngeren weitergeben. Das kann zum Beispiel Netzwerkarbeit betreffen. Beziehungskompetenz wird künftig eines der wichtigsten Skills von Top-Performern sein, das sie vor dem Ersetztwerden durch eine KI schützt. Direkter zwischenmenschlicher Kontakt, Telefonate und das Pflegen von Beziehungen fallen gefestigten Älteren oft viel leichter als Jüngeren. Das geht bis in den Bereich bezüglich Umgangsformen, den man ganz altmodisch als „Manieren" bezeichnen könnte. Jüngere müssen oft erst lernen, echte Begegnungen und Gespräche auszuhalten, ohne dauernd ihr Smartphone zu checken. Was unter Jüngeren völlig normal ist, kann ältere Verhandlungspartner stark irritieren und verärgern. Hier bringen die Erfahrungen älterer Kollegen oft wertvolle Unterstützung.

Noch wirkungsvoller ist das **Reverse Mentoring**. Hier unterstützen die Jüngeren auch die Älteren, zum Beispiel in IT-Fragen. So kommt der generationelle Unterschied zwischen Digital Natives und Digital Immigrants zum Tragen. Ältere stoßen immer noch häufig auf Arroganz, wenn sie Technologiesprünge nicht so mühelos mitvollziehen können wie Menschen mit Mitte 20. Jedem leuchtet ein, dass der 65-jährige Kollege nicht mehr schwere Stahlteile im Lager bewegen muss. Aber zu viele erwarten, dass er jede neue Version der EDV sofort beherrscht, sich flexibel an veränderte Abläufe anpasst und so weiter. Darin drückt sich ein Mangel an Bewusstsein und an Respekt aus. Damit Ältere ihre Kompetenzen und Erfahrungen zur Verfügung stellen können und wollen, befreien oder entlasten kluge Arbeitgeber sie von bestimmten Innovationszwängen und den daraus erwachsenden Erwartungen.

Ein letzter wichtiger Punkt, den Catharina Maria Klein anspricht, ist der Übergang in den Ruhestand, im Fachjargon „Offboarding" genannt. In Unternehmen, die vorausschauend agieren, begleiten **Offboarding-Programme** Ältere in den Jahren vor dem Ruhestand. Es geht dabei einerseits um das Sichern des wertvollen Wissens und der

Erfahrungen und andererseits um das behutsame Lösen der oft engen Bindung an die Arbeit, an Kollegen, an Kunden. Für Ältere ist es oft wichtig zu wissen, wer ihren Platz einnehmen wird und dass ihre Lebensleistung nicht mit ihrem Ausscheiden verpufft. Der strategische Nutzen solcher Programme zeigt sich oft auch nach dem Abschied: Nach einem gelungenen Offboarding werden Menschen oft zu wertvollen Botschaftern des Unternehmens, was bei der immer schwieriger werdenden Gewinnung von Fachkräften hilft. Und wenn es einmal personell eng ist, sind Rentner, die man gut und wertschätzend behandelt hat, eher zur temporären Rückkehr bereit. Hier wird Wertschätzung direkt zur Wertschöpfung.

„Wer Vollgas geben will, muss auftanken"

Immer noch mehr schaffen, leisten, rausholen, ohne Rücksicht auf Verluste? Dass dieser Raubbau an der Gesundheit nicht die Zukunft sein darf, dürfte ausreichend deutlich geworden sein. Aber der Produktivitätsdruck und die globale Konkurrenz lassen sich nicht einfach abstellen. Also verstehen fortschrittlich geführte Unternehmen, dass stark geforderte Mitarbeiter und Führungskräfte sich möglichst gut erholen müssen, um den Belastungen dauerhaft gewachsen zu sein. Top-Performer suchen vielfach nicht mehr nach dem Potenzial für weitere Leistungssteigerung und nach Ressourcen für noch mehr Arbeit, sondern nach optimaler Regeneration in der knappen zur Verfügung stehenden Zeit. Das ist ein echter Paradigmenwechsel: „Wie komme ich besser wieder zu Kraft?" statt „Wie schaffe ich noch mehr?" Der Fokus liegt auf dem bewussten Erleben der Zeiten ohne Arbeit. Nicht ohne Grund blühen absolute Luxus-Medical-Wellness-Retreats auf Sylt, am Tegernsee und an ähnlich exklusiven Orten derzeit auf. Hier wird die Achtsamkeit gekauft, die einem im Alltag fehlt. Ein Programm, das aus wenig mehr als angeleitetem Spazierengehen und einer Kräuterbrühe am Tag besteht, ist manchen, die es sich leisten können, 1.000 Euro am Tag wert. Momentan wird das Phänomen noch so diskret behandelt wie Entzugskliniken – offenbar fürchten viele, dass ihnen im Haifischbecken der CEO-Szene das Bedürfnis nach Erholung bereits als Schwäche ausgelegt wird. Doch Regeneration ist ein Schlüsselthema und eine Schlüsselkompetenz der Zukunft. Warum Kompetenz? Weil viele Menschen gar nicht mehr wissen, wie echte Erholung funktioniert. Für viele bis zur Krankheit Gestresste ist ein großes Problem, dass sie nie zur Ruhe kommen – auch durch eigenes Verschulden. In unserem Gespräch fragte Tobias, der Personalchef, mich an einer Stelle etwas ratlos, ob denn wirklich immer nur der Betrieb schuld sei, wenn Leute sich mit einem Burn-out abmelden. Meine Antwort war: Nein, ist er nicht.

Regeneration heißt Loslassen. Es bedeutet auch das Aushalten von Langeweile und Stille. Und das können oder wollen viele gar nicht. In meinen Seminaren bitte ich immer darum, die Smartphones in den Taschen oder im Hotelzimmer zu lassen – und zwar auch in den Pausen. Eigentlich will da jeder seine Nachrichten checken. Aber ich sage dann immer: „Die Pause gehört zum Seminar. Bitte schalten Sie während der nächsten Viertelstunde ab und nicht ein." Früher habe ich die Smartphones sogar eingesammelt. Ich hatte den Bericht einer Freundin im Kopf, deren Tochter ihren 18. Geburtstag auf ungewöhnliche Art gefeiert hatte. Zu Beginn der Party war sie mit einem Korb herumgegangen und hatte die Telefone eingesammelt. Das stieß anfangs auf Befremden und Murren, aber danach schwärmten alle, das sei die beste Feier seit langer Zeit gewesen. Dabei hatten sich einfach alle nur aufeinander eingelassen, ohne ständig in parallele Realitäten zu entfliehen.

Heute könnte ich ein striktes Smartphone-Verbot gar nicht mehr durchsetzen. Insbesondere manche junge Menschen reagieren darauf so panisch wie auf einen körperlichen Übergriff. Wenn mir jemand sagt: „Das kann ich nicht“, antworte ich immer: „Nein, Sie wollen nicht.“ Und denke bei mir manchmal insgeheim: „Man muss auch wollen, dass es einem besser geht. Du aber willst dich selbst schädigen. Dann geh halt kaputt.“

Manche Unternehmen sind in diesem Punkt konsequenter als ich: Sie verlegen Tagungen in Offline-Hotels – oder sammeln tatsächlich die Handys ein. So wie früher die Colts am Eingang zum Saloon abgegeben werden mussten. Alles hat seinen Ort und seine Zeit – selbst der Kontakt zur ganzen Welt via Smartphone.

Wie also geht Erholung? Es gibt ein tradiertes Wissen darüber, wo die wirklichen Kraftquellen des Lebens liegen, aber wir haben sie verschüttet unter dem Leistungsdruck, dem Wunsch zu gefallen und der Maximierungsideologie. Die Voraussetzungen, um etwas zu schaffen und zu erschaffen, sind hingegen Ruhe, Achtsamkeit, Kontemplation und Zeit für sich. Von Leonardo da Vinci wird erzählt, dass ihn einmal jemand zur Rede stellte, weil er selbstvergessen mit einem Kätzchen spielte, statt an seinem Auftrag zu arbeiten. Seine Antwort soll gelautet haben: „Ich bin ein Erschaffer und Gestalter, *weil* ich mit Kätzchen spiele.“

Prof. Dr. Hermann, der Sportpsychologe und Coach, sagt über echte Ruhephasen: „Nur dann entsteht Kreativität. Aber viele verwechseln Regeneration mit Tracking. Das ist totaler Quatsch. Da bestimmen Daten, die meistens nichts über den Menschen aussagen, das Leben bis in den Schlaf.“

Ein wichtiger Aspekt der Regeneration ist der Kontrast. Denn jede einseitige Orientierung und jedes Verbleiben in der eigenen Bubble ist schädlich. Wer immer gut drauf ist, sollte auch mal Zweifel zulassen. Wer immer Party macht, sollte auch mal in eine Ausstellung gehen und kontemplativ Bilder anschauen. Wer immer achtsam ist, sollte auch mal die Sau rauslassen. Dieses Yin-Yang-Prinzip braucht die Seele – sonst verliert man den Zugang zu anderen Facetten des Lebens.

Verantwortungsbewusste Firmen achten bereits darauf, dass Urlaube und auch Pausen wirklich in Anspruch genommen werden. Das erfordert eine entsprechende Schulung der Führungskräfte, damit die Arbeitsbelastung vernünftig gesteuert wird und Regeneration möglich ist. Aber auch hier liegt ein Teil der Verantwortung bei den Arbeitnehmern selbst. Pausen müssen echte Pausen sein und keine Verlagerung der Arbeit oder des Informationsoverkills an einen anderen Ort.

Übrigens: Der stetige Rückgang des Rauchens hat einen kuriosen Nebeneffekt – das Verschwinden der Raucherpause. Natürlich war das Rauchen schädlich für die organische Gesundheit, und dieser Effekt wog sicher schwerer. Aber die regelmäßigen, von Arbeitgebern stillschweigend geduldeten Unterbrechungen der Arbeit, die Raucher sich gönnten, taten der Seele gut, vor allem wenn sie ohne mobiles Endgerät stattfanden. Für eine Zigarettenlänge in die Gegend zu schauen und die Gedanken schweifen zu lassen oder sich mit Kollegen zu unterhalten, war eine gute Mini-Regeneration. Vielleicht sollten Arbeitgeber und Betriebsräte die Institution der „Nichtraucherpause“ einführen …

Zur Regeneration gehört also das Abschalten – und zwar auch ganz buchstäblich, nämlich den permanenten Strom von Informationen und Nachrichten. Arbeitgeber haben hier nur Einfluss auf die dienstliche Kommunikation – aber auch den nutzen nicht alle. Erfolge haben gut geführte Firmen mittlerweile dabei erzielt, die unsinnige Mailflut zu reduzieren, die durch exzessives cc- und bcc-Setzen entsteht. Es ist ein zäher Kampf, aber er lohnt.

Der VW-Konzern hat bereits vor über zehn Jahren einen weiteren Schritt getan: Der Versand dienstlicher Mails auf Handys zwischen 18:15 und 7:00 Uhr wurde 2011 unterbunden. Entscheidend für das Gelingen einer solchen Maßnahme ist die Kultur eines Unternehmens. Wenn Vorgesetzte Schutzregeln erlassen, sich aber selbst nicht daran halten, dann klappt es nicht. Wenn Mitarbeiter, die sich zum Feierabend und zum Wochenende „weisungsgemäß" ausklinken, am Montag mitbekommen, dass über das Wochenende (karriere-)relevante Absprachen gelaufen sind, werden sie maximal frustriert sein. Und sich eventuell notgedrungen wieder einklinken.

Eine spezielle Verantwortung haben Unternehmen beim Thema „Regeneration und Homeoffice". Das mag auf den ersten Blick befremdlich erscheinen, weil viele vom Homeoffice das Bild haben, dass man hier unkontrolliert und praktisch beliebig Pausen machen und die Beine hochlegen kann. Aber genau dieses Bild sorgt dafür, dass Angestellte im Homeoffice zu wenig auf sich achtgeben und sich zu wenig Erholung gönnen, damit man ihnen bloß nichts nachsagen kann. Zu Hause sein bedeutet dann die permanente Anwesenheit der Arbeit – und/oder der familiären Aufgaben. Mit entspannten Pausen ist da wenig. Imke erzählt, dass sie gemeinsam mit dem Betriebsrat eine Betriebsvereinbarung erarbeitet hat, die insbesondere stark geforderte Mitarbeiter im Homeoffice schützt. „Von manchen verlangt der Job gelegentlich Überstunden und auch mal die Erreichbarkeit außerhalb der Arbeitszeit. So was läuft schnell völlig aus dem Ruder. Da mussten wir einen Riegel vorschieben. Und bei uns ist klar, dass weder Teilzeit noch ein hoher Homeoffice-Anteil negative Auswirkungen auf Karrierechancen haben. Das würde ja vor allem Eltern treffen, speziell die Mütter. Das wollen wir nicht – und zwar nicht nur wegen unserer speziellen Geschichte. Eltern sind oft ein Stück verantwortungsbewusster als Menschen ohne Kinder – die brauchen wir doch unbedingt in leitender Funktion. Teilzeit und Homeoffice hin oder her. Und sie sollen nicht schon ausgebrannt sein, wenn die Kinder groß sind. Also unterstützen wir sie im Homeoffice, so gut wir können. Wir halten Kontakt, sorgen dafür, dass Informationen schnell und vollständig weitergegeben werden, und vereinbaren feste Zeiten für die Erreichbarkeit – und vor allem für die Nichterreichbarkeit. Und manchmal ist auch eine kurze Mail hilfreich: ‚Machen Sie sich jetzt mal einen Kaffee und gehen Sie damit raus vor die Tür, frische Luft und Sonne tanken. Sie haben jetzt eine hochverdiente Pause!' Ein Smiley oder eine Sonne dazu und die Botschaft kommt an. So sind jedenfalls meine Rückmeldungen."

Am wichtigsten ist eine gute Regeneration nach vorangegangener schwerer Krankheit. Neben der Therapie und der Reha kommt der Art, in der die Rückkehr an den Arbeitsplatz organisiert wird, eine entscheidende Bedeutung zu. Mein Vater – und damit auch ich – hat erlebt, was eine zu frühe Beanspruchung im alten Ausmaß anrichten kann. Es ging hier zwar um sein Ehrenamt in der Kirchengemeinde, aber der fatale Mechanismus ist mühelos übertragbar auf Arbeitsverhältnisse. Nach seinem zweiten Herzinfarkt infolge von Überlastung war er gerade erst nach Hause entlassen worden, als schon zwei Herren vom Kirchenvorstand vor unserer Tür standen. Leider sagten sie nicht, was angemessen gewesen wäre: „Wir nehmen dich erst mal aus der ersten Reihe raus. Komm wieder zu Kräften, und dann schauen wir, was du machen kannst, ohne erneut zusammenzuklappen." Stattdessen sagten sie mit aufdringlicher Munterkeit: „Wie schön, dass es dir besser geht. Wir haben hier eine Aufgabe, für die du der ideale Mann bist. Wir wollen, dass du sie übernimmst." Vermutlich waren sie überzeugt, dass sie meinem Vater einen Gefallen taten, weil sie ihn nicht zum alten Eisen packten, sondern ihm gleich wieder zeigten: Du wirst gebraucht. Und da war sicher auch etwas dran – mein Vater wollte wieder anpacken können. Aber es war zu früh und tat ihm nicht gut. Der nächste Herzinfarkt kam bald – und er war tödlich.

Der Kirchenvorstand hatte sicherlich noch nie etwas vom „Hamburger Modell" gehört. Diese Methode der „betriebsnahen Rehabilitation" wurde in den 1970ern in Zusammenarbeit mit der Hamburger Uniklinik entwickelt; daher der Name. Sie fußt auf der Erkenntnis, dass Menschen, die nicht mehr akut krank sind, deshalb noch lange nicht wieder voll arbeitsfähig sind, ihnen ein vorsichtiger Wiedereinstieg aber guttut. Nach schweren organischen Krankheiten mit langem Ausfall, aber ebenso nach der Behandlung einer Suchterkrankung oder einer Depression muss achtsam mit den Rückkehrern umgegangen werden, was die Arbeitsbelastung und -organisation angeht. Weil die Rückfall-Zeitbombe immer tickt. Deshalb sieht das Hamburger Modell eine abgestufte Rückkehr an den Arbeitsplatz mit allmählich wachsender Wochenstundenzahl vor. Der konkrete Plan wird zwischen behandelndem Arzt, Arbeitnehmer und Arbeitgeber vereinbart. Die Krankenkassen tragen die Mehrkosten – weil die Erfahrung zeigt, dass das Modell die Rückfallgefahr erheblich mindert.

Gute Betriebe haben darüber hinaus ein eigenes Eingliederungsmanagement. Und vor allem haben sie eine Kultur, die langwierig Erkrankte nicht stigmatisiert, sondern auffängt und willkommen heißt.

Mein Forderungskatalog: Was sich ändern muss!

Deutschland muss psychologisch intelligenter werden. Was bedeutet das konkret? Hier kommen meine zehn unmittelbaren Appelle:

Politiker und Politikerinnen:

- Sorgt endlich für mehr psychologisches Fachpersonal und für dessen angemessene Bezahlung! Das ist möglich – und dringend nötig!
- Sorgt endlich für konsequenten psychologischen Arbeitsschutz! Die Seele ist genauso schutzbedürftig wie der Rücken, die Ohren und die Lunge!
- Stellt mentale Ausbeutung unter Strafe!
- Erhaltet die Schulen als Ort der kulturellen und menschlichen Bildung! Mathematik allein macht keine starken Menschen!

Unternehmerinnen und Unternehmer:

- Interessiert euch endlich für Menschen! Für Individuen! Sie werden es euch danken.
- Unterbindet Mobbing und Bossing konsequent! Es bedroht euer kostbarstes Kapital!

Ärztinnen und Ärzte:

- Nehmt die Diagnose „Stress“ ernst! Sie ist ein Alarmzeichen!
- Setzt nicht auf Pillen, wo es Therapie braucht! Symptombekämpfung wird dem Problem nicht gerecht!

Arbeitnehmerinnen und Arbeitnehmer:

- Nehmt seelisch belastete Kolleginnen und Kollegen in Schutz, statt sie zu stigmatisieren! Es könnte schließlich auch euch treffen!
- Achtet auf euch selbst! Nehmt ernst, was eure Seele braucht!

Schlussgedanken

„Wann ist Arbeit denn nicht toxisch? Wann ist sie gesund? Wann macht sie glücklich?" Diese Fragen wurden mir in den letzten Wochen sehr häufig gestellt, wenn ich von meinem Buchprojekt erzählt habe. Für mich sind dafür zwei Aspekte entscheidend: Berufung und Beziehungen! Wenn der Job zu uns passt und wir mit den richtigen Leuten zusammenarbeiten, dann wird Arbeit zu einem Vergnügen – selbst wenn es zwischendurch mal sehr anstrengend wird.

Genau so war es auch bei der Entstehung dieses Buches. Ein Buch ist immer ein Kraftakt. Und definitiv keine One-Man-Show! Auch wenn mein Name auf dem Cover steht, haben viele Menschen dazu beigetragen, dass aus guten Ideen, inspirierenden Geschichten und knallharten Fakten etwas entstehen konnte, das du nun in deinen Händen hälst. Dieses Buch ist zu dem geworden, was es ist, weil die Menschen, die daran mitgewirkt haben, mit großer Leidenschaft bei der Sache waren. Für uns war es kein Job, sondern eine Mission. Ich bin unfassbar dankbar, dass ich mit so großartigen Persönlichkeiten meiner Berufung nachgehen darf. Ich möchte mich hier von ganzem Herzen dafür bedanken.

Dieses Buch liest sich nur deshalb so gut, weil mein Co-Autor Dr. Oliver Domzalski mit Geschichten, Wörtern und Buchstaben zaubern kann. Für mich ist er wie ein Magier. Meine Ideen, Erkenntnisse und Recherchen verwandelt er in kraftvolle und unterhaltsame Texte. Unsere Zusammenarbeit ist immer zielführend, harmonisch und von einer bemerkenswerten Leichtigkeit geprägt. Ich freue mich jetzt schon auf unser nächstes Projekt. DANKE, lieber Oliver!

Ohne meinen Buchagenten Ulf-Gunnar Switalski wäre mein letztes Werk *Psychohacks für ein glückliches Leben* niemals zu einem Spiegel-Bestseller geworden. Dafür möchte ich mich noch nachträglich bedanken. Aus unserer Zusammenarbeit ist eine Freundschaft geworden, die ich nicht missen möchte. In Zeiten, in denen ich durch private Herausforderungen gesundheitlich angeschlagen war, hat Ulf mit seinem Netzwerk dafür gesorgt, dass es mir schnell wieder besser ging. Das werde ich nie vergessen! Ganz nebenbei ist er der beste Buchagent, den ich mir vorstellen kann. DANKE, Ulf!

Seit über zehn Jahren sorgt Sabine Kattenstein, meine Office-Managerin, dafür, dass ich bei meinem Job nicht wahnsinnig werde. Sie ist in meinem Business der Fels in der Brandung. Ob in guten oder schlechten Zeiten – auf Sabine kann ich mich zu hundert Prozent verlassen. Ihre Loyalität und mentale Stärke hätten in diesem Buch ein eigenes Kapitel verdient. DANKE, liebe Sabine!

Damit *Toxic Jobs* inhaltlich überzeugen kann, brauchte es eine intensive Recherche und gute Quellen. Dabei wurde ich von meiner Projektleiterin Leonie Röwer ausgezeichnet unterstützt. Sie gehört zur „Generation Z“. Leonie ist der Beweis, dass es junge Menschen gibt, die gern bereit sind, gute Arbeit zu leisten – sogar an Wochenenden und an Feiertagen, und stets mit bester Laune! DANKE, liebe Leonie!

Selbstverständlich möchte ich mich auch beim ZS-Verlag für das Vertrauen und die sehr angenehme Zusammenarbeit bedanken. Stellvertretend für das gesamte ZS-Team möchte ich Tom Mathony, den Editorial Director Sachbuch, nennen, der an dieses Buch vom ersten Gespräch an geglaubt und uns bei unserer Arbeit stets optimal unterstützt hat. DANKE, Tom!

Jessica Fabricius und Klaus-Jürgen Deuser von der Kölner Beratungsagentur „Deuser Concepts" unterstützen mich nun schon seit rund fünf Jahren mit ihren Ideen und Services. Ohne sie wäre ich meinem Co-Autor Oliver nie begegnet. Ohne sie hätte es keine *Psychohacks* gegeben, weder als Buch noch als Podcast oder Livetour. DANKE!

Für *Toxic Jobs* habe ich mit vielen Menschen über ihre Arbeit und die damit verbundenen psychischen Belastungen gesprochen. Leider ist das Thema in Deutschland immer noch so stigmatisiert, dass die Namen meiner Gesprächspartner verfremdet werden mussten und sie auch an dieser Stelle nicht genannt werden möchten. Bei jedem von ihnen habe ich mich persönlich bedankt, und ich weiß die Beiträge und ihre Unterstützung sehr zu schätzen. Ein paar Namen darf ich nennen, und bei denen bedanke ich mich stellvertretend für alle, die an diesem Buch mitgewirkt haben: Catharina Klein und Hans-Dieter Hermann. DANKE!

Ganz zum Schluss wird es noch einmal emotional: Denn nichts von dem, was ich tue, wäre ohne meine Familie möglich! Die größte Motivation ist und bleibt die Liebe. Ich bin zutiefst dafür dankbar, dass ich mich geliebt fühle und euch lieben darf. Wir haben schwere Zeiten hinter uns, doch gemeinsam haben wir sie gemeistert. Durch euch durfte ich so viel lernen. Ihr habt mich zu einem besseren Menschen gemacht. Euch gehört mein größter Dank, deshalb ist dieses Buch auch euch gewidmet: Carmen und Leonard! Danke für ALLES!

Anhang: Quellen und Literatur

Einleitung

Behrens, D. (2023). *Axa Mental Health Report 2023 – Axa Studie ermittelt den mentalen Gesundheitszustand der Bevölkerung.* AXA. https://www.axa.de/presse/mediathek/studien-und-forschung/mental-health-report-2023

Hampson, E., Polner, A., Assal, V., Abrahams, N. (2020, März). *Mental health and employers. The case for investment – pandemic and beyond.* Deloitte.

Hildebrandt, S., Dehl T., Zich K., Nolting, H. (2023). *Gesundheitsreport Analyse der Arbeitsunfähigkeiten Gesundheitsrisiko Personalmangel: Arbeitswelt unter Druck.* DAK. https://www.dak.de/dak/download/dak-gesundheitsreport-2023-ebook-pdf-2615822.pdf

Müller, C. (2021). *Mentale Gesundheit: Warum Arbeitgeber darauf achten sollten.* https://www.familienservice.de/-/warum-mentale-gesundheit-ein-thema-fur-arbeitgeber-ist-

Poschardt, U. (2023, Dezember). *Noch nie waren so viel Arbeitnehmer psychisch erkrankt.* WELT. https://www.welt.de/gesundheit/article249238392/Krisen-und-Arbeitsbelastung-Noch-nie-waren-so-viele-Arbeitnehmer-psychisch-erkrankt.html?icid=search.product.onsitesearch

Schmedt, M. (2023, Februar). *Deutlicher Anstieg psychischer Erkrankungen.* Aerzteblatt.de. https://www.aerzteblatt.de/nachrichten/141288/Deutlicher-Anstieg-psychischer-Erkrankungen

Schug, S. (2024, März). *Der psychische Zustand in der Gesellschaft ist besorgniserregend.* Wirtschaftswoche. https://www.wiwo.de/erfolg/beruf/gesundheit-der-psychische-zustand-in-der-bevoelkerung-ist-besorgniserregend/29699696.html

Bundesministerium für Gesundheit (Hrsg.). (2023, September). *Förderung der psychischen Gesundheit und des Wohlbefindens am Arbeitsplatz.* Bundesministerium für Gesundheit. https://www.bundesgesundheitsministerium.de/themen/praevention/betriebliche-gesundheitsfoerderung/gesundheit-und-wohlbefinden-am-arbeitsplatz

Teil 1: Was macht die Seele krank?

„Sie haben 133 neue Nachrichten"

Bundesanstalt für Arbeitsschutz und Arbeitsmedizin. (2020). *Stressreport Deutschland 2019. Psychische Anforderungen, Ressourcen und Befinden.* (1. Auflage). baua.

Bundesanstalt für Arbeitsschutz und Arbeitsmedizin. (2023). *Was tun bei Zeit- und Leistungsdruck sowie Informationsflut?. Möglichkeiten der Gestaltung für Betriebe.* (1. Auflage). baua.

Fahimi, Y. (2023). *Gesunde Arbeit? Betriebliche Prävention aus Sicht der Beschäftigten- Ergebnisse des DGB-Index Gute Arbeit 2023.* DGB-Index Gute Arbeit Report 2023. https://index-gute-arbeit.dgb.de

Dr. Schmuckler, R. (2016). *Digitale Arbeit – Arbeitshetze und Arbeitsintensivierung bei digitaler Arbeit – So beurteilen die Beschäftigten ihre Arbeitsbedingungen – Ergebnisse einer Sonderauswertung der Repräsentativumfrage zum DGB-Index Gute Arbeit 2016.* Institut DGB-Index Gute Arbeit. www.dgb-index-gute-arbeit.de

Poppelreuter, S., Mierke, K. (2018). *Psychische Belastungen in der Arbeitswelt 4.0 Entstehung – Vorbeugung – Maßnahmen.* Erich Schmidt Verlag.

Shehad-Zünd F., Huber N. (2022, April). *Diskussion: Belastungen Mitarbeitende im Homeoffice.* Research Gate. https://www.researchgate.net/profile/Fabienne-Shehad/publication/362946157_

Diskussion_Belastungen_Mitarbeitende_im_Homeoffice/links/6308b4c961e4553b953dc7d5/Diskussion-Belastungen-Mitarbeitende-im-Homeoffice.pdf

Frobeen, A. (2023, März). *Schluss mit dem Multitasking.* TK- die Techniker. https://www.tk.de/techniker/magazin/life-balance/balance-im-job/weniger-stress-ohne-multitasking-2007152

Brüggen, J. (2023, August). *Multitasking macht Stress.* PtaFORUM. https://ptaforum.pharmazeutische-zeitung.de

Gimpel, H., Lanzl, J., Regal, C., Urbach, N., Wischniewski, S., Tegtmeier, P., Kreilos, M., Kühlmann, T., Becker, J., Eimecke, J., Derra, N. (2019, Dezember). *Gesund digital arbeiten?! Eine Studie zu digitalem Stress in Deutschland.* Bundesministerium für Bildung und Forschung. https://www.fim-rc.de/wp-content/uploads/2020/03/Gimpel_etal_2019_Gesund_digital_arbeiten-Eine_Studie_zu_digitalem_Stress_in_Deutschland.pdf

Paulsen, N. (2022, März). *Durchschnittlich 26 berufliche E -Mails landen im Postfach.* Bitkom. https://www.bitkom.org/Presse/Presseinformation/Durchschnittlich-26-berufliche-E-Mails

Becker, M. (2026, Oktober). *Der Mensch im Mittelpunkt Prioritäten für den Arbeitsschutz von morgen.* IFA Institut für Arbeitsschutz der Deutschen Gesetzlichen Unfallversicherung. https://publikationen.dguv.de/widgets/pdf/download/article/3157

Merkoffer, M. (2022, November). *Burnout: Wie krank macht ständige Erreichbarkeit.* ArbeitsABC. https://arbeits-abc.de/burnout-durch-staendige-erreichbarkeit/

„Ihre Befindlichkeiten …"

Kötting, M. (2013). *„Seien Sie gefälligst still, wenn ich Sie unterbreche!" Die bösesten Chefsprüche von badassboss.de.* Piper.

ZEIT-Newsletter „Elbvertiefung“, 15.3.2024

Mohren, A. (2019). *Arbeitsplatz im Fokus – Eine Befragung der Staufen AG unter mehr als 1.500 Arbeitnehmern und Arbeitnehmerinnen.* STAUFEN. https://www.staufen.ag/wp-content/uploads/study_staufen_Arbeitsplatz_im_Fokus_de_2020-2.pdf

Wintzenburg, J. (2020, Februar). *Kündigungsgrund: Der Chef.* Porsche newsroom. https://newsroom.porsche.com/de/2020/unternehmen/porsche-consulting-management-beratung-umfrage-kuendigung-20554.html

Boecker, K. (2022, Juni). *Autor Jürgen Hesse über irre Chef:innen und wie wir mit ihnen umgehen.* Business Punk. https://www.business-punk.com/2022/06/autor-juergen-hesse-ueber-irre-chefinnen-und-wie-wir-mit-ihnen-umgehen/

Schmiel, R. (2023). *Psychohacks für ein glückliches Leben: 111 wirksame Tools gegen den Alltagswahnsinn (SPIEGEL Bestseller).* Edel Books – ein Verlag der Edel Verlagsgruppe.

Gregerson, S., Vincent-Höper, S., Nienhaus, A. (2023). *Führung und Gesundheit – Welchen Einfluss haben Führungskräfte auf die Gesundheit der Mitarbeiter?* Österreichisches Forum Arbeitsmedizin, 28-39. https://www.bgw-online.de/resource/blob/22392/c48bac6820f322e038b37d7a0e7339cd/fuehrung-gesundheit-oefam-data.pdf

Kratzer, A.(2021, November). *Narzissmus.* Psychologie Heute. https://www.psychologie-heute.de/leben/artikel-detailansicht/41618-narzissmus.html#toc-mein-chef-der-narzisst-narzissmus-im-beruflichen-umfeld

Mobbing und Bossing

Werneke, F. (o.D.). *Mobbing bei der Arbeit – Was kann ich tun?* ver.di. https://macht-immer-sinn.de/mobbing-am-arbeitsplatz/

Mohren, A. (2019). *Arbeitsplatz im Fokus – Eine Befragung der Staufen AG unter mehr als 1.500 Arbeitnehmern und Arbeitnehmerin-*

nen. STAUFEN. https://www.staufen.ag/wp-content/uploads/study_staufen_Arbeitsplatz_im_Fokus_de_2020-2.pdf

Elys K. (2024, März). *Mobbing am Arbeitsplatz – eine Belastung für die Gesundheit.* Arbeitsrechte.de. https://www.arbeitsrechte.de/mobbing-am-arbeitsplatz/

Münch-Nebel, K. (2020, August). *Mobbing am Arbeitsplatz durch Chef oder Kollegen.* Deutscher Gewerkschaftsbund. https://www.dgb.de/mobbing-am-arbeitsplatz-was-tun-bei-mobbing-durch-chef-oder-kollegen

Hesse, J., Donata, M., Hesse, L. (o. D.). *Was Mobbingopfern widerfährt – Typische Mobbinghandlungen.* Hesse/Schrader Erfolg haben. Mensch bleiben. https://www.berufsstrategie.de/bewerbung-karriere-soft-skills/mobbingopfer-mobbinghandlungen.php

Janta, M., Kentgens, M. (o. D.) *Depression Angststörung – Psychische Gewalt am Arbeitsplatz: Wie Mobbing und Bossing zu Ängsten und Depressionen führen können.* Oberberg. https://www.oberbergkliniken.de/artikel/psychische-gewalt-am-arbeitsplatz-wie-mobbing-und-bossing-zu-aengsten-und-depressionen-fuehren-koennen

Bahr, I. (2022, September). *Die Beziehung zu Kollegen ist einer der wichtigsten Einflussfaktoren der Arbeitszufriedenheit.* Capterra. https://www.capterra.com.de/blog/3056/einflussfaktoren-arbeitszufriedenheit

Eichwald, F. (2024, März). *Bossing: Was tun wenn der Chef mobbt?.* ArbeitsABC. https://arbeits-abc.de/bossing/

Prinzip Zitrone

Becker, M. (2016, Oktober). *Der Mensch im Mittelpunkt Prioritäten für den Arbeitsschutz von morgen.* IFA Institut für Arbeitsschutz der Deutschen Gesetzlichen Unfallversicherung. https://publikationen.dguv.de/widgets/pdf/download/article/3157

Conrath, C., Schmiel, R. (Moderatoren). (2024, 13. März.) Wenn Dein Job dich wahnsinnig macht [Audio-Podcast]. In *Psychohacks – Leichter durchs Leben.* https://open.spotify.com/episode/5Fxf6w7rAZuVG6L6EOyCxk

Invernizzi, F. (2029, Juni). *Das Auto als Zuhause.* Forschung und Lehre. https://www.forschung-und-lehre.de/zeitfragen/das-auto-als-zuhause-1842

Nur ein kleines Rädchen

Becker, M. (2026, Oktober). *Der Mensch im Mittelpunkt Prioritäten für den Arbeitsschutz von morgen.* IFA Institut für Arbeitsschutz der Deutschen Gesetzlichen Unfallversicherung. https://publikationen.dguv.de/widgets/pdf/download/article/3157

Haas, L. (2024, März). *„Freiheit kann überfordern" Homeoffice, Gleitzeit, flache Hierarchien: Was nach Fortschritt klingt, kann Jobs auch unattraktiver machen. Denn die neue Arbeitswelt führt manchmal auch zu mehr Stress.* Zeit Online. https://www.zeit.de/arbeit/2024-02/new-work-nachteile-stress-belastung-home-office?&icode=01w0040k0059Inhemanew2104&utm_medium=email&utm_source=elbvertiefung&utm_campaign=zplus&utm_content=&wt_zmc=emanew.int.zabo.elbvertiefung.zplus....x

Merkoffer, M. (2024, März). *Wertschätzung, Respekt, Lob: Warum anerkannte Mitarbeiter bessere Mitarbeiter sind.* ArbeitsABC. https://arbeits-abc.de/anerkannte-mitarbeiter-sind-bessere-mitarbeiter/#Die-Wirkung-der-Anerkennung-wird-flaechendeckend-unterschaetzt

Wilkens, K. (2024, März). *Zu viel Sinn macht krank – Die Arbeit ist erfüllend, der Job ein Ort für Selbstverwirklichung? Wer das glaubt, erwartet von seinem Beruf meist mehr, als dieser liefern kann.* Zeit Online. https://www.zeit.de/2024/10/selbstverwirklichung-beruf-job-sinn-psychische-gesundheit

Reichmann, S. (o.D.). *Überforderung – Einfach alles zu viel?* Libermenta Kliniken. https://www.libermenta.com/behandlungsfelder/symptome/seelische-symptome/ueberforderung/#:~:text=Kann%20stärkeren%20Belastungen%20und%20dem,der%20Entwicklung%20einer%20Depression%20kommen

Schicht im Schacht

Becker, M. (2026, Oktober). *Der Mensch im Mittelpunkt Prioritäten für den Arbeitsschutz von morgen.* IFA Institut für Arbeitsschutz der Deutschen Gesetzlichen Unfallversicherung. https://publikationen.dguv.de/widgets/pdf/download/article/3157

Münch-Nebel, K. (2018, November). *Hohe emotionale Belastung bei der Arbeit mit Menschen.* DGB. https://www.dgb.de/presse/++co++d993c67a-ee32-11e8-ba59-52540088cada

Dörner, J. (2024, März). *Bundeswehr in der Zeitwende: Eine Truppe vor dem Burn-out.* Berliner Morgenpost. https://www.morgenpost.de/politik/article241869174/Bundeswehr-in-der-Zeitenwende-Eine-Truppe-vor-dem-Burnout.html

Theile, M. (2024, März). *Alles Mist.* Zeit Online. https://www.zeit.de/2024/12/bauernproteste-frust-agrarpolitik-ampelkoalition

Teil 2: Sehenden Auges gegen die Wand: Der Skandal der Ignoranz

Kuppler, L. (2020, Dezember). *So gehen anderer Länder mit psychischen Krankheiten um.* BuzzFeed. https://www.buzzfeed.de/buzz/so-gehen-andere-laender-mit-psychischen-krankheiten-um-90137081.html

Riedmann, G. (2017, Oktober). *In Finnland und Schweden gibt es die meisten Psychiater.* Der Standard.

„Alles viel zu teuer?"

IGES/DAK, 15.2.2024. Psychreport 2024. Entwicklungen der psychischen Erkrankungen im Job: 2013–2023

Behrens, D. (2023). *Axa Mental Health Report 2023 – Axa Studie ermittelt den mentalen Gesundheitszustand der Bevölkerung.* AXA. https://www.axa.de/presse/mediathek/studien-und-forschung/mental-health-report-2023

Behrens K. (2023, Oktober). *Fehlzeiten-Report: Anhaltend hohe arbeitsbezogene Beschwerden und stetig steigende Fehlzeiten aufgrund psychischer Erkrankungen.* AOK. https://www.aok.de/pp/bv/pm/fehlzeiten-report-2023/

Schmedt, M. (2023, Oktober). *AOK-Fehlzeitenreport: Psychische Erkrankungen verursachen erneut Hochstand bei Fehltagen.* Aerzteblatt.de. https://www.aerzteblatt.de/nachrichten/146715/AOK-Fehlzeitenreport-Psychische-Erkrankungen-verursachen-erneut-Hochstand-bei-Fehltagen

Bolle, W. (2023, April). *Die Gen „Z" hat begriffen, worauf es in diesem Arbeitsmarkt ankommt.* WELT. https://www.welt.de/politik/deutschland/article246884232/Psychische-Gesundheit-Die-Gen-Z-hat-verstanden-worauf-es-im-Arbeitsmarkt-ankommt.html?icid=search.product.onsitesearch

Preußner D. (2023, August). *Fehlzeiten wegen Depression & Co. stark gestiegen.* KKH. https://www.kkh.de/presse/pressemeldungen/au-psyche

„Es gibt genug Therapeuten ..."

Schneider, S. (2023, Oktober). *Trotz genügend Therapeuten gibt es lange Wartelisten – warum?* WDR. https://www1.wdr.de/nachrichten/zu-wenig-therapieplaetze-trotz-genuegend-therapeuten-100.html

De Bortoli, I. (2020, Januar). *Trendfach an den Hochschulen – Psychologie boomt.* Rheinische Post. https://rp-online.de/nrw/hochschulen/trendfach-an-den-hochschulen-psychologie-boomt_aid-48371699

Koller S. (2023, August). *DE: Bundesregierung erwägt Abschaffung des Heilpraktiker-Berufs und Verbotspraxis für Scharlatane.* Die Mittelländische Zeitung. https://www.dmz-news.eu/2023/08/02/bundesregierung-erwägt-abschaffung-des-heilpraktiker-berufs-und-verbotspraxis-für-scharlatane/

Gregerson, S., Vincent-Höper, S., Nienhaus, A. (2023). *Führung und Gesundheit – Welchen Einfluss haben Führungskräfte auf die Gesundheit der Mitarbeiter?* Österreichisches Forum Arbeitsmedizin, 28-39. https://www.bgw-online.de/resource/blob/22392/c48bac6820f322e038b37d7a0e7339cd/fuehrung-gesundheit-oefam-data.pdf

Eichwald, F. (2024, März). *Bossing: Was tun, wenn der Chef mobbt?* ArbeitsABC. https://arbeits-abc.de/bossing/

„Grüne Äpfel …"

Merkoffer, M. (2024, März). *Wertschätzung, Respekt, Lob: Warum anerkannte Mitarbeiter bessere Mitarbeiter sind.* ArbeitsABC. https://arbeits-abc.de/anerkannte-mitarbeiter-sind-bessere-mitarbeiter/#Die-Wirkung-der-Anerkennung-wird-flaechendeckend-unterschaetzt

Hampson, E., Polner, A., Assal, V., Abrahams, N. (2020, März). *Mental health and employers. The case for investment – pandemic and beyond.* Deloitte.

Der Rucksack …

Carlberg, C., Molnár, F. (2023). *Epigenetik des Menschen.* Springer Spektrum.

Schmiel, R. (2014). *Senkrechtstarter: Wie aus Frust und Niederlagen die größten Erfolge entstehen.* Campus.

Schulz, M. (2023, August). *The Good Life … und wie es gelingen kann: Erkenntnisse aus der weltweit längsten Studie über ein erfülltes Leben – New York Times Bestseller.* Kösel.

Wolf, D. (2021, September). *Gefahren der intensiven Nutzung von Smartphones.* Praktisch anwendbare Lebenshilfe. https://www.pal-verlag.de/gesundheitsrisiken-smartphone.html#:~:text=Die%20intensive%20Nutzung%20digitaler%20Medien%20führt%20zu%20Einsamkeit!&text=Die%20intensive%20Nutzung%20digitaler%20Medien%20kann%20genauso%20süchtig%20machen%20wie,oder%20der%20Akku%20leer%20ist

Teil 3: Geschichten vom Gelingen

„Gute Gespräche …"!

Jerzy, N. (2024, März). *Nichts geht mehr? So erkennen Chefs, ob ihre Mitarbeiter leiden.* WirtschaftsWoche. https://www.wiwo.de/erfolg/management/psychische-erkrankungen-nichts-geht-mehr-so-erkennen-chefs-ob-ihre-mitarbeiter-leiden-/29699806.html

Brambrink, U. (2024, Januar). *Neue Perspektiven – mehr Klarheit. Vodafone bietet Coaching Pool für alle Mitarbeitenden.* Newsroom. https://newsroom.vodafone.de/unternehmen/vodafone-bietet-coachingpool-fuer-alle-mitarbeitenden

Martin, I., Martin, D., North T. (2020). *Mental Health for Managers.* Delphis.

„Belastbarkeit …"

Von Bruchhausen, B. (2018). *RELIEF Akkreditierung.* RELIEF GmbH

Domzalski, O. (2018) *Jürgen von der Lippe: Komiker. Klugscheißer. Koch. (Kurzportraits kurz & bündig).* Weber Verlag AG.

Fritsch, O., Siemes, C. (2024, April). *„Soft bin ich auf keinen Fall“ Mit 16 Jahren war er Deutschlands bester Nachwuchsfußballer, doch erst jetzt, mit 28, ist Jonathan Tah oben angekommen – mit Bayer Leverkusen und in der Nationalmannschaft. Ein Gespräch über die verschlungenen Wege zum Erfolg.* Zeit Online. https://www.zeit.de/2024/16/jonathan-tah-fussball-bayer-leverkusen

Wetter, R. (2022). *Hypnosystemische Lebensberatung: Grundlagen und Impulse für die Praxis.* Vandenhoeck & Ruprecht.

Maex, E. (2018) *Mindfulness – Gelebte Achtsamkeit: Das 8-Wochen-Übungsprogramm.* Mit einem Vorwort von Jon Kabat-Zinn. Junfermann Verlag.

Mit KI gegen den seelischen K. O.

Elyoseph, Z., Hadar-Shoval, D., Asraf, K., & Lvovsky, M. (2023, May 26). *ChatGPT outperforms humans in emotional awareness evaluations.* Frontiers in Psychology, *14*.

Unser Ziel: Mentale Fitness

Feuerbacher, A. (2024, April). Karl-Theodor zu Guttenberg im NDR Info Podcast *„Raus aus der Depression: ‚Irgendwann ging es einfach nicht mehr‘“.* NDR. https://www.ndr.de/der_ndr/presse/mitteilungen/Karl-Theodor-zu-Guttenberg-im-NDR-Info-Podcast-Raus-aus-der-Depression-Irgendwann-ging-es-einfach-nicht-mehr,pressemeldungndr24502.html

Schonauer K. (2006, Februar). *Theoretische und klinische Aspekte des Plazebo-Problems.* Journal. https://www.rosenfluh.ch/media/psychiatrie-neurologie/2006/02/Theoretische-und-klinische-Aspekte-des-Plazebo-Problems.pdf

© Steffi Atze

ZUM AUTOR

Rolf Schmiel ist „einer der bekanntesten Psychologen Deutschlands“ (WDR), Spiegel-Bestsellerautor und erfolgreicher Podcaster. Seine preisgekrönten Coaching-Programme unterstützen Menschen dabei, ihre Berufung zu finden und ein erfülltes Leben zu führen. Außerdem ist er mit seinen Liveshows und Keynotes deutschlandweit auf Tour.

IMPRESSUM

Projektleitung: *Tom Mathony*
Texte: *Rolf Schmiel und Dr. Oliver Domzalski*
Lektorat & Satz: *Rotkel. Die Textwerkstatt*
Covergestaltung: *Martina Baldauf*
Coverfoto: *Guido Schröder*
Herstellung: *Frank Jansen*
Producing: *Jan Russok*
Druck & Bindung: *GGP Media GmbH, Pößneck*

1. Auflage 2024

Kaiserstraße 14 b
D-80801 München
ISBN: 978-3-96584-468-1

MIX
Papier | Fördert gute Waldnutzung
FSC® C014496
FSC www.fsc.org

LIEBE LESERINNEN, LIEBE LESER

wie schön, dass Sie ein Buch von ZS in den Händen halten. „Jetzt leben!“ ist das Motto unseres Verlages. Es steht für Inspiration und Genuss, Unterstützung und Motivation. Ob Gesellschaft und Politik oder Gesundheit und Kulinarik bieten wir inspirierende Sachbücher, die aktuelle Themen weiter denken. Unsere Autorinnen und Autoren sind Menschen, die zu ihrem Thema wirklich etwas zu sagen und zu schreiben haben.

UNSER VERLAGSHAUS

Mit Standorten in Hamburg und München zählt die Edel Verlagsgruppe zu den größten unabhängigen Buchanbietern Deutschlands. Zur Gruppe gehören die Verlage Dr. Oetker Verlag, Edel Sports, KARIBU und ZS.

ZS – Ein Verlag der Edel Verlagsgruppe
www.zsverlag.de
www.facebook.com/zsverlag
www.instagram.com/zsverlag